PROCESSO PENAL E SISTEMA ACUSATÓRIO

análise crítica dos sistemas processuais penais ao ônus da prova

SÉRIE ESTUDOS JURÍDICOS: DIREITO CRIMINAL

Bryan Bueno Lechenakoski

Rua Clara Vendramin, 58 . Mossunguê . Cep 81200-170 . Curitiba . PR . Brasil
Fone: (41) 2106-4170 . www.intersaberes.com . editora@intersaberes.com

Conselho editorial Dr. Alexandre Coutinho Pagliarini, Drª Elena Godoy, Dr. Neri dos Santos, Mª Maria Lúcia Sabatella ▪ **Editora-chefe** Lindsay Azambuja ▪ **Gerente editorial** Ariadne Nunes Wenger ▪ **Assistente editorial** Daniela Viroli Pereira Pinto ▪ **Preparação de originais** Gilberto Girardello Filho ▪ **Edição de texto** Arte e Texto Edição e Revisão de Textos, Caroline Rabelo Gomes ▪ **Capa** Luana Machado Amaro ▪ **Projeto gráfico** Mayra Yoshizawa ▪ **Diagramação e designer responsável** Luana Machado Amaro ▪ **Iconografia** Regina Claudia Cruz Prestes

Dados Internacionais de Catalogação na Publicação (CIP)
(Câmara Brasileira do Livro, SP, Brasil)

Lechenakoski, Bryan Bueno
  Processo penal e sistema acusatório : análise crítica dos sistemas processuais penais ao ônus da prova / Bryan Bueno Lechanakoski. --Curitiba, PR : Editora Intersaberes, 2023. -- (Série estudos jurídicos: direito criminal)

  Bibliografia.
  ISBN 978-85-227-0610-5

  1. Acusação (Processo penal) 2. Ônus da prova 3. Processo penal 4. Processo penal – Brasil I. Título. II. Série.

23-152169   CDU-343.1(81)

Índices para catálogo sistemático:
  1. Brasil: Processo penal: Direito penal 343.1(81)
Eliane de Freitas Leite – Bibliotecária – CRB 8/8415

1ª edição, 2023.

Foi feito o depósito legal.

Informamos que é de inteira responsabilidade do autor a emissão de conceitos.

Nenhuma parte desta publicação poderá ser reproduzida por qualquer meio ou forma sem a prévia autorização da Editora InterSaberes.

A violação dos direitos autorais é crime estabelecido na Lei n. 9.610/1998 e punido pelo art. 184 do Código Penal.

1ª edição especial – capa dura

Sumário

11 ▪ *Apresentação*

15 ▪ *Introdução*

Capítulo 1
21 ▪ **Sistemas processuais penais**
23 | Por que falar em sistemas?
25 | O sistema inquisitório
34 | O sistema acusatório
39 | Breves apontamentos sobre os sistemas processuais puros e o núcleo regente de cada sistema
45 | Um terceiro sistema? A falácia do sistema misto como um terceiro sistema
51 | Legislação: a proposta do sistema acusatório pela ótica da Lei n. 13.964/2019

Capítulo 2
63 ▪ **Princípios constitucionais processuais penais**
67 | Garantias constitucionais processuais gerais
83 | Garantias constitucionais processuais penais específicas

Capítulo 3
121 ▪ Lei processual penal no tempo e no espaço e sua interpretação

123 | Lei processual no espaço
127 | Lei processual no tempo
134 | Interpretação da lei processual penal

Capítulo 4
141 ▪ Investigação preliminar e inquérito policial

144 | Natureza jurídica, finalidade e características do inquérito policial
153 | Órgãos encarregados da investigação
166 | Juiz das garantias
174 | Início do inquérito policial, indiciamento e a incomunicabilidade do preso
193 | Diligências da autoridade policial e a cadeia de custódia
208 | Término do inquérito e arquivamento
218 | Acordo de não persecução penal

Capítulo 5
225 ▪ Ação penal

227 | Teoria sobre o direito de ação
234 | Condições de ação
243 | Classificação da ação penal
255 | Denúncia ou queixa e seus requisitos
258 | Ação civil *ex delicto*

Capítulo 6
263 ▪ Jurisdição e competência
264 | Noções gerais sobre competência e jurisdição
266 | Critérios para a fixação da competência
274 | Fixando a competência a partir de justiças especializadas, níveis e em razão da matéria
291 | Prorrogação da competência
297 | Súmulas do Superior Tribunal de Justiça e do Supremo Tribunal Federal sobre a competência

Capítulo 7
303 ▪ Das questões e dos processos incidentais
304 | Questões prejudiciais
309 | Das exceções

Capítulo 8
321 ▪ Teoria geral da prova e meios de prova
323 | Conceito sobre prova e classificação
336 | Da admissibilidade das provas
343 | Sistemas de valoração da prova
351 | O ônus da prova no processo penal

359 ▪ *Considerações finais*
363 ▪ *Lista de siglas*
365 ▪ *Referências bibliográficas*
379 ▪ *Sobre o autor*

Ao meu raio de sol que ilumina os meus dias, minha amada filha Luiza.

Apresentação

O objetivo principal deste obra é introduzir o leitor no direito processual penal a partir da compreensão do que são os sistemas processuais penais, para, então, mostrar o caminho a ser seguido em busca de um processo penal mais democrático e fundamentalmente acusatório.

Ficou ainda mais evidente a necessidade da construção teórica sobre os sistemas processuais penais após a entrada em vigor da Lei 13.964, de 24 de dezembro de 2019 (Brasil, 2019b), uma vez que ela enuncia a adoção de uma estrutura acusatória do processo penal (apesar de suspensa, em virtude de decisão liminar a ser mencionada) que servirá para a modificação da forma como se pensa o processo penal. Nesse mesmo aspecto, a construção teórica aliada à enunciação da estrutura acusatório do processo penal será de grande valia para aqueles que ainda insistem em afirmar que a discussão sobre sistemas está superada, como se tivéssemos de nos conformar com a adoção do sistema (neo)inquisitório brasileiro, que agora (se confirmada a vigência dos dispositivos suspensos) deverá ser (re)pensado a partir das matrizes do sistema acusatório do processo penal.

A par disso, a presente obra pretende trabalhar, de modo geral e com certo grau de aprofundamento, os temas inquérito policial, ação penal, competência, teoria geral da prova, bem como questões de processos incidentes que fazem diferença na vida prática, além de realizar pontuais críticas sobre todos os temas. A intenção, dessa forma, é contribuir na vida acadêmica e prática dos estudantes e operadores do direito com uma visão para além da letra fria da lei e do mero conformismo com o sistema processual brasileiro.

A obra se encontra atualizada após as alterações introduzidas pela Lei 13.964/2019, pois, apesar de alguns dispositivos estarem suspensos em virtude da decisão proferida pelo Ministro Luiz Fux na Medida Cautelar na Ação Direta de Inconstitucionalidade (ADI) n. 6.298/DF (Brasil, 2020a) (conforme será mencionado no decorrer do livro), as mudanças que ora se encontram suspensas pela decisão seriam objeto de crítica construtiva para uma melhoria do sistema processual penal brasileiro. Noutra banda, ainda que se os dispositivos não fossem suspensos, a afirmativa da busca pelo sistema acusatório de processo penal encontra respaldo na Constituição da República (Brasil, 1988), conforme será visto.

Para possibilitar o alcance dos objetivos propostos na presente obra, o livro foi estruturado em capítulos. No Capítulo 1, trataremos dos sistemas processuais penais, porque entendemos que ele é a base estruturante do processo penal, faremos apontamentos sobre os sistemas inquisitório, acusatório e misto, realizando, posteriormente, a análise dos reflexos da Lei n. 13.964/2019 e da estrutura acusatória do processo penal brasileiro. No Capítulo 2, apresentaremos os princípios constitucionais processuais penais, dividindo-os em gerais e específicos do processo penal e discutindo a estrutura principiológica que rege o processo penal democrático. No Capítulo 3, abordaremos a questão da aplicação da lei processual penal, seja no espaço (território), seja no tempo, com enfoque nas conceituações legislativas processuais penais (pura ou mista) e seus reflexos na aplicação após a vigência de suas novas leis no ordenamento jurídico brasileiro.

No Capítulo 4, ingressaremos nos temas investigação preliminar e inquérito policial, contemplando desde sua natureza jurídica, sua função no processo penal brasileiro, os órgãos encarregados da investigação, o início e o fim do inquérito policial, até os apontamentos teóricos sobre o juiz das garantias, a cadeia de custódia e o acordo de não persecução penal (ANPP), inseridos no Código de Processo Penal (CPP) brasileiro após a Lei n. 13.964/2019. Como consequência do raciocínio lógico do caminhar procedimental do processo penal, no Capítulo 5, falaremos sobre a ação penal, suas teorias e fundamentos, as condições e a classificação de ação (pública incondicionada, pública condicionada, de iniciativa privada e civil *ex delicto*). No Capítulo 6, trabalharemos com as noções de jurisdição e competência, desde os critérios gerais de fixação de competência até os mais específicos, com base nas justiças especializadas, trazendo, ao final, um compilado de súmulas dos tribunais superiores brasileiros sobre a matéria.

No Capítulo 7, versaremos sobre processos incidentais que possam, eventualmente, modificar ou declarar incompetência do juízo e do agente do Ministério Público (MP) encarregado da persecução penal, abordando as exceções de suspeição, incompetência, litispendência e coisa julgada e ilegitimidade de parte. Por derradeiro, no Capítulo 8, discutiremos sobre a teoria geral da prova e meio de prova, tratando das noções e dos conceitos gerais sobre as provas, suas classificações e tipos, a admissibilidade e as provas ilícitas e ilegítimas, bem como de questões sobre a valoração da prova e o ônus probatório no processo penal brasileiro, sempre de modo a trazer a posição crítica da doutrina sobre a matéria.

Nessa perspectiva, esperamos que esta obra possa lhe ser útil não só para a vida prática, mas também para um aprofundamento crítico, principalmente sobre a necessidade de modificação da mentalidade que rege o processo penal e de alguns operadores do direito, que ainda insistem em manter um sistema inquisitório de processo.

Introdução

Para seguir o caminho de um processo penal mais democrático, faz-se necessária a adoção de uma estrutura acusatória do processo penal, sendo que, conforme será visto, o sistema processual inquisitório marca épocas de autoritarismo e desumanização do processo penal.

Por tal motivo, a primeira abordagem que deve ser feita reside, justamente, sobre os sistemas processuais penais, verificando as características de cada sistema em sua forma pura, bem como a possibilidade ou não de se falar em um terceiro sistema atualmente.

É importante perceber que o tema sistemas processuais penais é a base para se compreender toda a estrutura de funcionamento do processo penal, uma vez que a essência escolhida pelo sistema processual vai ser fundamental no sentido de aproximar o processo penal de um caráter democrático ou autoritário.

Outra compreensão importante sobre o processo penal é que o *ius puniendi* estatal é, na verdade, um exercício de poder e, como tal, o processo deve servir como freio ao abuso desse poder punitivo, para que, efetivamente, haja um processo mais equânime.

Como mecanismo de freio ao abuso do poder punitivo estatal, além das regras previstas no Código de Processo Penal (CPP) – Decreto-Lei n. 3.689, de 3 de outubro de 1941 (Brasil, 1941) –, os princípios constitucionais processuais penais adquirem grande relevância, de modo a garantir a aplicação e a interpretação das normas processuais penais, servindo como uma bússola orientadora de como conduzir o caso penal, desde sua investigação até o trânsito em julgado da sentença penal condenatória e, posteriormente, na execução da pena atribuída.

Cabe destacar que a sociedade como um todo está em constante modificação no percurso do tempo. Tentando acompanhar essas mudanças, o direito constantemente sofre modificações, algumas residuais, outras substanciais. Tais modificações podem ser feitas desde a formação de um conjunto de regras e procedimentos novos substituindo todo o sistema (como ocorreu com o processo civil em 2015) até modificações pontuais dentro de um sistema já existente. Assim, constantemente o direito sofre alterações, e o processo penal não foge à regra, pois está em constante mudança.

Além das frequentes alterações na legislação interna do país, com a aproximação entre as nações, a aplicação do direito dentro do território começa a se tornar questão complexa, tendo em vista, por exemplo, as seguintes questões: Como poderá ser o estrangeiro julgado no Brasil ou o brasileiro julgado fora do país? Qual regra processual aplicar?

Em razão desses motivos, torna-se necessário verificar a lei processual no tempo e no espaço, esclarecendo quando a alteração promovida por esta ingressará nos casos processuais penais, além da abrangência da aplicação da lei processual penal brasileira.

Fixando a base do processo penal e os limites do poder punitivo estatal a partir da base do sistema acusatório e dos princípios constitucionais processuais penais, vamos definir qual lei deverá ser aplicada dentro do território brasileiro. Em razão do tempo, a próxima análise a ser feita recairá no inquérito policial, já que a maior parte dos casos penais levados à apreciação do Poder Judiciário procede da existência de uma investigação preliminar realizada pelo Estado, por meio da qual verifica-se a forma, a condução das investigações, a natureza do inquérito policial, entre outras características relativas a esse procedimento que precede o processo.

Ademais, com a Lei 13.964, de 24 de dezembro de 2019 (Brasil, 2019b), houve a inserção do instituto do acordo de não persecução penal, o arquivamento do inquérito e a criação do juiz das garantias (apesar de suspensos em virtude de decisão liminar do Ministro Luiz Fux nas medidas cautelares dispostas nas Ações Diretas de Inconstitucionalidade (ADIs) n. 6.298, 6.299, 6.300 e 6.305) (Brasil, 2020a, 2020b, 2020c, 2020d), merecem análise a modificação substancial da própria estrutura do inquérito e a possibilidade do arquivamento direto pelo Ministério Público (MP) ou, até mesmo, a proposta de não persecução penal antes mesmo do oferecimento da denúncia.

Seguindo à sequência lógica, não só dos artigos do CPP (Decreto-Lei n. 3.689/1941), mas também da finalização da investigação preliminar, a ação penal se torna primordial para ser analisada, já que marca o início do processo. Nesse conjunto, a análise é dedicada em relação à natureza da ação penal, às condições da ação e às classificações sobre ação penal, além da ação civil *ex delicto*.

A ação penal deverá ser proposta perante o Poder Judiciário, cabendo-lhe a análise acerca dos critérios de fixação de competência, além da possibilidade de modificação dessa competência – por exemplo, em razão de uma prerrogativa de função do acusado.

Mesmo que o juízo seja competente, há hipóteses de que o julgador estará impedido ou suspeito de julgar o caso, sendo discutidas as formas pelas quais poderá ser garantida a imparcialidade do juízo.

Iniciado o processo perante o juiz competente, a preocupação recai sobre a questão da teoria da prova, verificando o que pode ser considerado como prova e quais provas podem ser admissíveis dentro do processo, incluindo as teorias sobre a inadmissibilidade das provas e, não menos importante, de quem será o ônus da prova, principalmente em um sistema acusatório de processo penal.

Capítulo 1

Sistemas processuais penais

Com a edição e a promulgação da Lei 13.964, de 24 de dezembro de 2019 (Brasil, 2019b), houve diversas alterações no Código de Processo Penal (CPP) – Decreto-Lei n. 3.689, de 3 de outubro de 1941 –, dentre elas a inserção do art. 3º-A, que dispõe o seguinte texto: "O processo penal terá estrutura acusatória, vedadas a iniciativa do juiz na fase de investigação e a substituição da atuação probatória do órgão de acusação" (Brasil, 1941).

Dessa forma, enunciando já em seus primeiros artigos a necessidade de adoção de um processo penal com estrutura acusatória, vedando a iniciativa probatória do magistrado na fase de investigação ou a substituição do órgão da acusação na atuação probatória, o CPP traz expressamente o que há muito tempo vem sendo debatido na doutrina: a questão dos sistemas processuais penais.

Nessa esteira, para a real noção sobre o que o CPP enuncia no seu art. 3º-A, é necessário percorrer as discussões travadas na doutrina sobre a temática, trazendo ao bojo do presente estudo as noções sobre princípio dispositivo (sistema acusatório) e princípio inquisitivo (sistema inquisitório), além de avaliar a possibilidade de existência ou não de um terceiro sistema (sistema misto).

Pode-se surgir a indagação de que, se o CPP já enuncia a estrutura acusatória em seu art. 3º-A, resta superada a discussão entre sistemas – e esse é o primeiro diálogo que pretendemos travar a seguir.

— 1.1 —
Por que falar em sistemas?

A discussão sobre os sistemas processuais, além de necessária para compreender os rumos do processo penal e do sistema probatório, também serve de modo a democratizar o ambiente processual e "definir qual é o nosso paradigma de leitura do processo penal, buscar o ponto fundante do discurso" (Lopes Jr., 2014, p. 41).

A compreensão sobre o que são os sistemas processuais funciona como uma bússola orientadora na interpretação e aplicação das normas estabelecidas dentro do CPP, dirimindo as controvérsias existentes na prática, além de verificar a mentalidade que rege o sistema como um todo.

Mas, antes de verificar quais são os sistemas processuais penais, é necessário analisar o que pode ser considerado como sistema, ou melhor, o que é um sistema.

Nessa perspectiva, partindo da base filosófica de Kant (2001), em sua obra *Crítica da razão pura*, o sistema compreende a interligação de ideias em um princípio unificador, ou seja, uma ideia única[1]. Assim, a compreensão sobre sistemas parte do princípio da organização articulada de ideias (Kant, 2001), que,

---

1   Nesse sentido, Kant (2001, p. 669) afirma: "Ora, por sistema, entendo a unidade de conhecimentos diversos sob uma idéia. Esta é o conceito racional da forma de um todo, na medida em que nele se determinam *a priori*, tanto o âmbito do diverso, como o lugar respectivo das partes".

em conjunto, apresentam a forma e o objetivo a ser alcançado por meio de seu princípio unificador.

Associando o raciocínio anterior ao fato de que não existem mais sistemas processuais penais puros, uma vez que estes são históricos, surge a necessidade de identificação da ideia única desses sistemas ou do princípio unificador de cada um deles (Lopes Jr., 2020), pois, assim como a fundação de um prédio confere sustentação para que ele seja erguido, cada princípio unificador confere bases para a formação de determinado sistema processual penal.

Sendo o princípio unificador do sistema processual penal responsável por dar sustentação e formação ao sistema a ser adotado, torna-se primordial conhecê-lo e as características de cada sistema processual penal, já que problemas relacionados ao CPP estão inseridos em sua base, o que, consequentemente, implica dizer que, para toda tentativa de reforma do processo penal, deve ser levado em conta o próprio sistema como um todo, e não somente questões intrassistemáticas (Coutinho, 2018). Ou seja, não basta somente a mudança de um ou outro dispositivo no Código, mas sim uma mudança na própria mentalidade que o rege, com adequação das normas ao princípio unificador, ou seja, sua base de sustentação.

A depender do sistema processual penal adotado, ele modificará substancialmente a atuação do julgador e das partes dentro da relação processual, conferindo mais ou menos poderes ao magistrado. Da mesma forma, a aplicação das garantias fundamentais no processo penal mudam substancialmente de acordo com o modelo de sistema adotado (Ferrajoli, 2018). Consequentemente, a afirmativa anterior remete à ideia de Goldschmidt trazida por Lopes Jr. (2020). Com base nas ideias de Goldschmidt, Lopes Jr. (2020, p. 54) menciona que a "estrutura do processo penal de um país funciona como um termômetro dos elementos democráticos ou autoritários de sua Constituição".

Por ser um termômetro para aferir a democraticidade ou o autoritarismo de um Estado, o estudo sobre sistemas processuais penais ultrapassa as barreiras somente da relação processual, dizendo muito mais sobre o caráter autoritário ou democrático de um Estado como todo.

Desta feita, levando em consideração a importância de discutir os sistemas processuais penais, aprofundando-nos no tema, verificamos que grande parte da doutrina divide os sistemas com base em seu princípio unificador: o princípio acusatório e o princípio inquisitivo (Lopes Jr., 2020), ou o princípio dispositivo e o princípio inquisitivo (Coutinho, 2018), os quais serão os princípios unificadores do sistema acusatório e do sistema inquisitório, respectivamente.

— 1.2 —
O sistema inquisitório

Antes de analisarmos o sistema inquisitório e suas raízes históricas, cabe a advertência de que a história não é algo linear que possa ser organizado de modo sequencial, o que, para ser feito, exigiria um esforço desnecessário para o que se pretende no presente tópico. Assim, os aspectos históricos a seguir mencionados são marcos históricos/teóricos que devem ser considerados na análise do sistema inquisitório.

Apesar de alguns traços históricos mais antigos trazerem a noção do sistema inquisitório regido pelo princípio inquisitivo, o sistema processual foi influenciado pela Igreja Católica na velha Roma (em seu período de decadência), pois é o sistema que se aproxima atualmente do que conhecemos por *sistema inquisitório* (Coutinho, 2018).

Antes da adoção do sistema processual penal inquisitório, em Roma vigorava o sistema acusatório, do qual trataremos mais adiante por questões metodológicas, sendo que até o século XIII imperavam, de modo geral, características do sistema processual acusatório, o qual foi substituído gradativamente durante os séculos XIII e XIV pelo sistema processual penal inquisitório (Lopes Jr., 2020). A princípio, a motivação para essa mudança estrutural do processo penal ocorreu em virtude "dos defeitos da inatividade das partes, levando à conclusão de que a persecução criminal não poderia ser deixada nas mãos dos particulares, pois isso comprometia seriamente a eficácia do combate à delinquência" (Lopes Jr., 2019, p. 190).

Dessa forma, paulatinamente a função de acusar e julgar passou do poder privado para o Estado, iniciando com a possibilidade de existir o processo de ofício por parte do Estado (sem a necessidade de ser provocado) quando da prisão em flagrante delito, aumentando progressivamente os poderes de ofício do Estado para todos os delitos (Lopes Jr., 2019).

Aproximadamente no século XIII, em Roma, em virtude das doutrinas heréticas, a Igreja Católica, como resposta, passou a adotar "o maior engenho jurídico que o mundo já conheceu; e conhecemos" (Coutinho, 2018, p. 37). Tal sistema visava à perseguição dos hereges, misturando o jurídico com a religião e tornando o julgador um ser com iluminação divina.

Acerca do julgador e da iluminação divina, o início dessa forma de encarar o julgador se iniciou da seguinte forma: a partir do momento em que "a humanidade se afasta e não consegue mais ler a 'vontade de Deus', surgem as escrituras sagradas, que contêm um alfabeto sobrenatural que permite ter acesso às verdades divinas" (Lopes Jr., 2019, p. 192). Para a interpretação das verdades divinas, surgiram os bispos e o papa, que eram considerados os verdadeiros intérpretes e representantes da vontade de Deus, sendo concedido por Deus a tais intérpretes e representantes o privilégio da infalibilidade (Lopes Jr., 2019).

A fim de promover a perseguição dos hereges e membros da coletividade que atentavam contra os valores e princípios da Igreja Católica, foi instituído o Tribunal da Inquisição ou Santo Ofício. Nesse sentido, corroborando com o já exposto, Lopes Jr. (2019, 192-193) menciona:

[...] surgem as escrituras sagradas [...]. Contudo, nasce um novo problema: o livro pode ser lido de diferentes maneiras. Surgem então os Bispos e o Papa, máximos intérpretes e representantes da vontade de Deus. Mas isso não é suficiente, pois eles são humanos e podem errar. Era necessário resolver essa questão, e Deus então se apiedou da fragilidade humana e concedeu a seus representantes um privilégio único: a infalibilidade.

O núcleo fundante desse sistema adotado está concentrado na questão de gestão da prova e da acumulação de funções na figura do julgador, sendo que, de acordo com Coutinho (2018, p. 41): "Ao inquisidor cabe o mister de acusar e julgar, transformando-se o imputado em mero objeto de verificação". Assim, conforme Lopes Jr. (2020, p. 56): "Com a Inquisição, são abolidas a acusação e a publicidade. O juiz-inquisidor atua de ofício e em segredo, assentando por escrito as declarações das testemunhas [...]".

Acerca do papel do julgador, Cordero (2018, p. 18) assim o define: "o inquisidor é um juiz ao qual a lei confere um crédito ilimitado, e isto explica porque ao inquirido não é permitida a interlocução". Nesse sistema, os procedimentos podem ser instaurados *ex officio*, ou seja, o próprio julgador pode instaurar o procedimento contra o investigado, sem que, no entanto, seja provocado.

Portanto, no sistema inquisitório, "o juiz procede de ofício à procura, à colheita e à avaliação das provas, produzindo um julgamento após uma instrução escrita e secreta, na qual são excluídos ou limitados o contraditório e os direitos da defesa"[12] (Ferrajoli, 2018, p. 564, tradução nossa). Ao julgador/inquisidor, era lícito "o direito de receber de denúncias anônimas, de esconder ao acusado a natureza da causa, de interrogá-lo de maneira capciosa, de usar insinuações. Ele constituía, sozinho e com pleno poder, uma verdade a qual investia o acusado" (Foucault, 1997, p. 37).

Nesse sistema, prenominava a disparidade entre a acusação e o acusado, uma vez que o processo se transformava em "uma disputa desigual entre o juiz-inquisidor e o acusado" (Lopes Jr., 2019, p. 190-191).

No sistema inquisitório, a questão da valoração da prova era pautada no critério tarifário da prova, tendo cada prova trazida ao processo determinado peso (Lopes Jr., 2020), sendo a confissão do acusado a rainha das provas.

Consequentemente, o problema para se obter a confissão do acusado passava a ser solucionado com a prisão durante o processo, considerada como regra geral (Lopes Jr., 2020), além da utilização da tortura como forma de obtenção da verdade e da confissão dos pecados:

> Em tal sistema inquisitório, pode-se dizer ainda que a prisão era um instrumento pelo qual alcançava-se a confissão do acusado, e, como imperava a busca da verdade absoluta, tendo

---

2   No original: "[...] el juez procede de oficio a la búsqueda, recolección y valoración de las pruebas, llegándose al juicio después de una instrucción escrita y secreta de la que están excluidos o, en cualquier caso, limitados la contradicción u los derechos de la defensa".

que ser obtida a qualquer custo, a prisão era regra, para que enfim fosse possível alcançar a confissão e a verdade, mesmo que fosse através da tortura. (Baggio; Lechenakoski, 2019, p. 312)

O processo criminal poderia iniciar a partir de uma denúncia anônima ou investigação pelo inquisidor, sendo ambas suficientes para a adoção das medidas prisional e da tortura. Sob esse aspecto, a prisão passava a ser necessária justamente porque o inquisidor necessitava do corpo do acusado para torturá-lo e obter a confissão (Lopes Jr., 2019).

A ideia da tortura como forma de obtenção da verdade, aqui representada como uma verdade absoluta – portanto, impossível de ser contrariada –, parte do pressuposto de que a heresia atentava contra os dogmas da fé da Igreja Católica, e assim o sendo, fechava o caminho para a eternidade, o que justificava o combate a qualquer custo da heresia e do herege[3], pois assim atacava-se diretamente o núcleo do sistema (Lopes Jr., 2019).

A ideia de que a heresia atentava contra todos tomou maiores contornos com a adoção do cristianismo como religião oficial do Estado, operando-se uma confusão entre Igreja e Estado. O que antes era um problema somente eclesiástico passou a tomar contornos de atentado contra o próprio Estado, legitimando a intervenção e a repressão estatal com maior ênfase

---

[3] Para um maior aprofundamento sobre o Tribunal da Inquisição ou Santo Ofício, recomendamos a leitura de: PROSPERI, A. **Tribunais da consciência**: inquisidores, confessores, missionários. Tradução de Homero Freitas de Andrade. São Paulo: Edusp, 2013.

ao herege, pois "crime e pecado passam a ser sinônimos, o processo é imaginado e posto em prática como um mecanismo terapêutico capaz de, pela punição, absolver" (Coutinho, 2018, p. 42).

Para a obtenção da confissão, de acordo com Lopes Jr. (2019, p. 196): "Existiam cinco tipos progressivos de tortura, e o suspeito tinha o 'direito' a que somente se praticasse um tipo por dia. Se em 15 dias o acusado não confessasse, era considerado 'suficientemente' torturado e era liberado". Ainda que se possa pensar que o método de tortura era eficaz para descobrir a verdade, cabe o alerta feito por Beccaria (1999, p. 61-62) de que a tortura era um método eficiente para "absolver os robustos criminosos e [...] condenar os fracos inocentes".

Tendo extrema relevância a confissão do acusado no sistema inquisitório, "o corpo do supliciado se insere em primeiro lugar no cerimonial judiciário que deve trazer à luz a verdade do crime" (Foucault, 1997, p. 37), sendo relevante a menção de que "a inquisição, enfim, não inventou a tortura, mas o meio quase perfeito para justificá-la: os mecanismos do sistema inquisitório" (Coutinho, 2018, p. 46).

Nesse engenho inquisitório, todo o sistema serve a um fim: a obtenção de uma verdade real sobre determinado fato considerado crime, ou seja, a busca de uma verdade inquestionável. Para tanto, faz-se necessário conceder poderes ao julgador/inquisidor para alcançar essa verdade, sendo que "esse infame caminho da verdade é monumento da legislação antiga e selvagem, que ainda hoje subsiste quando as provas do fogo e da água fervente, e o incerto destino das armas, eram chamados juízos de Deus, ou ordálios" (Beccaria, 1999, p. 63).

Conforme se depreende das narrativas expostas, há diversas problemáticas no sistema inquisitório para além do método da tortura para obtenção da confissão, sendo uma delas relativa à imparcialidade do juiz para julgar o caso penal, uma vez que "a mesma pessoa (juiz ator) busca a prova (iniciativa e gestão) e decide a partir da prova que ela mesma produziu" (Lopes Jr., 2020, p. 56).

Essa busca da prova também apresenta problemas de outra ordem, pois o julgador utiliza-se da lógica dedutiva, "que deixa ao inquisidor a escolha da premissa maior, razão pela qual pode decidir antes e, depois, buscar, quiçá obsessivamente, a prova necessária para justificar a decisão" (Coutinho, 2018, p. 43). Nesse raciocínio, o julgador parte de uma decisão para a busca de provas, presumindo-se a culpa do acusado, como nos exemplos trazidos por Coutinho (2018, p. 43): "(do gato preto induz-se a bruxaria; do funcionário da empresa o autor do sequestro; do mordomo o homicida, e assim por diante)".

Nessa perspectiva, conforme dito por Baggio e Lechenakoski (2019, p. 312):

> Assim, tem-se que o sistema inquisitório é marcado pelo autoritarismo, no qual o juiz atua como figura principal dentro da relação processual, assumindo a função de parte e julgador ao mesmo tempo, colocando a outra parte em excessiva desvantagem, se esvaindo as garantias processuais do acusado.

Dessa forma, podemos extrair algumas características marcantes do sistema inquisitório, não significando que na ausência de algumas delas o sistema perderá a sua feição inquisitorial, apenas que são comuns de serem encontradas. São elas:

i. juiz participa da gestão da prova;
ii. desnecessidade do contraditório;
iii. utilização do critério tarifário da prova;
iv. confissão como rainha das provas;
v. processo escrito e secreto;
vi. prisão como regra;
vii. não é assegurada a imparcialidade do julgador;
viii. confusão entre as funções de acusar e julgar.

Mesmo que algumas dessas características podem ser ausentes, o sistema não perderá a sua feição inquisitória. Levando em conta que o sistema inquisitório puro é histórico, a identificação do núcleo regente do sistema inquisitório é necessária para verificar qual sistema é adotado, ao menos em sua essência, no processo penal. Para tanto, é preciso discorrer sobre o sistema acusatório e verificar quais são suas características, seu princípio unificador e o núcleo regente de tal sistema, que efetivamente marcarão a distinção entre um modelo de sistema de outro.

— 1.3 —
O sistema acusatório

De fato, assim como no sistema inquisitório, o sistema acusatório puro é histórico, cabendo, portanto, promovermos uma análise sobre ele.

Valendo-se do mesmo alerta já realizado, não sendo a remontagem histórica linear, vamos extrair momentos históricos importantes para a formação do pensamento sobre os sistemas processuais penais.

Um exemplo de sistema acusatório puro remonta do século VI ao IV a.C., na Grécia, mais precisamente em Atenas, "pois qualquer cidadão ateniense (em torno de 399 a.C.) podia formular a acusação diante do oficial competente, o que caracteriza uma verdadeira acusação popular" (Khaled Jr., 2016, p. 37).

Apesar do princípio dispositivo do sistema adotado em Atenas atribuir às partes a tarefa de gestão da prova, tal sistema não pode ser utilizado como método comparativo aos moldes e procedimentos atuais no processo penal, sendo uma realidade distante e diferente da que é vivenciada atualmente nos estudos sobre a temática.

Antes da modificação gradual do sistema processual romano para o sistema inquisitório, havia a predominância de um possível sistema acusatório de processo penal, "não existindo processos sem acusador legítimo e idôneo" (Lopes Jr., 2019, p. 190). Porém, como o poder de acusar estava concentrado nas mãos do particular, tal modelo também não podia servir como método comparativo com os moldes de estudo atuais (Silveira Filho, 2015).

Com o final do século XVIII e início do século XIX, além da influência da Revolução Francesa, as características do sistema inquisitório foram sendo modificadas gradativamente, por meio da adoção de julgamento mediante júris populares, iniciando-se a transição para o que se denomina hoje *sistema misto* (Lopes Jr., 2020).

Contudo, o sistema acusatório como o concebemos hoje, de acordo com Silveira Filho (2015, p. 38), "nasce na Inglaterra após a sua conquista pelos normandos na Batalha de Hastings em 1066", ao menos em algumas características peculiares.

Até a Batalha de Hastings, em 1066, havia dois modelos para julgar os delitos mais graves: o *appeal of felony* e o *clameur de haro* (Silveira Filho, 2015). O primeiro instituto servia para o julgamento do acusado de ter praticado um crime grave (felonia), sendo acusado formalmente pela própria vítima ou por seu representante em caso de homicídio. Tal acusação era levada até a autoridade competente (a corte da centena, o condado ou, em casos excepcionais, a *curia regis*) e o conflito era resolvido mediante um duelo judiciário entre a vítima ou seus representantes e o acusado do delito (Silveira Filho, 2015).

Assim, de fato, esse modelo de resolução dos conflitos era eminentemente composto de um processo de partes, sendo que tal modalidade de resolução de conflitos foi responsável para formação do sistema acusatório no *common law*.

Noutro passo, o *appeal felony* também se utilizava dos juízos de Deus, composto pelas ordálias[14] e pela *compurgattio* ou *coniuratio*[15], sendo que, ao final do século XII, os casos de grande relevância começaram a ser resolvidos com uma ordália unilateral ou com a *compurgattio* (empregada em casos de menor gravidade).

Tratando-se de um processo demarcado com a participação das partes, a vítima ou seus representantes poderiam, a qualquer momento, desistir de prosseguir com a ação. Do mesmo modo, não havia nenhum benefício à vítima ou a seu representante, na medida em que, se vencesse o duelo judiciário, os bens do acusado seriam penhorados em favor do rei ou do senhor feudal; em contrapartida, em caso de derrota no duelo, a vítima ou seus representantes poderiam ser severamente punidos (Silveira Filho, 2015).

No caso da *clameur de haro*[16] (assim denominada na época normanda), esta era servida em casos de crimes graves em que o acusado era preso em flagrante ou perseguido por um grupo de habitantes após a sua fuga. Sendo capturado, era prontamente executado (Silveira Filho, 2015).

---

4   As ordálias, plenamente utilizadas na Inquisição, conforme mencionado no Subcapítulo 1.2, eram métodos compostos como "juízos de Deus que se resolviam ou pelo duelo judiciário ou pelos diversos experimentos nos quais o imputado era submetido a demonstrar sua inocência (ordália da água gelada, da água fervente, do ferro incandescente, das brasas ardentes, entre outras)" (Silveira Filho, 2015, p. 40).

5   A *compurgattio* e a *coniuratio* eram métodos de resolução de conflitos pautados no "juramento decisório mediante os quais o acusado, acompanhado por pelo menos 12 parentes e vizinhos que juravam em conjunto com ele (compurgatores ou coniuratores), negava a própria responsabilidade" (Silveira Filho, 2015, p. 40).

6   A denominada *clameur de haro* era a expressão que fazia "referência aos gritos que impeliam a perseguição de quem era surpreendido em flagrante delito" (Silveira Filho, 2015, p. 41).

A partir de 1166, na Inglaterra, houve a inserção do Tribunal do Júri, com Henrique II, para o julgamento de delitos mais graves, como homicídio e roubo, sendo chamado primeiramente de *trial by jury* e, posteriormente, de *grand jury*, sendo que os jurados deveriam decidir sobre o que sabiam e ouviam dizer dos fatos, sem se preocupar com as provas ou os testemunhos. Tal função de análise das provas era conferida posteriormente ao chamado *petty jury*, formado por 12 jurados recrutados entre os vizinhos, sendo sua missão dizer se o acusado era culpado ou inocente das acusações. Tempos depois, nos séculos XV e XVI, o *petty jury* passou a se encarregar da análise de prova oral, ou seja, de ouvir as testemunhas, tornando o processo marcado pela oralidade (Coutinho, 2018).

Mais tarde, com João Sem-Terra (1215), houve a imposição da Magna *Charta Libertatum*, que promoveu o sentimento de cidadania: "nenhum homem livre será preso ou despojado ou colocado fora da lei ou exilado, e não se lhe fará nenhum mal, a não ser em virtude de um julgamento legal dos seus pares ou em virtude da lei do país" (Coutinho, 2018, p. 51).

Diferentemente do sistema inquisitório, o processo penal inglês era marcado pelo protagonismo de partes em situação de igualdade, com o contraditório pleno exercido pelo acusado e o julgador sendo afastado da gestão probatória. Consequentemente, "quando o sistema aplicado mantém o juiz afastado da iniciativa probatória (da busca de ofício da prova), fortalece-se a estrutura dialética e, acima de tudo, assegura-se a imparcialidade do julgador" (Lopes Jr., 2020, p. 58).

O processo inglês, portanto, era marcado "como uma disputa entre as partes que, em local público (inclusive praças), argumentavam perante o júri, o qual, enquanto sociedade, dizia a verdade, *vere dictum*" (Coutinho, 2018, p. 52).

Outra característica marcante do sistema acusatório é que a confissão do acusado não se torna a prova primordial de sua condenação, pois deverão ser produzidas outras provas no curso do processo, as quais possam conduzir o juiz ao raciocínio livre de dúvidas da responsabilização criminal do acusado, com abandono do critério tarifário da prova.

Nesse passo, outra característica fundamental é que, além da liberdade como regra (afinal, o julgador não necessita mais do corpo e da confissão do acusado para provar sua culpa), o sistema acusatório visa à preservação da presunção de inocência do acusado, não podendo ser presumida a sua culpa nem mesmo pela confissão (Silveira Filho, 2015).

É importante anotar que, com a imparcialidade do julgador como meta, somada ao abandono do critério tarifário da prova, o acusado "deixa de ser um mero objeto para assumir sua posição de autêntica parte passiva do processo penal" (Lopes Jr., 2020, p. 58), sendo "absolutamente incompatível com o sistema acusatório (também violando o contraditório e fulminando com a imparcialidade) a prática de atos de caráter probatório ou persecutório por parte do juiz" (Lopes Jr., 2020, p. 59).

De acordo com Silveira Filho (2015) e Lopes Jr. (2020), em um sistema acusatório puro, pode-se enunciar algumas características fundamentais:

i. o julgador apresenta-se em assembleia ou corpo de jurados;
ii. o juiz é árbitro;
iii. sem iniciativa na investigação, encontra-se em posição de igualdade em relação às partes;
iv. a ação é popular (delitos públicos) ou compete ao ofendido (delitos privados);
v. o processo é oral, público e contraditório;
vi. a prova é valorada livremente; a sentença faz coisa julgada;
vii. a regra é a liberdade do acusado durante o curso do processo.
viii. a imparcialidade do juiz é algo a ser almejado

Traçadas as características gerais do sistema acusatório e suas implicações gerais sobre o sistema processual penal, a partir dessas bases, será possível identificar qual é o núcleo regente de cada sistema processual penal puro que firmará a base processual dos sistemas processuais.

— 1.4 —

Breves apontamentos sobre os sistemas processuais puros e o núcleo regente de cada sistema

A par disso, tratando-se de dois sistemas puros e, portanto, históricos, é possível, agora, analisar a diferença nuclear entre ambos. Nessa perspectiva, ao estudar o conjunto de ideias, o núcleo regente de cada sistema não pode ser diferente dos fins pretendidos pelo próprio sistema, até porque se tem "a noção de sistema a partir da versão usual, calcada na noção etimológica grega (*systema-atos*), como um conjunto de temas jurídicos que, colocados em relação por um princípio unificador, formam um todo orgânico que se destina a um fim" (Coutinho, 2018, p. 36, grifo do original).

No sistema inquisitório, cujo princípio é o inquisitivo, nota-se pelo lançado no Subcapítulo 1.2 que o fim pretendido pelo sistema é a obtenção de uma verdade real, ou seja, incontestável. Do mesmo modo, a perseguição e a eliminação do herege fazem parte da ritualística do sistema, valendo-se da máxima de que os fins justificam os meios.

Portanto, se o que importa para o sistema inquisitório é a obtenção da verdade real, a imparcialidade do julgador já não merece atenção tanto quanto o fim almejado, permitindo-se, assim, que este possa se encarregar da busca de provas para comprovar a culpa do acusado, ainda que, para isso, seja necessário impingir a tortura no corpo do acusado, concentrando o poder de acusar e julgar nas mãos de um só órgão ou pessoa.

Assim, logicamente desencadeado o conjunto de atos em prol do fim pretendido, caso o acusado confesse o delito, torna-se necessário dar valor à sua confissão como prova, servindo, para tal fim, o critério tarifário das provas. Nessa direção, Coutinho (2018, p. 42) menciona: "A característica fundamental do sistema inquisitório, em verdade, está na gestão da prova, confiada essencialmente ao magistrado que, em geral, no modelo em análise, recolhe-a secretamente".

Sob essa perspectiva, o núcleo regente do sistema inquisitório gira em torno do poder de gestão da prova conferido ao julgador, sendo que, como já vimos, a "mesma pessoa (juiz-ator) busca a prova (iniciativa e gestão) e decide a partir da prova que ela mesma produziu" (Lopes Jr., 2020, p. 56). Tal característica é a engrenagem inquisitória, sem a qual não seria possível obter o fim pretendido pelo sistema.

Por outro lado, tem-se o sistema acusatório puro, cujo fim pretendido é a imparcialidade do julgador, com o afastamento do magistrado do campo de duelo judicial das partes (acusação e defesa), nítida separação nas funções entre acusar e julgar e, consequentemente, aplicação de direitos e garantias fundamentais do acusado dentro da relação processual. Logo, de acordo com Coutinho (2018, p. 48),

> da maneira como foi estruturado não deixa muito espaço para que o juiz desenvolva aquilo que Cordero, com razão, chamou de "quadro mental paranóico", em face de não ser, por excelência, o gestor da prova pois, quando o é, tem, quase que por definição, a possibilidade de decidir antes e, depois, sair em busca do material probatório suficiente para confirmar a "sua" versão, isto é, o sistema legitima a possibilidade da crença no imaginário, ao qual toma como verdadeiro.

O afastamento do juiz do campo probatório permite que a dialética processual seja franca e, a princípio, com igualdade entre as partes (acusação e acusado), sendo que, de acordo com Ferrajoli (2018, p. 564, tradução nossa),

> pode-se chamar acusatório todo sistema processual que tem o juiz como um sujeito passivo rigidamente separado das partes e o julgamento como um debate paritário, iniciado pela acusação, à qual compete o ônus da prova, desenvolvida com a defesa mediante um contraditório público e oral e solucionado pelo juiz, com base em sua livre convicção[17].

Para tais fins, de nada adiantaria a simples existência de um processo de partes, já que o juiz poderia interferir no campo probatório e colocar em excessiva desvantagem a parte processual, levando a cabo os direitos e as garantias do acusado. A esse respeito, Ferrajoli (2018, p. 567, tradução nossa) divide o dever de separação do julgador da acusação em dois momentos para a caracterização do sistema acusatório:

> [...] a garantia da separação representa, de um lado, uma condição essencial do distanciamento do juiz em relação às partes em causa, que, como veremos, é a primeira das garantias orgânicas que definem a figura do juiz, e, de outro, um pressuposto

---

7   No original: "[...] se puede llamar acusatorio a todo sistema procesal que concibe al juez como un sujeto pasivo rígidamete separado de las partes y al juicio como una contienda entre iguales iniciada por la acusación, a la que compete la carga de la prueba, enfrentada a la defensa en un juicio contractorio, oral y público y resuelta por el juez según su libre convicción".

dos ônus da contestação e da prova atribuídos à acusação, que são as primeiras garantias procedimentais do juízo.[18]

O núcleo regente do sistema acusatório também se encontra na gestão da prova, mas, ao revés do sistema inquisitório, o sistema acusatório afasta o julgador do campo probatório, tornando-se um processo adversarial, com igualdade de poderes entre as partes. Dessa maneira, a estrutura do sistema acusatório (e é isso que se vai diferenciar do sistema inquisitório) vai além de somente a existência de um processo com partes; está assentada sob a base do afastamento do julgador da gestão/iniciativa probatória.

Na esteira dessa afirmação, torna-se reducionista a separação entre sistemas acusatório e inquisitório somente com base na repartição das funções de acusar e julgar (exercidas por órgãos diferentes) (Lopes Jr., 2020), já que um dos fins almejados pelo sistema acusatório é a imparcialidade. Assim, atribuindo o poder de gerir a prova ao julgador, definitivamente não se estaria diante do sistema acusatório. Nos dizeres de Lopes Jr. (2019, p. 181),

---

8   No original: "[...] La garantía de la separación, así entendida, representa, por una parte, una condición esencial de la imparcialidad (terzietà) del juez respecto a las partes de la causa, que, como se verá, es la primera de las garantías orgánicas que definen la figura del juez; por otra, un presupuesto de la carga de la imputación y de la prueba, que pesan sobre la acusación, que son las primeras garantías procesales del juicio".

a posição do juiz no processo penal é fundante do sistema processual. Significa compreender que o processo penal – enquanto um sistema de reparto de justiça por um terceiro imparcial (já que a Imparcialidade é o Princípio Supremo do Processo [Werner Goldschmidt]) – está estruturado a partir da posição ocupada pelo juiz. Nesta estrutura dialética (*actum trium personarum*, Búlgaro), a posição do juiz é crucial para o (des)equilíbrio de todo o sistema de administração da justiça (e do processo, por elementar). Se a imparcialidade é o Princípio Supremo, deve ser compreendido que somente um processo penal acusatório, que mantenha o juiz afastado da iniciativa e gestão da prova, cria as condições de possibilidade para termos um juiz imparcial.

Nessa linha, podemos afirmar que a identificação de um sistema processual penal se dará a partir da concentração de poderes probatórios, ou seja, da capacidade de gestão/iniciativa probatória, sendo que, ao conferir poderes ao magistrado para descer ao campo processual junto às partes, de modo a possibilitar a produção e a colheita de provas, o sistema tenderá ao princípio inquisitivo; e, ao afastar o magistrado do poder de gestão da prova, sendo mero árbitro, o sistema tenderá ao princípio acusatório/dispositivo.

Dividindo-se os núcleos de tais sistemas puros como princípio dispositivo/acusatório e princípio inquisitivo, têm-se dois modelos de sistemas processuais penais, os quais, conforme mencionado, poderão ser diferenciados com base na gestão da prova. Contudo, sendo os sistemas processuais penais puros históricos – ou seja, não existindo mais no ordenamento jurídico em sua forma pura –, surge uma questão extremamente interessante: Há um novo sistema processual vigorando nos ordenamentos jurídicos? É o que pretendemos verificar no próximo tópico.

— 1.5 —
Um terceiro sistema? A falácia do sistema misto como um terceiro sistema

Como os sistemas processuais penais puros são históricos, parte da doutrina sustenta que atualmente há um terceiro sistema, denominado *sistema misto*[19].

Tal afirmativa decorre do fato de que, com exceção da Inglaterra (em que o sistema inquisitório não se engendrou no ordenamento jurídico), ao final do século XVIII, o advento da Revolução Francesa e os ideais do sistema inquisitório foram abrindo espaço para a inserção de ideais iluministas e, consequentemente, maior participação dos cidadãos nos órgãos judiciais – cidadão visto como sujeito detentor de direitos e garantias fundamentais (Silveira Filho, 2015, p. 85).

O direito francês foi diretamente influenciado pelo inglês, sendo o júri introduzido na França entre os anos de 1789 e 1791,

---

9 Nesse sentido defendem Nucci (2020) e Capez (2012).

gerando maior abertura para a participação do povo nos órgãos judiciais, modificando também a estrutura do processo, dotando o processo francês com a oralidade, o contraditório e a publicidade dos atos, bem como a livre convicção do juiz (Silveira Filho, 2015, p. 85).

A *priori*, o sistema francês começou a se modificar para a adoção de um sistema acusatório, o qual, contudo, não perdurou por muito tempo, vindo a se modificar com o Código Terminodoriano (1795) e o Código Napoleônico (1808) (Silveira Filho, 2015), dando "vida àquele monstro, nascido da junção entre os processos acusatório e inquisitório, que foi denominado processo misto"[10] (Ferrajoli, 2018, p. 566, tradução nossa).

A característica geral dessa nova forma foi, basicamente, a "divisão do processo em duas grandes fases: a instrução preliminar, com os elementos do sistema inquisitivo, e a fase de julgamento, com a predominância do sistema acusatório" (Nucci, 2020, p. 112), o que levou autores a denominarem esse sistema de processo *sistema misto* e a identificá-lo como um terceiro sistema.

Nessa divisão, a primeira fase era "escrita, secreta, dominada pela acusação pública e pela ausência de participação do imputado quando este era privado da liberdade"[11] (Ferrajoli, 2018,

---

10 No original: "dieron vida a aquel monstruo, nascido de la unión del proceso acusatorio con el inquisitivo, que fue el llamado proceso mixto".

11 No original: "predominantemente inquisitivo en la primera fase, escrita, secreta, dominada por la acusación pública y exenta de la participación del imputado, privado de libertad durante la misma".

p. 566, tradução nossa), enquanto na segunda fase o processo seria, a princípio, acusatório, com "debates, caracterizada pelo contraditório público e oral entre acusação e defesa"[12] (Ferrajoli, 2018, p. 566, tradução nossa).

Sob essa ótica, na primeira fase, o juiz instrutor colhia as provas mediante um procedimento escrito e sigiloso e, consequentemente, sem o contraditório. Após a conclusão do juiz instrutor de que havia a prática de um delito, o processo era remetido ao procurador-geral, cuja responsabilidade era submeter a acusação perante a Câmara de Acusação (Chambre d'Accusation), que então decidiria se o acusado iria ao julgamento por populares ou não, abrindo-se espaço nesse momento para o exercício do contraditório limitado por meio de um advogado de defesa designado (Silveira Filho, 2015).

Após, concluindo a Câmara de Acusação pela submissão do acusado ao júri, no Tribunal dos Jurados (Cour d'Assises) o procedimento era público, "oral, com a participação da defesa e com respeito ao princípio do contraditório na produção da prova" (Silveira Filho, 2015, p. 88).

Contudo, essa segunda fase procedimental leva tanto Ferrajoli (2018) quanto Silveira Filho (2015) a afirmarem que essa dita feição acusatória do processo na segunda fase era meramente aparente, pois, em sua verdadeira face, representava tão somente a repetição ou a encenação de atos da primeira fase, uma vez que

---

12 No original: "tendencialmente acusatorio en la fase sucesiva del enjuiciamiento, caracterizada por el juicio contradictorio, oral y público con intervención de la acusación y la defensa".

eram lidos os depoimentos prestados na primeira fase e disponibilizados aos julgadores (jurados), e não raro estes tomavam a frente da prova produzida durante a segunda fase.

Conforme mencionado, nesse ponto a doutrina diverge sobre a formação desse sistema processual penal, sendo considerado por alguns um terceiro sistema, sendo que outros negam a existência de um terceiro sistema, conforme mostraremos a seguir.

Para a doutrina que sustenta a possibilidade de um sistema misto como um terceiro sistema processual penal, na realidade, "não existe um processo acusatório puro ou um processo inquisitório puro, mas somente um processo misto, de onde se possa perceber a predominância do sistema acusatório ou do inquisitivo. Essa é, sem dúvida, a realidade da maioria dos ordenamentos jurídicos do mundo atual" (Nucci, 2020, p. 113).

O ponto de convergência entre os autores que defendem a existência de um terceiro sistema e os que defendem a inexistência do processo misto como terceiro sistema é o fato de que não existem mais sistemas processuais puros.

A divergência entre os autores se pauta no argumento de que o denominado *sistema misto* pode ser a conjunção de dois sistemas, porém, diante da ausência de um princípio unificador (ou princípio regente) próprio, não pode ser considerado um terceiro sistema, conforme menciona Coutinho (2018, p. 36): "Se assim o é, vigora sempre sistemas mistos, dos quais, não poucas vezes, tem-se uma visão equivocada (ou deturpada), justo porque, na sua inteireza, acaba recepcionado como um terceiro sistema, o que não é verdade".

Na mesma direção, Silveira Filho (2015, p. 37) sinaliza:

> O dito modelo misto, reformado ou napoleônico [...] embora represente uma tentativa de conjugação dos sistemas inquisitório e acusatório (a criação de um monstro de duas cabeças), não possui um princípio unificador próprio, sendo certo que, ou será essencialmente inquisitório (regido pelo princípio inquisitivo), com algo (características secundárias) proveniente do sistema acusatório, ou será essencialmente acusatório (regido pelo princípio dispositivo), com alguns elementos característicos (novamente secundários) recolhidos do sistema inquisitório, dependendo a quem se atribua o poder de gestão das provas.

Outra observação relevante sobre a questão desse sistema processual denominado *misto* é que, conforme visto, os sistemas acusatório e inquisitório são antagônicos entre si, mas isso não impede que uma ou outra característica (secundária) de um sejam adicionadas ao outro. Por tal motivo, é de suma importância a compreensão acerca dos princípios unificadores, bem como do núcleo diferenciador de cada sistema (gestão da prova).

Dessa forma, de acordo com Silveira Filho (2015, p. 37):

> O fato de ser misto significa que, na essência, o sistema ou é inquisitório ou é acusatório, recebendo a referida adjetivação (misto) por conta dos elementos (todos secundários), que de um sistema são emprestados ao outro, sendo inadequado

sustentar a existência de um sistema processual misto enquanto terceiro sistema, recepcionado ao lado do inquisitório e do acusatório.

De qualquer modo, esse modelo de processo penal misto ou napoleônico influenciou a maior parte das legislações na Europa continental e, consequentemente, outras legislações pelo mundo foram influenciadas por estas, inclusive a brasileira (Coutinho, 2018).

Levando em consideração que não há mais sistemas processuais penais puros, havendo somente a mistura de sistemas processuais penais – ou seja, um sistema processual misto –, em relação ao sistema processual penal brasileiro, após a alteração promovida pela Lei n. 13.964/2019 (Brasil, 2019b), faz-se necessário promover uma análise para verificar se o sistema processual brasileiro é inquisitório ou acusatório em sua essência, já que antes de tal alteração parte da doutrina sustentava que o sistema brasileiro era, em essência, inquisitório com características secundárias acusatórias, ao passo que outra parte da doutrina admitia que seria em essência acusatório com características secundárias inquisitórias.

— 1.6 —
Legislação: a proposta do sistema acusatório pela ótica da Lei n. 13.964/2019

Antes de estudarmos a alteração promovida pela Lei n. 13.964/2019 (Brasil, 2019b), é necessário fazer o alerta ao leitor sobre as mudanças no tocante à temática. Em 24 de dezembro de 2019 foi publicada, no *Diário Oficial da União*, a supracitada lei, que provocou diversas alterações no CPP brasileiro. Na data de 22 de janeiro de 2020, o Ministro do Supremo Tribunal Federal (STF), Luiz Fux, em decisão na Liminar na Medida Cautelar nas Ações Diretas de Inconstitucionalidade (ADIs) n. 6.298, 6.299, 6.300 e 6.305 (Brasil, 2020a, 2020b, 2020c, 2020d), suspendeu a eficácia de alguns dispositivos alterados pela Lei n. 13.964/2019, dentre eles, alguns relativos à temática a ser abordada no presente tópico (art. 3-A). Assim, enquanto for mantida a decisão liminar, a realidade para a temática permanecerá a anterior à edição da referida legislação.

Portanto, a análise no presente tópico se pautará em dois momentos: antes e depois da Lei n. 13.964/2019, que, caso entre em vigor com plena eficácia, modificará substancialmente o sistema processual penal.

Mesmo antes da reforma promovida por essa lei, Oliveira (2015) e Capez (2012), por exemplo, sustentavam que o sistema processual penal brasileiro seria o sistema acusatório.

Essa afirmativa se pauta no fato de que, em síntese, para os autores, o sistema acusatório assim se caracteriza pela existência de partes, bem como pela separação entre as funções de acusar e julgar, além de que o início da persecução penal se dá por órgão diverso do que irá julgar (função exercida, a princípio, pelo Ministério Público – MP) (Oliveira, 2015).

Sob essa perspectiva, a par da divergência sobre a questão da gestão/iniciativa probatória por parte do magistrado, alguns autores, como Badaró (2018), sustentam que o fato de o julgador poder determinar de ofício a produção de provas não retira a imparcialidade do julgador[13], bem como a separação entre as funções de acusar e julgar. Nas palavras do autor, "se este juiz terá ou não poderes instrutórios é algo que não diz respeito à essência do sistema" (Badaró, 2018, p. 103). Apesar de não mencionar expressamente, Badaró (2018) aparentemente considera o processo penal brasileiro (antes da reforma de 2019) com a essência acusatória.

---

13 Contudo, a posição de Badaró (2018) sobre a questão do poder instrutório do magistrado não significa conceder poderes instrutórios ao julgador de maneira irrestrita, valendo o alerta realizado pelo autor: "os poderes instrutórios do juiz não representam um perigo à sua imparcialidade. É necessário, porém, esclarecer em que medida poderá exercer tais poderes. A categoria 'poderes instrutórios do juiz' é bastante heterogênea, incluindo poderes que vão desde a busca da fonte de provas (atividade propriamente investigativa) até a introdução em juízo de provas de cuja existência já tenha conhecimento. Partindo da distinção entre fontes de provas e meios de prova, percebe-se, facilmente, que a imparcialidade corre perigo quando o juiz é um pesquisador, ou um 'buscador' de fontes de provas. Já o juiz que, diante da notícia de uma fonte de prova, por exemplo, a informação que certa pessoa presenciou os fatos, determina a produção do meio de prova correspondente – o testemunho –, para incorporar ao processo os elementos de informações contidos na fonte de prova, não está comprometido com a uma hipótese prévia, não colocando em risco a sua posição de imparcialidade" (Badaró, 2018, p. 104).

Nessa mesma linha de pensamento, Oliveira (2015) menciona que a separação entre os modelos acusatório e inquisitório reside na distinção das funções de acusar e julgar, além do que, no sistema inquisitório, o processo era verbal, sigiloso, com o acusado sendo tratado como mero objeto e, portanto, sem direito ao contraditório e à defesa. Com tal raciocínio, o autor define que nosso sistema processual penal não é inquisitório, mencionando expressamente que "sob tais condições, o nosso processo é mesmo acusatório" (Oliveira, 2015, p. 10).

Seguindo a mesma ideia, Capez (2012), após enunciar garantias fundamentais consagradas na Constituição da República (Brasil, 1988), discorre que, sendo a colheita da prova na investigação feita pela polícia civil, "a autoridade judiciária não atua como sujeito ativo da produção da prova, ficando a salvo de qualquer comprometimento psicológico prévio" (Capez, 2012, p. 85), portanto, o sistema acusatório seria o vigente no Brasil.

Em outra banda, Nucci (2016), antes da reforma de 2019, sustentava que o sistema processual penal brasileiro era o sistema misto, uma vez que, em suas palavras: "quem cria, realmente, as regras processuais penais a seguir é o Código de Processo Penal" (Nucci, 2016, p. 113).

O raciocínio empregado por Nucci (2016) pauta-se no sentido de que a Constituição da República de 1988, em seu art. 5º, ao adotar preceitos e garantias fundamentais inerentes ao acusado e procedimentos no processo penal, deu ares de um sistema acusatório, pois, seguindo determinados incisos previstos no citado artigo, "poder-se-ia dizer que o sistema de persecução penal brasileiro é o acusatório puro" (Nucci, 2016, p. 113).

Contudo, como o CPP brasileiro (Decreto-Lei n. 3.689/1941) foi influenciado pelas matrizes do sistema inquisitório, mesmo com modificações durante o tempo, o código não perdeu suas feições inquisitórias. Nos dizeres do autor, um sistema persecutório é "constituído pela junção dos princípios constitucionais de processo penal associado às normas instituídas em legislação ordinária" (Nucci, 2016, p. 113), sendo, portanto, o sistema processual penal brasileiro com "caráter misto, numa formação inquisitivo--garantista" (Nucci, 2016, p. 113).

Ainda, em uma terceira posição da doutrina acerca do modelo de sistema processual penal brasileiro adotado (antes da reforma de 2019), entre outros que trabalham com a temática, estão Lopes Jr. (2019) e Coutinho (2018).

Lopes Jr. (2019) nega a possibilidade de o sistema processual penal brasileiro ser acusatório ou denominado *misto*[14], sugerindo que "nós preferimos fugir da maquiagem conceitual, para afirmar que o modelo brasileiro é (neo)inquisitório, para não induzir ninguém a erro" (Lopes Jr., 2019, p. 198).

---

14 Nessa concepção de sistema misto, Lopes Jr. (2019) vai de encontro a essa classificação: Logo, a "divisão do processo penal em duas fases (pré-processual e processual propriamente dita) possibilitaria o predomínio, em geral, da forma inquisitiva na fase preparatória e acusatória na fase processual, desenhando assim o caráter 'misto'" (Lopes Jr., 2019, p. 198). Portanto, na visão do autor, de fato os sistemas processuais penais puros são históricos, e por tal motivo não subsistem mais nos ordenamentos jurídicos, o que não implica a afirmação de que haja um terceiro sistema, mas sim sistemas processuais inquisitórios ou acusatórios com características secundárias de um e de outro, havendo, portanto, somente dois sistemas processuais penais.

Sob essa lógica, Lopes Jr. (2019) menciona que o processo penal brasileiro ainda estaria inserido dentro do contexto do Código Napoleônico de 1808, quando da criação de um suposto modelo bifásico (fase pré-processual inquisitório – Inquérito – e fase processual supostamente acusatória). Conforme já mencionado anteriormente, críticas lançadas ao modelo napoleônico agora também serviriam ao modelo brasileiro, já que, trazendo todas as provas ao processo (segunda fase) colhidas no inquérito por meio de um modelo inquisitório, abre-se margem para o que Lopes Jr. (2019, p. 201) alerta:

> A fraude reside no fato de que a prova é colhida na inquisição do inquérito, sendo trazida integralmente para dentro do processo e, ao final, basta o belo discurso do julgador para imunizar a decisão. Esse discurso vem mascarado com as mais variadas fórmulas, do estilo: a prova do inquérito é corroborada pela prova judicializada; cotejando a prova policial com a judicializada; e assim todo um exercício imunizatório (ou, melhor, uma fraude de etiquetas) para justificar uma condenação, que, na verdade, está calcada nos elementos colhidos no segredo da inquisição. O processo acaba por converter-se em uma mera repetição ou encenação da primeira fase.

Apesar da posição de alguns autores de que o sistema processual penal brasileiro seria acusatório em virtude da separação das funções de acusar e julgar, cabe destaque para o fato de que, embora tal característica seja essencial ao sistema acusatório, ela "não é a única e tampouco pode, por si só, ser um critério determinante, quando não vier aliada a outras (como iniciativa probatória, publicidade, contraditório, oralidade, igualdade de oportunidades etc.)" (Lopes Jr., 2019, p. 202).

Mesmo separando inicialmente as funções de acusar e julgar, isso não se torna suficiente para caracterizar um sistema acusatório. Nesse sentido, estaria longe dessa concepção o CPP brasileiro, na medida em que confere poderes ao julgador para praticar atos essencialmente da parte da acusação, como o que Lopes Jr. (2019, p. 203) menciona:

> [...] permitir que o juiz de ofício converta a prisão em flagrante em preventiva (art. 310), pois isso equivale a 'prisão decretada de ofício'; ou mesmo decrete a prisão preventiva de ofício no curso do processo (o problema não está na fase, mas, sim, no atuar de ofício!), uma busca e apreensão (art. 242), o sequestro (art. 127); ouça testemunhas além das indicadas (art. 209); proceda ao reinterrogatório do réu a qualquer tempo (art. 196); determine diligências de ofício durante a fase processual e até mesmo no curso da investigação preliminar (art. 156, I e II); reconheça agravantes ainda que não tenham sido alegados (art. 385); condene ainda que o Ministério Público tenha postulado a absolvição (art. 385), altere a classificação jurídica do fato (art. 383) etc.

É imperioso que se mantenha em mente os exemplos recém-citados, uma vez que, com a Lei n. 13.964/2019 (Brasil, 2019b), tal panorama passou a se modificar, inclusive com a alteração de alguns desses dispositivos.

Acerca da argumentação de que o processo seria acusatório, pois há a existência de partes, Coutinho (1998) expõe que a existência de um processo com partes não torna o sistema acusatório, pois "o que se percebe por uma breve avaliação histórica: quiçá o maior monumento inquisitório fora da Igreja tenha sido as Ordonnance Criminelle (1670), de Luis XIV, em França; mas mantinha um processo que comportava partes" (Coutinho, 1998, p. 167).

Adotando a linha de pensamento de Lopes Jr. (2019), percebe-se que a questão de fundo reside na imparcialidade do julgador e sua necessidade de se manter equidistante das partes e de suas funções, para, então, caracterizar-se um processo acusatório, fazendo-se perceber que (ao menos antes da Lei n. 13.964/2019) o "processo penal brasileiro tem uma clara matriz inquisitória, e que isso deve ser severamente combatido, na medida em que não resiste à necessária filtragem constitucional" (Lopes Jr., 2019, p. 209).

Coutinho (1998) define o sistema processual penal brasileiro, em sua essência, como inquisitório, "porque regido pelo princípio inquisitivo, já que a gestão da prova está, primordialmente, nas mãos do juiz, o que é imprescindível para a compreensão do Direito Processual Penal vigente no Brasil" (Coutinho, 1998, p. 167).

Diante da controvérsia sobre a adoção de determinado sistema processual ou outro, tem-se a necessidade de se compreender a temática e a questão em torno do princípio unificador de cada um dos sistemas processuais penais. Tal base faz diferença quando se analisa o próprio CPP e suas diretrizes, na medida em que se identifica se o sistema pode ser considerado essencialmente acusatório ou inquisitório.

A relevância sobre os sistemas processuais ganhou ainda mais importância após a edição da Lei n. 13.964/2019 (Brasil, 2019b), pois ela introduziu uma serie de modificações, dentre elas, a enunciação da adoção da estrutura acusatório no processo penal brasileiro, conforme art. 3º-A: "O processo penal terá estrutura acusatória, vedadas a iniciativa do juiz na fase de investigação e a substituição da atuação probatória do órgão de acusação" (Brasil, 2019b).

Com tal alteração, parte da doutrina passou a modificar a linha de pensamento, como Nucci (2020, p. 114) que passou a denominar o sistema processual penal brasileiro de "acusatório mitigado". A posição de Nucci (2020, p. 115) baseia-se no fato de que, apesar de a reforma processual enunciar a estrutura acusatória no processo penal, "os poderes instrutórios do juiz do mérito da causa ainda persistem", portanto, o sistema não seria um sistema processual penal acusatório genuíno.

Em outra perspectiva, Lopes Jr. (2020, p. 71) afirma que, após a alteração promovida pela Lei n. 13.964/2019 (Brasil, 2019b), de fato o CPP passou a se aproximar das diretrizes emanadas pela Constituição da República de 1988 e de um processo penal acusatório. Contudo, conforme analisaremos a seguir neste livro, alguns dispositivos, caso o art. 3º-A tenha plena vigência, precisarão ser modificados e afastados de sua vigência.

A narrativa do art. 3º-A do CPP, segundo Lopes Jr. (2020, p. 67), trabalha em uma dupla afirmativa:

> 1º) veda a atuação do juiz na fase de investigação, o que é um acerto, proibindo, portanto, que o juiz atue de ofício para decretar prisões cautelares, medidas cautelares reais, busca e apreensão, quebra de sigilo bancário, etc.
> 2º) veda – na fase processual – a substituição pelo juiz da atuação probatória do órgão acusador.

Em um primeiro momento (fase investigativa – inquérito policial), o julgador é proibido de ter iniciativas sem a provocação do órgão da acusação, o que impede, consequentemente, o agir de ofício pelo magistrado em prisões e medidas cautelares, entre outras que debateremos mais adiante.

A segunda narrativa é elementar na questão probatória, ou seja, afasta o magistrado da gestão/iniciativa probatória, seja ela no processo ou na fase do inquérito policial, sendo o julgador uma espécie de receptor da prova, e não um buscador de provas. Isso, contudo, não significa que o julgador não possa esclarecer algum fato com a testemunha após a inquirição pelas partes, desde que se mantenha tal esclarecimento dentro do que já fora questionado por estas, não havendo nenhuma inovação, sob pena de substituir alguma das partes na gestão da prova. Nessa estrutura, salienta Lopes Jr. (2020, p. 69): "a) quem pergunta são as partes; b) se o juiz pergunta, substitui as partes; e c) o art. 3º-A proíbe que o juiz substitua a atividade probatória das partes".

Sob essa lógica, a enunciação estrutura acusatória no art. 3º-A do CPP (Brasil, 1942) não encerra a discussão acerca do sistema adotado no processo penal brasileiro, uma vez que, conforme salientado no início do presente capítulo, para uma reforma efetiva no sistema processual penal, é necessária a modificação do sistema como um todo. Conforme verificaremos no percorrer desta obra, vários dispositivos com feições inquisitórias permaneceram intactos e, consequentemente, deverão ser revistos urgentemente.

Algumas modificações para dar azo à estrutura acusatória também foram realizadas por meio da Lei n. 13.964/2019 no CPP, entre as quais citamos:

- A possibilidade de o representante do MP determinar o arquivamento do inquérito policial (antes, somente o juiz poderia determinar o arquivamento após o requerimento do MP).
- A inserção do juiz das garantias, de modo a preservar a imparcialidade do magistrado da instrução processual e sentenciante, afastando-o dos elementos informativos, fortalecendo tanto a presunção de inocência do acusado quanto a estrutura acusatória (marcada pelo contraditório pleno, ampla defesa, devido processo legal etc.).
- A inserção da possibilidade do acordo de não persecução penal, sendo realizado entre as partes (representante do MP e defesa), funcionando o magistrado como fiscal da lei, de modo a verificar a voluntariedade e a legalidade.

- Há outras modificações que caminham no sentido da estrutura acusatória do processo penal. Porém, cabe destaque para o fato de que ainda permanecem várias questões que não foram alteradas, as quais revelam que o sistema inquisitório ainda permanece dentro do sistema processual penal brasileiro.

Capítulo 2

Princípios constitucionais processuais penais

O próprio processo em si é uma garantia, sendo dividido por Greco Filho (2019) em garantia ativa e garantia passiva. Nessa linha, o autor menciona que a garantia ativa corresponderia ao controle acerca dos atos de ilegalidade, sendo o judiciário instado a resolver determinada lesão a um direito. Noutro passo, a garantia passiva representaria a forma de impedir a justiça privada ou com as próprias mãos, conferindo a possibilidade de o acusado exercer o contraditório e a ampla defesa, além do fato de não poder ser privado de sua liberdade sem um devido processo legal (Greco Filho, 2019).

As funções dos princípios exercem grande influência no próprio fim do processo penal, uma vez que, ao contrário do que muitas vezes se pensa (que o processo tem por objetivo a condenação do acusado), antes de tudo, o bem jurídico tutelado pelo processo penal é a própria liberdade do sujeito acusado de um delito (Carnelutti, 1946).

O processo penal, na realidade, é um exercício de poder, e como tal, "tende a ser autoritário e precisa de limites, controle. Então, as garantias processuais constitucionais são verdadeiros escudos protetores contra o (ab)uso do poder estatal" (Lopes Jr., 2020, p. 82). Assim, as garantias fundamentais servem para que o processo se constitua verdadeiramente como um mecanismo de freio ao abuso do poder punitivo estatal.

Ademais, o processo penal se trata "de um ritual de exercício de poder e limitação da liberdade individual, a estrita observância das regras do jogo (devido processo penal) é o fator legitimante da atuação estatal" (Lopes Jr., 2020, p. 83).

Sendo uma garantia, o processo em si é um "instrumento de justiça e de efetivação de direitos" (Greco Filho, 2019, p. 70), e a Constituição da República de 1988 (Brasil, 1988) "foi pródiga em estabelecer uma série de princípios do processo e, em especial, do processo penal" (Badaró, 2018, p. 41), levando Nucci (2020, p. 114) a afirmar que, "na Constituição Federal de 1988, foram delineados vários princípios processuais penais, que apontam para um sistema acusatório".

Nessa perspectiva, trataremos aqui de alguns princípios fundamentais que se fazem necessários para a leitura do processo penal a partir da Constituição da República de 1988, para entender a instrumentalidade do processo e a sua conexão com a lógica de um instrumento de efetivação de direitos e garantias fundamentais.

Sob essa lógica, Greco Filho (2019) divide as garantias fundamentais em gerais e específicas do processo penal, sendo as gerais compostas pelas seguintes garantias:

- do devido processo legal (art. 5º, LIV, Constituição da República);
- da magistratura, também chamada de *independência do juiz* (art. 95, Constituição da República);
- do juiz natural (art. 5º, XXXVII, e art. 92, Constituição da República);
- da publicidade dos atos processuais (art. 5º, LX, Constituição da República).

As garantias do dever de fundamentação (art. 93, IX, Constituição da República), bem como do contraditório e da ampla defesa (art. 5º, LV) também fazem parte das garantias denominadas *gerais*. Porém, elas serão abordadas quando discutirmos as garantias específicas do processo penal, em razão da necessidade do aprofundamento da matéria na seara processual penal.

Partindo para as garantias específicas (algumas também compõem as garantias gerais), analisaremos as seguintes:

- do dever de fundamentação;
- da ampla defesa;
- do contraditório;
- da igualdade entre as partes;
- do duplo grau de jurisdição;
- da razoável duração do processo;
- da coisa julgada.

Por fim, analisaremos a garantia chamada *nemo tenetur se detegere* – direito de não se autoacusar ou direito ao silêncio (art. 5º, LXIII, Constituição da República) – e a garantia da presunção de inocência ou não culpabilidade.

— 2.1 —
Garantias constitucionais processuais gerais

Conforme mencionamos, as garantias constitucionais processuais gerais são aquelas aplicadas de forma geral para o âmbito processual civil, administrativo, entre outros. De qualquer modo, a análise dessas garantias, mesmo que sua aplicação seja considerada em âmbito geral, merece especial atenção no âmbito processual penal, uma vez que toda a principiologia penal deve ser verificada a partir de um sistema coeso de processo penal, em especial a proteção da presunção de inocência, que reflete diretamente na forma de aplicação das demais garantias constitucionais processuais.

— 2.1.1 —
Garantia do devido processo legal

A garantia ou princípio do devido processo legal, na realidade, constitui um grande princípio que abarca todos os demais dentro de seu conteúdo, pois, conforme será mencionado a seguir, o devido processo legal corresponde ao exercício da jurisdição dentro dos preceitos legais e constitucionais.

A garantia do devido processo legal encontra respaldo constitucional no art. 5º, inciso LIV, da Constituição da República, o qual prevê que "ninguém será privado da liberdade ou de seus bens sem o devido processo legal" (Brasil, 1988).

De acordo com Greco Filho (2019), a garantia do devido processo legal ou do *due process of law* é uma dupla garantia, sendo "em primeiro lugar [...] indispensável à aplicação de qualquer pena, conforme a regra *nulla poena sine judicio*, significando o **devido** processo como o processo necessário" (Greco Filho, 2019, p. 74, grifo do original). Concomitantemente, o devido processo legal é um processo adequado, atendendo aos parâmetros constitucionais e legais, ou seja, "um processo que assegure a igualdade das partes, o contraditório e a ampla defesa" (Greco Filho, 2019, p. 74).

Dessa forma, a garantia do devido processo legal implica o respeito às garantias fundamentais e aos procedimentos legais a serem adotados no curso da investigação e/ou processo, o que significa dizer que o devido processo legal "é um princípio síntese, que engloba os demais princípios e garantias processuais assegurados constitucionalmente" (Badaró, 2018, p. 93).

Lopes Jr. (2020, p. 45-46) segue na mesma linha, mencionando que:

> O processo penal é um caminho necessário para chegar-se, legitimamente, à pena. Daí por que somente se admite sua existência quando ao longo desse caminho forem rigorosamente

observadas as regras e garantias constitucionalmente asseguradas (as regras do devido processo legal).

Nessa lógica, Nucci (2015) menciona que, para ter uma justa aplicação da força repressiva do Estado, "o devido processo legal coroa todos os princípios processuais, chamando a si todos os elementos estruturais do processo penal democrático, valendo dizer, a ampla defesa, o contraditório, o juiz natural e imparcial, a publicidade, dentre outros" (Nucci, 2020, p. 141), legitimando, portanto, a atuação estatal quando respeitadas todas as garantias fundamentais.

Assim, se o devido processo legal exige que o exercício da jurisdição respeite todos os direitos e as garantias fundamentais para que a intervenção estatal seja considerada legítima, consequentemente, a inobservância de alguma garantia implica dizer que o devido processo legal não foi cumprido ou assegurado, justamente por ser este um dos grandes princípios constitucionais, que abarca todos os demais.

— 2.1.2 —
Garantia da magistratura ou independência do juiz

A garantia da magistratura ou independência do juiz trata-se de uma garantia geral, ou seja, aplicada em sua mesma forma ao processo (civil, penal, administrativo etc.), tendo como base estruturante duas vertentes fundamentais e complementares entre si: a garantia de o magistrado não sofrer represálias, para que, assim, exerça de forma "livre" o exercício de sua função; a garantia de assegurar um processo imparcial, sem influências que possam prejudicá-lo.

Essa independência do magistrado é consequência natural de sua própria função, em que "o juiz não tem por que ser um sujeito representativo, posto que nenhum interesse ou vontade que não seja a tutela dos direitos subjetivos lesados deve condicionar seu juízo, nem sequer o interesse da maioria, ou, inclusive, a totalidade dos lesados" (Lopes Jr., 2020, p. 88). O autor esclarece a questão, mencionando que "a função do juiz é atuar como garantidor da eficácia do sistema de direitos e garantias fundamentais do acusado no processo penal" (Lopes Jr., 2020, p. 89).

O art. 95 da Constituição da República de 1988 enuncia as seguintes garantias aos juízes:

> I – vitaliciedade, que, no primeiro grau, só será adquirida após dois anos de exercício, dependendo a perda do cargo, nesse período, de deliberação do tribunal a que o juiz estiver vinculado, e, nos demais casos, de sentença judicial transitada em julgado;
>
> II – inamovibilidade, salvo por motivo de interesse público, na forma do art. 93, VIII;
>
> III – irredutibilidade de subsídio, ressalvado o disposto nos arts. 37, X e XI, 39, § 4º, 150, II, 153, III, e 153, § 2º, I.

Explicando tais garantias dos juízes, vale destacar a vitaliciedade após os dois anos de exercício da profissão

O art. 95 da Constituição da República de 1988, além de enumerar tais garantias aos magistrados, também impõe algumas vedações, contidas no parágrafo único do aludido artigo:

> Parágrafo único. Aos juízes é vedado:
>
> I – exercer, ainda que em disponibilidade, outro cargo ou função, salvo uma de magistério;
>
> II – receber, a qualquer título ou pretexto, custas ou participação em processo;
>
> III – dedicar-se à atividade político-partidária.
>
> IV – receber, a qualquer título ou pretexto, auxílios ou contribuições de pessoas físicas, entidades públicas ou privadas, ressalvadas as exceções previstas em lei;
>
> V – exercer a advocacia no juízo ou tribunal do qual se afastou, antes de decorridos três anos do afastamento do cargo por aposentadoria ou exoneração. (Brasil, 1988)

A garantia de independência do juiz se divide em duas: independência externa e independência interna, conforme detalharemos na sequência.

Em relação à garantia de independência externa, ela visa que a tomada de decisão não pode sofrer influências externas, ou seja, objetiva-se a independência de influências externas ao Judiciário, conforme menciona Canotilho (2003, p. 664):

"a independência externa aponta para a independência dos juízes em relação aos órgãos ou entidades estranhas ao poder judicial".

Cabe salientar que essa independência do magistrado não é irrestrita – como se fosse "julgo conforme quero", também chamado de *decisionismo*[1] –, devendo ele (julgador) atentar-se às provas produzidas, aos mandamentos constitucionais e aos demais dispositivos do ordenamento jurídico (Lopes Jr., 2020). O que essencialmente a garantia da independência externa visa é à atuação do julgador de forma livre de interferência dos demais poderes, principalmente em virtude da própria noção de divisão de poderes do Estado.

Mais do que a proteção do julgador em razão da influência dos demais poderes (Executivo e Legislativo), a proteção acerca de influências externas também se dá "em face de outros mecanismos não estatais, com grande poder econômico ou social, em especial a imprensa" (Badaró, 2018, p. 47).

Tal afirmativa implica que o julgador não desempenha sua função para atender aos anseios da sociedade – no senso comum, "ouvir as vozes das ruas" –, mas sim para exercê-la livremente considerando os parâmetros constitucionais e as provas produzidas no processo, sem que seja constrangido ou compelido a tomar determinada decisão que vá de encontro a tais parâmetros.

Além da garantia da independência de influências externas, há a garantia de independência de influências internas, aqui

---

1   Para maior compreensão sobre a questão do decisionismo judicial, indicamos a seguinte leitura: STRECK, L. L. **O que é isto**: decido conforme minha consciência? 5. ed. Porto Alegre: Livraria do Advogado, 2015.

compreendidas como aquelas exercidas por órgãos ou pares do próprio Poder Judiciário, ou seja, de "órgãos do próprio poder a que pertencem" (Badaró, 2018, p. 46).

Porém, tal afirmativa não significa dizer que a decisão tomada pelo magistrado no curso do processo ou ao final será imutável (impossível de modificação), podendo ser revista (mediante recursos interpostos pelas partes) por órgão hierarquicamente superior, o que Badaró (2018, p. 47) denomina "hierarquia de derrogação".

A análise ou modificação da decisão do julgador não fere a garantia da independência do magistrado, uma vez que não se está determinando como o juiz deve julgar a causa, mas sim modificando sua decisão a partir de uma reanálise da matéria, até mesmo por questões ligadas à falibilidade humanada e à garantia do duplo grau de jurisdição (que será objeto de análise mais adiante). Dessa forma, a garantia de independência interna refere-se à atividade subordinada ao mando, ou seja, protege o juiz de que algum órgão hierarquicamente superior determine como julgar determinado caso.

Nessa perspectiva, a garantia da independência do julgador ou da magistratura possui uma dupla função: a proteção do magistrado para o exercício livre de sua profissão e, por outro lado, não menos evidente, a imparcialidade na tomada de decisão, pois, sem a independência do julgador, sofrendo pressões externas ou internas de como deve julgar o caso concreto, não haverá, de fato, a imparcialidade. Portanto, a independência do julgador se trata também do direito de a parte ter "uma prestação jurisdicional realizada por agentes imparciais" (Badaró, 2018, p. 48).

— 2.1.3 —
Garantia do juiz natural

Nas palavras de Lopes Jr. (2020, p. 413): "o Princípio do Juiz Natural é um princípio universal, fundante do Estado Democrático de Direito", que assegura ao cidadão o conhecimento prévio da autoridade e do órgão que o julgará.

A garantia do juiz natural é prevista no art. 5º, XXXVII, e art. 92 da Constituição da República de 1988, sendo que tal garantia se reporta a um dos mesmos fins pretendidos pela garantia da independência do julgador: a imparcialidade.

A garantia do juiz natural diz respeito à garantia de que o acusado será julgado por um tribunal que tenha sua existência criada e competência definida antes da realização do fato delituoso que será julgado. Nessa compreensão, o art. 5º, XXXVII, da Constituição da República dispõe que "não haverá juízo ou tribunal de exceção".

O juízo ou tribunal de exceção se referem a órgãos criados ou com fixação de competência posteriores aos fatos para julgar delitos, isto é, são órgãos destinados ao julgamento de fatos específicos[12]. Sob essa lógica, "haverá designação específica dos julgadores para o caso, após a ocorrência do fato" (Badaró, 2018, p. 52), e, consequentemente, o responsável pela escolha poderá compor o órgão da forma como queira, podendo tanto beneficiar quanto prejudicar aquele que está sendo acusado.

E mais, além de tais fatos, Badaró (2018) ressalta que uma das características do Tribunal de Exceção também poderá ser a escolha de sua atribuição de competência em fatores discriminatórios, bem como a supressão de diversas garantias do acusado.

Portanto, a leitura do art. 5º, XXXVII, da Constituição da República tem que ser feita juntamente com o art. 92, que estabelece os órgãos do Poder Judiciário.

A Constituição da República, além da vedação da criação de tribunais ou juízes de exceção e de estabelecer os órgãos do Poder Judiciário, também exige, em seu art. 5º, inciso LIII, que "ninguém será processado nem sentenciado senão pela autoridade competente" (Brasil, 1988).

---

2   Como foi feita a criação do Tribunal de Nuremberg: "Naquela corte instalada na cidade alemã no pós-guerra, expuseram-se detalhadamente os graves fatos praticados pelos criminosos alemães de então, especialmente o genocídio e os crimes contra a humanidade, ao mesmo tempo em que se tornaram públicos, inclusive à população americana que não fora diretamente atingida pela guerra, os horrores do Nazismo. Mas também foram expostos outros graves crimes cometidos pelas Forças Aliadas, ainda que apenas de relance, em *cross examinations* que partiram dos acusados que usavam o argumento *tu quoque* para tentar em vão se escusar da responsabilidade, tudo muito a contragosto das autoridades que geriam o tribunal, evidentemente. Entretanto, essas acusações ficaram apenas para os livros de história e o resultado de Nuremberg acabou sendo '*il prolungamento giudiziario della vittoria militare, anche se poi i giudici pronunciarono sentenze eque*', nas palavras de CASSESE, e nenhum crime grave dos vencedores restou processado" (Lechenakoski; Dissenha, 2020, p. 514, grifo do original).

Assim, de acordo com Badaró (2018, p. 37), no Brasil é adotado o princípio do juiz natural "em suas duas vertentes fundamentais, a da vedação de tribunal de exceção e a do juiz cuja competência seja definida anteriormente à pratica do fato".

Na mesma linha, para que determinado fato seja julgado, é necessário que haja um órgão do Poder Judiciário previamente estabelecido, com competência fixada para a matéria ou em razão do cargo ou da função (que será objeto de análise posteriormente), valendo-se a menção que "não se admite a escolha do magistrado competente. Quando ocorre determinado fato, as regras de competência já apontam o juízo adequado, utilizando-se até o sistema aleatório do sorteio (distribuição) para que não haja interferência na escolha" (Greco Filho, 2019, p. 74), o que implica assumir que a garantia do juiz natural "não é só a garantia do órgão Judiciário, mas a pessoa (natural) do juiz, de modo a impedir modificações arbitrárias às regras da jurisdição" (Badaró, 2018, p. 37).

A questão relativa à competência será analisada em momento oportuno. No entanto, é válido ressaltar desde já que as justiças especiais, como a Justiça do Trabalho e a Justiça Militar, não constituem um Tribunal de Exceção, pois são estabelecidas previamente pela própria Constituição (Greco Filho, 2019). O mesmo pode ser dito em relação à criação de varas especializadas para o julgamento de casos penais ou cíveis, desde que instituídas previamente antes dos fatos, com a fixação de competência em lei. Basicamente, a competência e as garantias de investidura e exercício são destinadas para os fatos posteriores, não configurando-se, portanto, um tribunal ou juiz de exceção (Greco Filho, 2019).

— 2.1.4 —
Garantia da publicidade

Conforme discutido, no sistema processual penal inquisitório, a regra é que o processo seja sigiloso. Porém, a Constituição da República de 1988 fez a opção de um sistema processual penal acusatório – assim, a publicidade dos atos judiciais é a regra. Dessa forma, percebe-se que um dos pressupostos de um Estado e processo democrático é, justamente, a publicidade sobre todos os atos praticados pelo Estado, incluindo a função jurisdicional e os atos processuais, ao passo que o oposto, ou seja, os "processos secretos são típicos de Estados autoritários" (Badaró, 2018, p. 75).

Um dos fins pretendidos pela garantia da publicidade é "permitir uma fiscalização perene de todos os cidadãos que poderiam presenciar a distribuição da justiça" (Greco Filho, 2019, p. 76).

Antes da Emenda Constitucional (EC) n. 45, de 30 de dezembro de 2004 (Brasil, 2004), o art. 93, inciso IX, da Constituição da República, que dispõe sobre a publicidade dos atos processuais, possuía a seguinte redação:

> IX - todos os julgamentos dos órgãos do Poder Judiciário serão públicos, e fundamentadas todas as decisões sob pena

de nulidade, podendo a lei, se o interesse público o exigir, limitar a presença em determinados atos, às próprias partes e a seus advogados, ou somente a estes, [...]. (Brasil, 1988)

Após a referida emenda, a redação do inciso IX do art. 93 da Constituição passou a vigorar da seguinte forma:

> IX – todos os julgamentos dos órgãos do Poder Judiciário serão públicos, e fundamentadas todas as decisões sob pena de nulidade, podendo a lei limitar a presença, em determinados atos, às próprias partes e a seus advogados, ou somente a estes, em casos nos quais a preservação do direito à intimidade do interessado no sigilo não prejudique o interesse público à informação. (Brasil, 1988)

O que se denota dos dois textos legais é que a garantia de publicidade não é irrestrita, podendo ser restringida em alguns casos. Porém, conforme se verifica das redações, após a EC n. 45/2004, a restrição da publicidade passou a ter limites mais claros.

Cabe destaque ao fato de que a publicidade não é tratada somente pelo art. 93, inciso IX, da Constituição da República, mas também pelo art. 5º, inciso LX, que assim dispõe: "a lei só poderá restringir a publicidade dos atos processuais quando a defesa da intimidade ou o interesse social o exigirem" (Brasil, 1988).

Logo, a publicidade dos atos processuais poderá ser restringida. Contudo, tal restrição encontrará respaldo quando for necessária para a preservação de outros valores resguardados pela Constituição da República.

De igual modo, o Código de Processo Penal (CPP) – Decreto-Lei n. 3.689, de 3 de outubro de 1941 – também dispõe a publicidade dos atos processuais como regra, conforme disposto no art. 792 do referido diploma legal:

> As audiências, sessões e os atos processuais serão, em regra, públicos e se realizarão nas sedes dos juízos e tribunais, com assistência dos escrivães, do secretário, do oficial de justiça que servir de porteiro, em dia e hora certos, ou previamente designados. (Brasil, 1941)

Igualmente, o CPP estabelece hipóteses nas quais poderá ser restringida a liberdade, senão vejamos o que dispõe os parágrafos do art. 792:

> 1º Se da publicidade da audiência, da sessão ou do ato processual, puder resultar escândalo, inconveniente grave ou perigo de perturbação da ordem, o juiz, ou o tribunal, câmara, ou turma, poderá, de ofício ou a requerimento da parte ou do Ministério Público, determinar que o ato seja realizado a portas fechadas, limitando o número de pessoas que possam estar presentes.

§ 2º As audiências, as sessões e os atos processuais, em caso de necessidade, poderão realizar-se na residência do juiz, ou em outra casa por ele especialmente designada. (Brasil, 1941)

Assim, o CPP estabelece hipóteses mais claras de restrição da publicidade dos atos processuais, nos casos em que tal publicidade possa resultar em escândalo, inconveniente grave ou perigo de perturbação da ordem.

Contudo, de acordo com Lopes Jr. (2020, p. 237), "quando o segredo for imprescindível e existir a possibilidade de publicidade abusiva por parte da polícia ou que, pela natureza do fato, a reserva de informação esteja justificada", poderá o órgão da acusação que esteja investigando determinados fatos não dar publicidade ao ato.

Salvo nos casos em que a publicidade acarrete riscos concretos para a investigação e seja imprescindível o segredo, a regra é a publicidade dos atos. A norma, inclusive, é de que jamais poderá ser restringido o acesso do advogado aos atos processuais, em respeito, inclusive, ao art. 5º, LV, da Constituição da República de 1988, que garante o direito da ampla defesa e do contraditório.

Além da Lei n. 13.964, de 24 de dezembro de 2019 (Brasil, 2019), no mesmo ano houve a publicação da Lei n. 13.869, de 5 de setembro, a qual classificou como crime, no art. 32, a conduta de vedar o acesso do advogado aos autos:

Art. 32. Negar ao interessado, seu defensor ou advogado acesso aos autos de investigação preliminar, ao termo circunstanciado, ao inquérito ou a qualquer outro procedimento investigatório de infração penal, civil ou administrativa, assim como impedir a obtenção de cópias, ressalvado o acesso a peças relativas a diligências em curso, ou que indiquem a realização de diligências futuras, cujo sigilo seja imprescindível:

Pena–detenção, de 6 (seis) meses a 2 (dois) anos, e multa. (Brasil, 2019a)

Antes mesmo da edição dessa lei, o Supremo Tribunal Federal (STF) já havia editado a Súmula Vinculante n. 14, que assim dispõe:

É direito do defensor, no interesse do representado, ter acesso amplo aos elementos de prova que, já documentados em procedimento investigatório realizado por órgão com competência de polícia judiciária, digam respeito ao exercício do direito de defesa. (Brasil, 2009b)

Nessa perspectiva, a princípio, a restrição da publicidade dos atos ou a vedação do defensor em ter acesso a autos de investigação, termo circunstanciado, inquérito ou qualquer outro procedimento investigatório poderá ocorrer em duas hipóteses: a) quando as peças forem relativas a diligências em curso; b) quando tais peças indiquem a realização de diligências futuras. Contudo, tal restrição ou sigilo deverá ser imprescindível, permanecendo a publicidade como regra.

A garantia da publicidade também sofreu alterações com a Lei n. 13.964/2019, ou melhor, veio a enunciar de forma taxativa a questão da intimidade e vida privada do acusado, inserindo no CPP o art. 3º-F[3], em que consta, como uma das funções do juiz das garantias, impedir "o acordo ou ajuste de qualquer autoridade com órgãos da imprensa para explorar a imagem da pessoa submetida à prisão, sob pena de responsabilidade civil, administrativa e penal".

Seguindo essa linha, a Lei n. 13.869/2019, em seu art. 13, estabelece como crime:

> Constranger o preso ou o detento, mediante violência, grave ameaça ou redução de sua capacidade de resistência, a:
>
> I – exibir-se ou ter seu corpo ou parte dele exibido à curiosidade pública;
>
> II – submeter-se a situação vexatória ou a constrangimento não autorizado em lei; [...]. (Brasil, 2019a)

Nos mesmos moldes, o art. 28 da mesma lei estabelece como crime a conduta de: "Divulgar gravação ou trecho de gravação sem relação com a prova que se pretenda produzir, expondo a intimidade ou a vida privada ou ferindo a honra ou a imagem do investigado ou acusado" (Brasil, 2019a).

---

[3] Conforme mencionado anteriormente, em 24 de dezembro de 2019, foi publicada, no *Diário Oficial da União*, a Lei n. 13.964/2019, que provocou diversas alterações no CPP brasileiro. Na data de 22 de janeiro de 2020, o Ministro do STF, Luiz Fux, em decisão na Liminar na Medida Cautelar nas Ações Diretas de Inconstitucionalidade (ADIs) n. 6.298, 6.299, 6.300 e 6.305 (Brasil, 2020a, 2020b, 2020c, 2020d), suspendeu a eficácia de alguns dispositivos alterados pela Lei n. 13.964/2019, dentre eles alguns afetivos à temática a ser abordada no presente tópico, como é o caso do Juiz das Garantias (art. 3-F). Assim, enquanto for mantida a decisão liminar, a realidade para a temática permanece a anterior à edição da referida legislação.

Assim, percebemos que o direito de publicidade tem sua limitação calcada no direito da liberdade e da intimidade como limites da garantia à publicidade. Porém, tais restrições representam a exceção no ordenamento jurídico vigente, permanecendo como regra a publicidade dos atos.

— 2.2 —
Garantias constitucionais processuais penais específicas

Como demonstramos, até mesmo as garantias constitucionais processuais gerais, para serem aplicadas no âmbito processual penal, necessitam de certa adequação para se coadunarem com um sistema coeso de processo penal. Se tais garantias precisam de adequação, exige-se ainda mais das garantias constitucionais processuais consideradas específicas, na medida em que sua interpretação, apesar de também ser aplicável a outros ramos do direito, demanda maior aprofundamento para uma adequação lógica ao sistema processual brasileiro. Afinal, se no direito civil ou processo civil a proteção se recai, por exemplo, sobre o patrimônio, no processo penal a proteção é a liberdade do acusado.

— 2.2.1 —
O dever de fundamentação

Apesar de separada da garantia da publicidade, a garantia do dever de fundamentação também possui o mesmo norte a ser seguido pela publicidade: a fiscalização da atividade judiciária e de suas decisões, com a possibilidade de verificação dos argumentos lançados pelo magistrado em confronto com o ordenamento jurídico vigente. Ademais, o dever de fundamentação também está umbilicalmente interligado com as garantias do contraditório e da ampla defesa (que serão debatidas adiante).

Isso significa dizer que o dever de motivação está incluso no rol de garantias que dão legitimidade para o exercício de poder contido no ato decisório, pois "sua legitimação se dá pela estrita observância das regras do devido processo penal, entre elas o dever (garantia) da fundamentação dos atos decisórios" (Lopes Jr., 2020, p. 156).

Para além da verificação do cumprimento da garantia do devido processo legal em seu aspecto interno de legitimação da decisão (intrapartes), Nucci (2015) menciona que a exposição dos motivos que levaram o julgador à tomada de decisão, se realizada com coerência lógica com as provas produzidas e legislação vigente, produz "nas partes o efeito assimilador e legitimador da decisão", podendo estas, ainda, discordarem da decisão de mérito, embora possuam a "noção de que foi um veredicto seguro e imparcial" (Nucci, 2015, p. 425).

É fato que a garantia do dever de fundamentação é interligada com a publicidade, bem como que a positivação de tal garantia é prevista na Constituição da República, mais precisamente no art. 93, inciso IX:

> IX – todos os julgamentos dos órgãos do Poder Judiciário serão públicos, e fundamentadas todas as decisões, sob pena de nulidade, podendo a lei limitar a presença, em determinados atos, às próprias partes e a seus advogados, ou somente a estes, em casos nos quais a preservação do direito à intimidade do interessado no sigilo não prejudique o interesse público à informação; [...].

Nessa perspectiva, a garantia do dever de fundamentação deve ser vista sob duas perspectivas: uma de ordem interna e outra de ordem externa. Em sua razão externa, ela permite o "controle social sobre a atividade jurisdicional" (Badaró, 2018), p. 69), com a verificação dos fundamentos lançados e a justificação da decisão tomada, controlando, assim, a "legalidade da decisão, a imparcialidade do juiz, enfim, a justiça do julgamento" (Badaró, 2018, p. 70).

Por seu turno, em uma perspectiva interna, do mesmo modo a garantia do dever de fundamentação serve às partes do processo como meio de fiscalização e controle, adquirindo maior relevância nesse âmbito, pois somente com a devida fundamentação, devendo ela ser clara, coerente e lógica (Badaró, 2018), é possível o exercício da ampla defesa e do contraditório, possibilitando às partes impugnarem a decisão. Nesse sentido, inclusive os órgãos superiores do Poder Judiciário (tribunais em 2º grau e tribunais superiores) podem avaliar a tomada de decisão pelo magistrado.

Ao contrário da garantia da publicidade, a garantia da motivação das decisões ou do dever de fundamentação não possui restrições, alcançando todo e qualquer ato emanado pelo Poder Judiciário, já que o art. 93, inciso IX, da Constituição da República não traz qualquer limitação.

Mas, afinal, o que é o ato de fundamentar a decisão, ou melhor, como verificar se uma decisão é devidamente fundamentada?

Antes da Lei n. 13.964/2019, o CPP era omisso em relação ao que poderia ser considerada uma decisão devidamente fundamentada. Mas, em 2015, com a promulgação do Código de Processo Civil (CPC) – Lei n. 13.105, de 16 de março de 2015 (Brasil, 2015a) –, por força do art. 3º do CPP (Brasil, 1941), poderia ser utilizado, por analogia, o disposto no art. 489, parágrafo 1º, do CPC, que dispõe sobre quando uma decisão judicial não poderá ser considerada fundamentada:

> Art. 489. São elementos essenciais da sentença:
>
> [...]
>
> § 1º Não se considera fundamentada qualquer decisão judicial, seja ela interlocutória, sentença ou acórdão, que:
>
> I – se limitar à indicação, à reprodução ou à paráfrase de ato normativo, sem explicar sua relação com a causa ou a questão decidida;

II – empregar conceitos jurídicos indeterminados, sem explicar o motivo concreto de sua incidência no caso;

III – invocar motivos que se prestariam a justificar qualquer outra decisão;

IV – não enfrentar todos os argumentos deduzidos no processo capazes de, em tese, infirmar a conclusão adotada pelo julgador;

V – se limitar a invocar precedente ou enunciado de súmula, sem identificar seus fundamentos determinantes nem demonstrar que o caso sob julgamento se ajusta àqueles fundamentos;

VI – deixar de seguir enunciado de súmula, jurisprudência ou precedente invocado pela parte, sem demonstrar a existência de distinção no caso em julgamento ou a superação do entendimento. (Brasil, 2015a)

Para a decisão ser suficientemente fundamentada, de acordo com Badaró (2018, p. 72):

> O dever de motivar exige do juiz não apenas que forneça uma justificação logicamente correta e coerente de sua decisão, mas também que demonstre a efetiva subsistência de uma plena correspondência entre os elementos probatórios existentes nos autos e no conteúdo do que foi por ele decidido na sentença.

Dessa forma, a decisão, além de ser expressa, clara, coerente e lógica, deverá guardar correlação com os elementos probatórios exigidos, além de, obviamente, a fundamentação legal ser correspondente ao ordenamento jurídico constitucional e legal.

Ultrapassando as necessidades de aplicação analógica do dispositivo do CPC, a Lei n. 13.964/2019 veio a sanar a omissão em relação à fundamentação no CPP, adicionando o parágrafo 2º no art. 315, que passou a constar com a seguinte redação:

> Art. 315. A decisão que decretar, substituir ou denegar a prisão preventiva será sempre motivada e fundamentada:
>
> [...]
>
> §2º Não se considera fundamentada qualquer decisão judicial, seja ela interlocutória, sentença ou acórdão, que:
>
> I – limitar-se à indicação, à reprodução ou à paráfrase de ato normativo, sem explicar sua relação com a causa ou a questão decidida;
>
> II – empregar conceitos jurídicos indeterminados, sem explicar o motivo concreto de sua incidência no caso;
>
> III – invocar motivos que se prestariam a justificar qualquer outra decisão;
>
> IV – não enfrentar todos os argumentos deduzidos no processo capazes de, em tese, infirmar a conclusão adotada pelo julgador;
>
> V – limitar-se a invocar precedente ou enunciado de súmula, sem identificar seus fundamentos determinantes nem demonstrar que o caso sob julgamento se ajusta àqueles fundamentos;

VI – deixar de seguir enunciado de súmula, jurisprudência ou precedente invocado pela parte, sem demonstrar a existência de distinção no caso em julgamento ou a superação do entendimento. (Brasil, 1941)

Ao que consta, a redação dada ao parágrafo citado é a mesma que a constante no art. 489 do CPC, fortalecendo ainda mais o argumento de que, antes da edição da Lei n. 13.964/2019, poderia ser aplicado, por analogia, o dispositivo do CPC para verificar se a decisão judicial estava devidamente fundamentada.

Mesmo que os critérios para não ser considerada uma decisão fundamentada estejam inseridos no artigo que versa sobre prisões cautelares, o parágrafo 2º do art. 315 do CPP é enfático em dispor que: "Não se considera fundamentada qualquer decisão judicial, seja ela interlocutória, sentença ou acórdão" (Brasil, 1941). Portanto, argumentos contrários à aplicação do parágrafo 2º para outras decisões que não sejam a de decretação de prisão cautelar não subsistem.

Dessa forma, de modo a verificar o que seria uma decisão devidamente motivada ou fundamentada, a decisão judicial deve ser clara (em linguagem acessível) e coerente com a legislação vigente e com os entendimentos jurisprudenciais em consonância com as provas produzidas nos autos, bem como com todos os fundamentos que levaram o julgador a tomar determinada decisão.

Conforme verificamos, a garantia do dever de fundamentação é mais do que garantir o exercício da ampla defesa e do contraditório das partes: trata-se de um verdadeiro alicerce no Estado democrático e em um processo penal acusatório.

— 2.2.2 —
Garantias do contraditório e da ampla defesa

Apesar de normalmente serem analisadas juntas, as garantias da ampla defesa e do contraditório não são a mesma coisa, embora, na maioria dos casos, sendo desrespeitada uma, consequentemente estar-se-á desrespeitado a outra. Ambas serão abordadas em conjunto mais para fins metodológicos do que pela semelhança entre uma e outra.

As duas garantias (ampla defesa e contraditório) estão positivadas no art. 5º, inciso LV, da Constituição da República, que assim determina:

> Art. 5º Todos são iguais perante a lei, sem distinção de qualquer natureza, garantindo-se aos brasileiros e aos estrangeiros residentes no País a inviolabilidade do direito à vida, à liberdade, à igualdade, à segurança e à propriedade, nos termos seguintes: [...]
>
> LV – aos litigantes, em processo judicial ou administrativo, e aos acusados em geral são assegurados o contraditório e ampla defesa, com os meios e recursos a ela inerentes; [...].
> (Brasil, 1988)

Portanto, trata-se de garantias de dimensão geral, não sendo apenas específica ao processo penal. Porém, com o aprofundamento do estudo sobre o tema, percebe-se que a dimensão das garantias do contraditório e da ampla defesa adquirem ainda mais relevância quando tratada sob o aspecto processual penal.

De acordo com Nucci (2015, p. 398), o "contraditório significa a oportunidade concedida a uma das partes para contestar, impugnar, contrariar ou fornecer uma versão própria acerca de alguma alegação ou atividade contrária ao seu interesse".

Já na visão de Badaró (2018, p. 58), o exercício do contraditório depende essencialmente de dois aspectos: "a informação e a reação" (Badaró, 2018, p. 58), ou seja, trata-se do direito de o acusado ter as necessárias informações que pesam contra si, para que, então, possa ter a reação necessária.

Para a garantia do contraditório, não é necessário que a parte o exerça, e sim que sejam disponibilizados meios e oportunidades para seu exercício (Nucci, 2015). No mesmo sentido, Badaró (2018, p. 58) menciona que "ambos os conceitos propugnam pela obrigatoriedade ou necessidade de informação mas, quanto à reação, basta que esta seja possibilitada. Em outras palavras, trata-se de reação possível".

Como o processo é formado pela oposição entre partes, "a acusação (expressão do interesse punitivo do Estado) e a defesa (expressão do interesse do acusado [e da sociedade] em ficar livre de acusações infundadas e imune a penas arbitrárias e desproporcionadas)", o contraditório é extremamente necessário para propiciar a estrutura dialética do processo, sendo um "método de confrontação da prova e comprovação da verdade" (Lopes Jr., 2020, p. 145).

Nessa linha da dialética processual, segundo Nucci (2015, p. 399): "O contraditório possui o natural limite da dialética: um argumento gera um contra-argumento; uma prova gera uma contraprova; um pedido provoca um contrapedido ou uma contrariedade". Tal limitação é lógica, uma vez que, permitindo-se um contraditório ao infinito, jamais chegar-se-ia ao fim do processo, sendo que, obedecendo uma estrutura acusatória e garantista do processo, em regra a defesa "fala" sempre depois da acusação (Greco Filho, 2019), encerrando-se o contraditório com a manifestação da defesa no processo.

Acerca da participação das partes e do exercício do contraditório, Badaró (2018, p. 59) menciona que: "Deve haver real e igualitária participação dos sujeitos processuais ao longo de todo o processo, assegurando a efetividade e a plenitude do contraditório", contando, inclusive, com a participação intensa do juiz no incentivo (oportunidade) de as partes exercerem o contraditório "(não confundir com juiz-inquisidor ou com a atribuição de poderes instrutórios ao juiz)" (Lopes Jr., 2020, p. 600).

Em relação à participação do julgador, Badaró (2018, p. 58) esclarece que "deixou de ser o contraditório uma mera possibilidade de participação de desiguais, passando a se estimular a participação dos sujeitos em condições de desigualdade", sendo que essa função de igualar os desiguais é incumbida ao juiz.

Em outra perspectiva, a garantia do contraditório, conforme mencionado, está interligada à garantia da ampla defesa. A esse respeito, segundo Grinover, Fernandes e Gomes Filho (1992, p. 63),

> defesa e contraditório estão indissoluvelmente ligados, porquanto é do contraditório (visto em seu primeiro momento, da informação) que brota o exercício da defesa; mas é esta – como poder correlato ao de ação – que garante o contraditório. A defesa, assim, garante o contraditório, mas também por este se manifesta e é garantida. Eis a íntima relação e interação da defesa e do contraditório

Partindo-se para a explicação acerca da ampla defesa, ou, como alguns autores denominam, "direito de defesa" (Lopes Jr., 2020, p. 147), esta se divide em duas: direito de defesa técnica e direito de defesa pessoal ou autodefesa.

Iniciando pelo direito de defesa pessoal ou autodefesa, ele é exercido pelo próprio acusado, sendo que parte da doutrina separa-o em: "(1) direito de presença; (2) direito de audiência; (3) direito de postular pessoalmente" (Badaró, 2018, p. 62).

Primeiramente, o direito de postular pessoalmente se refere ao direito de o acusado "recorrer pessoalmente (CPP, art. 577, *caput*, CPP), de interpor *habeas corpus* ou revisão criminal (CPP, art. 623)" (Badaró, 2018, p. 62).

Já os direitos de presença e de audiência estão interligados, na medida que é direito do acusado ser ouvido em juízo, com direito de comparecimento na audiência e verificação da produção da prova oral (oitiva de testemunhas), possibilitando que possa "auxiliar o defensor na formulação de perguntas e na demonstração de incongruências ou incompatibilidades no depoimento" (Badaró, 2018, p. 62).

Em relação a tais direitos, o acusado, ao dar sua versão dos fatos, poderá se manifestar ou se calar. Portanto, a doutrina divide o direito de autodefesa em duas: defesa pessoal positiva e defesa pessoal negativa (Lopes Jr., 2020).

Em sua perspectiva positiva, a autodefesa é composta pelo direito de o acusado se manifestar dentro do processo, havendo duas possibilidades mais claras de dar sua versão sobre os fatos (interrogatório policial e judicial), ou seja, de exercer a sua defesa esclarecendo os fatos (Lopes Jr., 2020, p. 150). Mais do que dar a versão dos fatos perante o julgador, a autodefesa positiva é um direito disponível do acusado de "praticar atos, declarar, constituir defensor, submeter-se a intervenções corporais, participar de acareações, reconhecimentos etc." (Lopes Jr., 2020, p. 151).

Em sua dimensão negativa, o direito de defesa do acusado corresponde ao direito de quedar-se em silêncio, seja diante de autoridade policial ou perante o juízo, conforme disposição do art. 5º, inciso LXIII, da Constituição da República: "o preso será informado de seus direitos, entre os quais o de permanecer calado, sendo-lhe assegurada a assistência da família e de advogado" (Brasil, 1988).

Conforme mencionado, o direito de exercício da autodefesa em sua perspectiva positiva é um direito disponível do acusado;

portanto, não é, e não pode ser, encarado como um dever do acusado, sendo que sua inércia (silêncio) não poderá resultar em prejuízos ao acusado (Lopes Jr., 2020, p. 153). Tal direito ao silêncio é relativo ao *"princípio nemo tenetur se detegere,* segundo o qual o sujeito passivo não pode sofrer nenhum prejuízo jurídico por omitir-se de colaborar em uma atividade probatória da acusação ou por exercer seu direito de silêncio quando do interrogatório" (Lopes Jr., 2020, p. 154, grifo do original).

Por tal motivo, o interrogatório do acusado constitui-se em meio de defesa, podendo este se recusar a responder às perguntas formuladas pelo juízo, pela acusação e até mesmo pelo seu defensor.

Entretanto, somente assegurar o direito de autodefesa ou defesa pessoal não é suficiente, pois há necessidade de se garantir ao acusado o direito de ter uma defesa técnica. Nessa lógica, contrariamente à disponibilidade do exercício da autodefesa ou defesa pessoal por parte do acusado, o direito da defesa técnica é indisponível, ou seja, o acusado não poderá abrir mão do direito de ser assistido por alguém habilitado tecnicamente para exercer a sua defesa, sendo essencial que essa pessoa possua conhecimento técnico e teórico do direito – advogado ou defensor (Lopes Jr., 2020).

Em consonância com a argumentação trazida, o art. 261 do CPP tratou de disciplinar a garantia de defesa técnica como um direito indisponível, conforme disposto: "Nenhum acusado, ainda que ausente ou foragido, será processado ou julgado sem defensor" (Brasil, 1941).

A justificativa para a garantia de a defesa técnica ser obrigatória é ligada à ideia de necessidade do equilíbrio na relação processual, bem como à "presunção de hipossuficiência do sujeito passivo, de que ele não tem conhecimentos necessários e suficientes para resistir à pretensão estatal, em igualdade de condições técnicas com o acusador" (Lopes Jr., 2020, p. 148).

E mais, a exigência de uma defesa técnica também se faz necessária para a preservação da estrutura dialética do processo e do próprio sistema processual penal acusatório, com a devida fiscalização do cumprimento das garantias fundamentais e legais. Nas palavras de Lopes Jr., (2020, p. 149, grifo do original), trata-se de "uma satisfação alheia à vontade do sujeito passivo, pois resulta de um imperativo de ordem pública, contido no princípio do *due process of law*".

Nessa linha, pode-se questionar: E se o acusado não possuir condições de constituir um defensor?

O art. 5º, inciso LXXIV, da Constituição da República estabelece que "o Estado prestará assistência jurídica integral e gratuita aos que comprovarem insuficiência de recursos" (Brasil, 1988). Para tanto, o Estado brasileiro possui a instituição essencial à função jurisdicional do Estado: a Defensoria Pública (art. 134, Constituição da República). Na ausência de Defensoria Pública, também é utilizado o sistema da advocacia dativa, na qual o advogado particular é nomeado pelo julgador para o exercício da função de defensor do acusado.

O problema prático se mostra na ausência de previsão legal sobre a necessidade da defesa técnica já no inquérito policial ou nos casos da prisão em flagrante em que o acusado é ouvido perante a autoridade policial. Por mais que seja direito do acusado constituir defensor e de este estar presente quando de sua oitiva perante a autoridade policial, o problema se releva quando a pessoa presa não possui condições de constituir um defensor.

Ao menos preliminarmente, cabe mencionar que, quando o acusado é preso em flagrante delito, de acordo com o art. 306 do CPP, é obrigatório que seja comunicado imediatamente "ao juiz competente, ao Ministério Público (MP) e à família do preso ou à pessoa por ele indicada" (Brasil, 1941), tendo ainda o prazo de 24h (vinte e quatro horas) após a realização da prisão para ser encaminhado o auto de prisão em flagrante para o juiz – na ausência de indicação de defensor, deve ser enviada uma cópia integral do auto à Defensoria Pública (parágrafo 1º, art. 306, CPP).

Contudo, a oitiva do acusado perante a autoridade policial deve ocorrer antes do prazo de 24h (vinte e quatro horas), pois de acordo com o art. 304 do CPP, sendo apresentado o preso à autoridade, após a oitiva do condutor e de testemunhas, procede-se ao interrogatório da pessoa presa. Nesse tear, não havendo condições financeiras para constituir um defensor, o acusado será interrogado sem a defesa técnica.

A (des)necessidade[14] da presença de um defensor no interrogatório do acusado perante a autoridade policial decorre da leitura que se faz do art. 261 do CPP, de que a obrigatoriedade da presença de um defensor seja no processo ou no julgamento do acusado, não incidindo, portanto, no inquérito, que, conforme será visto mais adiante, trata-se de um procedimento pré-processual.

Tal problema restou resolvido ao menos para os membros das forças de segurança que fazem parte das elencadas no art. 144 da Constituição da República e na Lei n. 13.964/2019, sendo obrigatória a defesa técnica já no inquérito policial em determinados casos, conforme se depreende do art. 14-A do CPP:

> Art. 14-A. Nos casos em que servidores vinculados às instituições dispostas no art. 144 da Constituição Federal figurarem como investigados em inquéritos policiais, inquéritos policiais militares e demais procedimentos extrajudiciais, cujo objeto for a investigação de fatos relacionados ao uso da força letal praticados no exercício profissional, de forma consumada ou tentada, incluindo as situações dispostas no art. 23 do Decreto-Lei nº 2.848, de 7 de dezembro de 1940 (Código Penal), o indiciado poderá constituir defensor.

---

4 A expressão *(des)necessidade* indica que atualmente o ordenamento jurídico vigente não considera como imprescindível para o ato a presença da defesa técnica. Porém, não concordamos com tal posição. Se o primeiro ato do acusado é feito sem a presença de um defensor, viola-se claramente o equilíbrio do processo, esvaindo-se diversas garantias do acusado. Cabe menção ainda ao fato de que a garantia prevista no art. 5º, inciso LXXIV, da Constituição da República não faz distinção entre o processo ou procedimento, tendo plena vigência para ambos os casos.

§ 1º Para os casos previstos no caput deste artigo, o investigado deverá ser citado da instauração do procedimento investigatório, podendo constituir defensor no prazo de até 48 (quarenta e oito) horas a contar do recebimento da citação.

§ 2º Esgotado o prazo disposto no § 1º deste artigo com ausência de nomeação de defensor pelo investigado, a autoridade responsável pela investigação deverá intimar a instituição a que estava vinculado o investigado à época da ocorrência dos fatos, para que essa, no prazo de 48 (quarenta e oito) horas, indique defensor para a representação do investigado. (Brasil, 1941)

Na forma do artigo citado, é possível que o contraditório seja exercido durante o inquérito policial, bem como que sejam propiciados os meios possíveis para isso mediante a dupla dimensão da ampla defesa (defesa técnica e autodefesa), retirando, ao menos em parte, o seu caráter inquisitório.

Com o contraditório e a ampla defesa efetivos, torna-se possível promover a fiscalização dos atos judiciais, garantindo, ao menos, a verificação da imparcialidade do julgador. Além disso, o exercício do contraditório oferecerá substrato para a formação do convencimento do julgador sobre o caso concreto, tornando-se essas duas garantias essenciais à estrutura acusatória e dialética do processo penal.

— 2.2.3 —
Garantia da igualdade entre partes (paridade de armas): mais do que uma igualdade formal – em busca da igualdade substancial

Conforme já mencionado, a estrutura acusatória do processo penal necessita de uma estrutura dialética no processo (e assim o é, já que é marcado pela contraposição de partes), mantendo o magistrado afastado da gestão da prova e devendo tratar "as partes de forma igualitária" (Badaró, 2018, p. 63).

Contudo, essa igualdade deve ser analisada sob duas perspectivas: a igualdade formal e a igualdade substancial. Em relação à primeira, tem-se que as partes devem dispor dos mesmos recursos disponíveis processualmente. Mais precisamente, corresponde à garantia de que as partes dispõem das mesmas armas – ou seja, paridade de armas.

Quando há duas partes atuantes e eficientes, com o exercício do contraditório e da ampla defesa efetivos, a própria imparcialidade do juiz é fortalecida, "pois, quanto mais atuante e eficiente forem ambas as partes, mais alheio ficará o julgador" (Lopes Jr., 2020, p. 149).

Por outro lado, na relação processual penal, comumente há uma disparidade entre forças, sendo que "de um lado há o Estado, com todo o seu poder e aparato oficial, e do outro o indivíduo, em uma situação de inferioridade, quase de mera sujeição" (Badaró, 2018, p. 63).

Dessa forma, mesmo que formalmente todas as partes sejam iguais, deve-se analisar a perspectiva de que "a realidade demonstra, de forma inconteste, que os sujeitos são substancialmente desiguais e esta desigualdade se potencializa no processo penal" (Badaró, 2018, p. 63). Cirino dos Santos (2006, p. 655) também adverte que "o processo penal não se constitui processo de partes livres e iguais – como o processo civil, por exemplo, dominado pela liberdade de partes, em situação de igualdade processual [...]".

Tal questão de desigualdade processual também se evidencia no modo como a investigação preliminar é realizada, uma vez que coloca o acusado em sérias desvantagens, na medida em que não este dispõe dos mesmos recursos – sejam financeiros, sejam humanos – que os órgãos do Estado encarregados pela investigação ou, até mesmo, pela persecução penal. Inclusive, o tema sobre a investigação defensiva é quase inexistente, porque os acusados na seara criminal quase sempre são pobres e não possuem recursos financeiros, bem como por conta da ausência de uma disciplina legal que fundamente a investigação defensiva (Badaró, 2018).

Consequentemente, assegurar a igualdade formal é ineficiente, já que o processo penal é composto por partes quase sempre desiguais, sendo de fundamental importância a busca pela igualdade substancial. Nessa medida, deve-se levar em conta que o ônus probatório (conforme se verá adiante) é encargo do órgão da acusação e, por isso, o acusado é protegido, dentre outros princípios, pela presunção de inocência (que será objeto de análise neste capítulo) – princípio *favor rei* –, o qual estabelece que, quando surge alguma dúvida no processo em relação às regras e à sua forma interpretação, dando origem a posições opostas, tal dúvida deverá ser interpretada a favor do acusado, além de este dispor de recursos/ações exclusivos da defesa, por exemplo, os embargos infringentes e a revisão criminal.

— 2.2.4 —
Garantia do duplo grau de jurisdição

É natural do ser humano a irresignação ou o inconformismo diante da contrariedade de uma pretensão. Assim, "o universo do Direito não poderia pairar alheio a tal realidade, desde que se sabe ter o Estado assumido o monopólio penal de distribuição de justiça" (Nucci, 2015, p. 505).

A Constituição da República não trouxe expressamente a garantia do duplo grau de jurisdição, sendo que, de acordo com Lopes Jr. (2020), mesmo que se possa tentar extrair tal garantia ou princípio de outros da Lei Maior, de fato, o duplo grau de jurisdição não foi expresso no ordenamento jurídico brasileiro.

Contudo, o art. 5º, parágrafo 2º, da Constituição da República estabelece que os "direitos e garantias expressos [...] não excluem outros decorrentes do regime e dos princípios por ela adotados, ou dos tratados internacionais em que a República Federativa do Brasil seja parte" (Brasil, 1988). Isso fez com que houvesse a aplicação de tal garantia no ordenamento jurídico mediante o art. 8.2, alínea "h" da Convenção Americana de Direitos Humanos (Pacto San José da Costa Rica), que assim dispõe:

> 2. Toda pessoa acusada de delito tem direito a que se presuma sua inocência enquanto não se comprove legalmente sua culpa. Durante o processo, toda pessoa tem direito, em plena igualdade, às seguintes garantias mínimas: [...]
> h. direito de recorrer da sentença para juiz ou tribunal superior. (OEA, 1969)

A Convenção Americana de Direitos Humanos entrou em vigor no território brasileiro na data de 6 de novembro de 1992[15], trazendo ao ordenamento jurídico brasileiro diversas garantias ao indivíduo acusado, incluindo a garantia do duplo grau de jurisdição.

Para além do simples inconformismo humano, a justificativa para a existência da garantia do duplo grau de jurisdição se divide em duas perspectivas: a primeira se refere ao fato de que o julgamento é realizado por homens que, como tais, não estão isentos de cometer erros ou falhas. Portanto, ao submeter o caso penal a um reexame por órgão colegiado, as chances de erro sobre fatos e provas diminuem consideravelmente. A segunda perspectiva é de que há um fundamento político,

---

5   A Convenção Americana de Direitos Humanos ingressou no território brasileiro em caráter supralegal conforme a decisão do STF no julgamento do Habeas Corpus (HC) 87.585-8/TO (Brasil, 2008b).

uma vez que concentrar o poder decisório sem que se conceda a possibilidade de reexame da decisão acaba por assegurar "um poder ilimitado e absoluto, o que não pode ser aceito em Estado de Direito" (Badaró, 2018, p. 79).

Seguindo tais pontos que justificam a garantia do duplo grau de jurisdição, não haveria sentido que tal reexame fosse realizado pelo mesmo magistrado que exarou a decisão judicial, devendo tal decisão ser reexaminada "por um órgão jurisdicional diverso daquele que as proferiu" (Badaró, 2018, p. 78). Ou seja, deve haver a possibilidade de recurso pelas partes que se sentirem prejudicadas, sendo que tal reexame deverá ser promovido por órgão "hierarquicamente superior na estrutura da administração da justiça" (Lopes Jr., 2020, p. 1511), composto de forma colegiada (mais de um julgador avaliando o processo).

Cabe salientar que o reexame do caso concreto a ser realizado pelo órgão colegiado deve ser feito com base no que já foi discutido pelo primeiro grau, não podendo extrapolar os limites da matéria levada à análise ao juízo que julgou o caso. Em outras palavras, trata-se de "um impedimento à supressão de instância" (Lopes Jr., 2020, p. 1511). Assim, a princípio, o órgão colegiado estaria impedido de avaliar matérias não ventiladas no juízo originário.

De acordo com Lopes Jr. (2020), prevalece o entendimento de que, pelo caráter supralegal em que a Convenção Americana de Direitos Humanos foi recepcionada – portanto, abaixo da Constituição da República –, vigora no ordenamento jurídico a garantia do duplo grau de jurisdição nos recursos ordinários (aqueles que implicam o novo exame, seja da matéria de direito, seja de questões fáticas).

Esse raciocínio se deve em razão do fato de que os recursos – Recurso Especial e Recurso Extraordinário – endereçados aos tribunais superiores (como o Superior Tribunal de Justiça (STJ) e o STF) são promovidos sobre a análise da aplicação da norma jurídica e da legalidade do processo. Nesse sentido, "não há mais espaço para discussão sobre o mérito ou mesmo a prova (não confundir com a discussão – permitida – sobre o regime legal da prova)" (Lopes Jr., 2020, p. 1512), sofrendo, portanto, certa limitação na garantia do duplo grau de jurisdição.

Outra restrição em relação ao duplo grau de jurisdição ocorre nos casos em que o juízo competente não seja o de 1º instância, mas sim de órgãos colegiados, como são os casos em que, por prerrogativa de função, a competência se desloca para os tribunais de justiça ou tribunais superiores (matéria que será objeto de análise mais adiante).

Nesses cenários, como o caso já é analisado por órgão colegiado, cabendo, a princípio, somente os recursos denominados *especiais* ou *extraordinários* (e não ordinários – que compreendem a análise de fatos e provas), o duplo grau de jurisdição também sofre limitações, já que não será possível a análise de fatos ou provas pelos tribunais superiores.

Pode-se concluir, portanto, que, havendo julgamento do caso penal pelo juiz singular (em primeiro grau), é inequívoca a incidência da garantia do duplo grau de jurisdição. Porém, em se tratando de julgamento proferido por órgão colegiado em primeiro grau, poderão existir restrições recursais e, consequentemente, redução/limitação da garantia do duplo grau de jurisdição.

— 2.2.5 —
Garantia do processo no prazo razoável

De acordo com Bonato (2010, p. 462), sendo o processo uma "obra ou instituição humana, pensada e realizada e atuada logo por homens, não pode escapar à lei de temporalidade própria de todo o humano".

Cabe destaque ao fato de que a perduração excessiva de um processo ao longo do tempo causa prejuízos irreparáveis ao acusado, mesmo que este não esteja preso durante o processo. A esse respeito, de acordo com Carnelutti (1995, p. 22-23):

> [...] a tortura, nas formas mais cruéis, está abolida, ao menos sobre o papel; mas o processo por si mesmo é uma tortura. Até certo ponto, dizia, não se pode fazer por menos; mas a assim chamada civilização moderna tem exasperado de modo inverossímil e insuportável esta triste consequência do processo. O homem, quando é suspeito de um delito, é jogado às feras, como se dizia uma vez dos condenados oferecidos como alimento às feras. [...]. Logo que surge o suspeito, o acusado, a sua

família, a sua casa, o seu trabalho, são inquiridos, investigados, despidos na presença de todos. O indivíduo, assim, é feito em pedaços. E o indivíduo, assim, relembremo-nos, é único valor da civilização que deveria ser protegido.

Nesse mesmo sentido, o processo pode ser visto como uma pena ao próprio acusado, uma vez que, de acordo com Ferrajoli (2018, p. 731, tradução nossa):

> é indubitável que a sanção mais temida na maior parte dos processos penais não é a pena – quase sempre leve ou não aplicada –, mas a difamação pública do imputado, que tem não só a sua honra irreparavelmente ofendida, mas, também, as condições e perspectivas de vida e de trabalho; e se hoje pode-se falar de um valor simbólico e exemplar do direito penal, ele deve ser associado não tanto à pena, mas, verdadeiramente, ao processo e mais exatamente à acusação e à amplificação operada sem possibilidade de defesa pela imprensa e pela televisão[16].

Assim, quanto maior for a perduração do processo, maiores serão os prejuízos enfrentados pelo acusado, "uma vez que a apropriação indevida do tempo do acusado acarreta prejuízos

---

6   No original: "[...] Es indudable que, por encima de las intenciones persecutorias de los instructores, la sanción más temible en la mayor parte de los procesos no es la pena -casi siempre leve o inaplicada- sino la difamación pública del imputado, que ofende irreparablemente su honorabilidad y sus condiciones y perspectivas de vida y trabajo; y si hoy puede hablarse todavía del valor simbólico y ejemplar del derecho penal, se atribuye no tanto a la pena como al proceso y más exactamente a la acusación y la amplificación que realizan, sin posibilidad de defensa, la prensa y la televisión".

a parte que vão desde a sua moral até mesmo o esvaziamento dos seus recursos financeiros" (Lechenakoski, 2020, p. 22), além do fato de que "o réu recebe a pena antes mesmo de uma sentença, por meio de sua estigmatização e angústia prolongada, caracterizando-se uma pena psicológica e social" (Lechenakoski, 2020, p. 12), sendo necessário, portanto, o direito de o acusado ser julgado em um prazo razoável.

Antes de 2004, não havia previsão expressa da garantia da razoável duração do processo. Todavia, tal garantia poderia ser extraída do art. 5º, incisos XXXV e LIV, da Constituição da República de 1988, os quais possuem a seguinte redação: "XXXV – a lei não excluirá da apreciação do Poder Judiciário lesão ou ameaça a direito" e "LIV – ninguém será privado da liberdade ou de seus bens sem o devido processo legal" (Brasil, 1988).

A garantia da razoável duração do processo também está inserida dentro do devido processo legal, sendo que

> assegurar um processo sem dilações indevidas, mais do que pautar a atuação do Estado no campo jurisdicional pelo princípio da razoável duração do processo, estará ele agindo nos ditames dos princípios da eficiência e do devido processo legal. Isso parece lógico, pois o processo moroso não se mostra eficiente nem está apto a salvaguardar direitos e garantias fundamentais com dilações indevidas, violando, portanto, o devido processo legal. (Lechenakoski, 2020, p. 23)

Ainda que não fosse possível extrair a garantia da razoável duração do processo do devido processo legal, assim como o duplo grau de jurisdição, essa garantia restou consagrada nos arts. 7.5 e 8.1 da Convenção Americana de Direitos Humanos, conforme descrito a seguir:

> Artigo 7º – Direito à liberdade pessoal
>
> [...]
>
> 4. Toda pessoa detida ou retida deve ser informada das razões da detenção e notificada, sem demora, da acusação ou das acusações formuladas contra ela.
>
> 5. Toda pessoa detida ou retida deve ser conduzida, sem demora, à presença de um juiz ou outra autoridade autorizada pela lei a exercer funções judiciais e tem o direito de ser julgada dentro de um prazo razoável ou a ser posta em liberdade, sem prejuízo de que prossiga o processo. Sua liberdade pode ser condicionada a garantias que assegurem o seu comparecimento em juízo.
>
> [...]
>
> Artigo 8º – Garantias judiciais
>
> 1. Toda pessoa tem direito a ser ouvida, com as devidas garantias e dentro de um prazo razoável, por um juiz ou tribunal competente, independente e imparcial, estabelecido anteriormente por lei, na apuração de qualquer acusação penal formulada contra ela, ou para que se determinem seus direitos e obrigações de natureza civil, trabalhista, fiscal ou de qualquer outra natureza. (OEA, 1969)

Sobre a inserção de direitos e garantias no texto constitucional por meio de pactos, convenções ou tratados internacionais, reportamo-nos ao tópico sobre a garantia do devido processo legal, cabendo menção, no presente momento, ao fato de que, após 6 de novembro de 1992 (ratificação da Convenção Americana de Direitos Humanos), a aplicação da referida garantia se tornou obrigatória em território nacional.

Por outro lado, após a EC n. 45/2004, houve a inserção expressa da garantia da razoável duração do processo, ao acrescentar o inciso LXXVIII ao art. 5º da Constituição da República, que assim disciplina: "a todos, no âmbito judicial e administrativo, são assegurados a razoável duração do processo e os meios que garantam a celeridade de sua tramitação" (Brasil, 1988).

De fato, a celeridade processual é uma preocupação do legislador, sendo que, após a EC n. 45/2004, surgiu outro dispositivo inserido na Constituição da República, a partir do qual se pode extrair tal preocupação: o art. 93 e incisos XII, XIII, XIV, XV, que assim dispõem:

> Art. 93. Lei complementar, de iniciativa do Supremo Tribunal Federal, disporá sobre o Estatuto da Magistratura, observados os seguintes princípios: [...]
>
> XII – a atividade jurisdicional será ininterrupta, sendo vedado férias coletivas nos juízos e tribunais de segundo grau, funcionando, nos dias em que não houver expediente forense normal, juízes em plantão permanente;

XIII – o número de juízes na unidade jurisdicional será proporcional à efetiva demanda judicial e à respectiva população;

XIV – os servidores receberão delegação para a prática de atos de administração e atos de mero expediente sem caráter decisório;

XV – a distribuição de processos será imediata, em todos os graus de jurisdição. (Brasil, 1988)

De fato, a resolução do caso penal demanda tempo para ser resolvido, o que não significa dizer que disponha o "órgão julgador de um tempo ilimitado para fornecer a resposta pleiteada" (Badaró; Lopes Jr., 2009, p. 6). Por outro lado, de acordo com Morais da Rosa e Silveira Filho (2014, p. 27): "A aceleração processual, não raro, pode retirar a razoabilidade de sua duração. Processo 'instantâneo' ou 'quase instantâneo' não é razoável e representa, inclusive, verdadeira contradição", pois "a própria noção de processo implica transcurso de tempo, lapso razoável para que possa ser decidido".

Mesmo que a garantia da razoável duração do processo possa ser considerada em seu aspecto geral, no processo penal ela adquire maior relevância, sendo que o próprio conteúdo da garantia se mostra diferente, por exemplo, do processo civil (Badaró; Lopes Jr., 2009).

Para tanto, a compreensão acerca da garantia da razoável duração do processo pode e "deve ser compreendida como o tempo necessário para que se exercite a ampla defesa e contraditório da parte" (Lechenakoski, 2020, p. 30).

Tal garantia não possui prazos previamente definidos para identificar o quanto seria considerado o tempo razoável para a perduração do processo. Trata-se, portanto, da doutrina do não prazo[17].

De fato, os Tribunais Internacionais, como a Corte Interamericana de Direitos Humanos e o Tribunal Europeu de Direitos Humanos, apresentam a doutrina do não prazo, fixando critérios para definir, a cada caso, se houve violação da razoável duração do processo ou não, sendo eles: a) complexidade da causa; b) atividade do imputado ou interessado; e c) conduta das autoridades responsáveis. Tais critérios devem servir como norte para os julgadores verificarem se houve violação ou não da razoável duração do processo ou, até mesmo, da medida cautelar prisional imposta[18].

---

7   A denominada *doutrina do não prazo* "surgiu no âmbito do Tribunal Europeu de Direitos Humanos em 27 de junho de 1968, quando do julgamento do caso Wemhoff v. Alemanha. Em síntese, o caso trabalha com o excesso de prazo na prisão cautelar, porém, ao que importa, cabe o destaque de que pela primeira vez é enfrentada a questão do problema do que poderia ser considerado como um prazo razoável. A Comissão Europeia de Direitos Humanos, diante da dificuldade de verificar o que é um prazo razoável, fundamentou seu raciocínio no fato de que o prazo razoável de um processo não poderia ser constatado abstratamente, ou seja, por meio de uma normal geral, mas sim de acordo com cada caso concreto" (Lechenakoski, 2020, p. 33-34).

8   Sobre os critérios acerca da razoável duração do processo no âmbito internacional, recomendamos a seguinte leitura: LECHENAKOSKI, B. B. **A garantia da razoável duração do processo: uma análise da sua conformação penal na jurisprudência do Supremo Tribunal Federal de 2007 a 2017**. 205 f. Dissertação (Mestrado em Direito) - Centro Universitário Internacional Uninter, Curitiba, 2020. Disponível em: <https://www.uninter.com/mestrado/wp-content/uploads/2020/11/BRYAN-LECHENAKOSKI.pdf>. Acesso em: 3 mar. 2021.

A doutrina do não prazo é seguida no Brasil. Por meio de uma pesquisa realizada dos entendimentos exarados pelo STF (de 2007-2017), podemos constatar os seguintes critérios como verificação do prazo razoável no caso concreto:

> i) complexidade da causa (número de réus, testemunhas, a matéria em debate, quantidade de atos e de incidentes processuais e forma de atuação das partes no curso do processo);
>
> ii) atividade do imputado (interposição de recursos, fuga do distrito da culpa, incidentes provocados);
>
> iii) se a demora foi provocada exclusivamente em razão de inércia da atuação do Estado-juiz;
>
> iv) gravidade do crime;
>
> v) se houve sentença condenatória ou sentença de pronúncia;
>
> vi) se a instrução já havia sido encerrada e apenas a sentença estava pendente. (Lechenakoski, 2020, p. 86)

A preocupação acerca da razoável duração do processo adquire ainda mais relevância quando o acusado está preso preventivamente. Se para o acusado solto, conforme visto, o próprio processo já é uma pena, quando preso, a tormenta é ainda maior. Seguindo essa linha, Nucci (2020, p. 172-173) menciona que "até mesmo na avaliação da duração da prisão cautelar os tribunais têm alterado o seu entendimento e exigido dos magistrados de primeiro grau maior preocupação com o trâmite rápido dos feitos, pois, se assim não ocorrer, torna-se preferível determinar a libertação do acusado".

De fato, em relação à prisão cautelar, além de desejável, é necessária a aplicação da razoável duração do processo nas prisões cautelares; também, "em decorrência de avançadas posições doutrinárias e jurisprudenciais, emerge outro princípio constitucional, embora implícito, dentre as garantias fundamentais: o princípio da duração razoável da prisão cautelar" (Nucci, 2020, p. 174).

A par disso, a garantia da razoável duração do processo no processo penal compreende o tempo necessário para o exercício do contraditório e da ampla defesa, sendo que os critérios para aferir se o processo perdura pelo tempo razoável ou não são determinados pelos entendimentos exarados pelas cortes superiores. Não menos importante é a incidência da garantia de uma razoável duração da medida cautelar prisional, pois o indivíduo sofre com os problemas relativos ao cárcere, sem, contudo, ter uma culpa formada.

— 2.2.6 —
Princípio da presunção de inocência: um termômetro da democracia

Talvez um dos princípios mais importantes é a presunção de inocência, pois, assim como o sistema acusatório é fundamental para um Processo Penal Democrático, a presunção de inocência também o é, na medida em que, "se o processo penal é um termômetro dos elementos autoritários ou democráticos de uma Constituição, a presunção de inocência é o ponto de maior tensão entre eles" (Lopes Jr., 2020, p. 898).

Segundo Ferrajoli (2018, p. 549, tradução nossa), a presunção de inocência se trata de um "princípio fundamental de civilidade e representa o fruto de uma opção garantista a favor da tutela da imunidade dos inocentes, ainda que a custo da impunidade de algum culpado"[9].

Sendo um elemento essencial da democracia, cabe-nos analisar de que forma a presunção de inocência é tratada no ordenamento jurídico brasileiro, bem como o entendimento do STF sobre a matéria.

A presunção de inocência – ou não culpabilidade, como chamam alguns autores – está prevista no art. 5º, inciso LVII, da Constituição do seguinte modo: "ninguém será considerado culpado até o trânsito em julgado de sentença penal condenatória" (Brasil, 1988). Assim, percebemos que a referida garantia não foi prevista expressamente na Constituição da República, mas "representa a formulação tradicional do princípio" (Badaró, 2018, p. 64).

Acerca da nomenclatura da garantia, o fato de o dispositivo tratar o acusado como não culpado ou inocente constitui apenas "variantes semânticas de um idêntico conteúdo" (Badaró, 2018, p. 65), sendo que seu significado e suas consequências representam o mesmo.

---

9   No original: "[...] Este principio fundamental de civilidad es el fruto de una opción garantista a favor de la tutela de la inmunidad de los inocentes, incluso al preciso de la impunidad de algún culpable".

Conforme se extrai do art. 5º, inciso LVII, da Constituição da República, a garantia ou o princípio da presunção de inocência diz respeito a um dever de tratamento que precisa ser conferido ao acusado no processo penal desde que a primeira suspeita surge contra o acusado, permanecendo assim até o trânsito em julgado.

Invariavelmente, a Constituição da República, impondo o dever de tratamento ao acusado, gera obrigações e implicações processuais penais, o que se mostra problemático na medida em que o CPP brasileiro é inspirado nos moldes do Código Rocco de 1930 (Código Italiano)[10], e este, por sua vez, foi inspirado pelo ideal de Manzini: "como a maior parte dos imputados resultavam ser culpados ao final do processo, não há o que justifique a proteção e a presunção de inocência" (Lopes Jr., 2020, p. 589). Por esse motivo, a presunção de inocência não restou positivada de forma expressa no CPP.

Seguindo os ditames constitucionais, a garantia da presunção de inocência vai incidir "em diferentes dimensões no processo penal. Contudo, a essência da presunção de inocência pode ser sintetizada nas seguintes expressões: *norma de tratamento, norma probatória e norma de julgamento*" (Lopes Jr., 2020, p. 590, grifo do original).

---

10 Tal inspiração é perceptível na própria exposição de motivos do CPP, que exalta o Código Rocco de 1930. Nas palavras de Lopes Jr. (2020, p. 589): "nosso atual Código de Processo Penal, em sua Exposição de Motivos, idolatra o Código de Rocco que, por sua vez, foi elaborado por ninguém menos que Vincenzo Manzini. A consciência desse complexo contexto histórico é fundante de uma posição crítica e extremamente preocupada com os níveis de eficácia dos direitos fundamentais previstos na Constituição e de difícil implementação num Código como o nosso".

Em uma perspectiva da norma de tratamento, como já mencionado, impõe-se ao Estado o dever de tratar o acusado como inocente até o trânsito em julgado da sentença penal condenatória, o que refletirá inevitavelmente na excepcionalidade da prisão cautelar, sendo considerada a presunção de inocência em sua dimensão interna (processual), levando em conta, inclusive, que "quando a inocência dos cidadãos não é garantida, tampouco o é a liberdade" (Montesquieu, 2000, p. 198).

Essa comparação entre a liberdade e a presunção de inocência foi considerada pela Lei n. 13.964/2019, quando inseriu no CPP nova redação ao art. 283, que passou a vigorar da seguinte forma: "Ninguém poderá ser preso senão em flagrante delito ou por ordem escrita e fundamentada da autoridade judiciária competente, em decorrência de prisão cautelar ou em virtude de condenação criminal transitada em julgado" (Brasil, 1941).

Em relação à presunção de inocência em sua dimensão externa no dever de tratamento, implica dizer que o acusado é protegido contra arbitrariedades praticadas pelos veículos midiáticos em torno do fato ou do próprio processo, além de ser necessária a preservação da imagem e da vida privada do acusado (Lopes Jr., 2020).

Já quanto à norma probatória, diferentemente do que ocorre no processo civil, em que há distribuição da carga da prova entre as partes, no processo penal "a carga da prova é inteiramente do acusador (pois, se o réu é inocente, não precisa provar nada)" (Lopes Jr., 2020, p. 142). Conforme se verifica, o acusado pode até mesmo ficar em silêncio, caso assim o deseje, não podendo ser considerado como prejudicial para si.

Embora se diga que, em virtude do art. 156 do CPP (que será objeto de análise mais a frente), poder-se-ia incumbir ao acusado o dever de provar a sua inocência, caso alegada, devemos recordar que a primeira alegação dentro do processo é feita pelo acusador. Nessa perspectiva, ele deve comprovar a culpa com todos os elementos que a compõem (Lopes Jr., 2020), como o fato típico, antijurídico e culpável, além da autoria delitiva, que deverá ser inequívoca, pois, persistindo-se a dúvida, o acusado deverá ser absolvido, conforme comentaremos a seguir a respeito da norma de julgamento.

Sobre a norma de julgamento, ela diz respeito à formação da convicção do magistrado. A esse respeito, são exigidas provas suficientes para ser proferido um decreto condenatório, sendo que a presunção de inocência "exige a concretização do *in dubio pro reo* e do *favor rei*, enquanto preceitos tradicionais da cultura jurídica, vinculados a valores humanitários de igualdade, respeito à dignidade da pessoa humana e liberdade" (Lopes Jr., 2020, p. 143-144).

A partir de agora, vamos analisar os entendimentos do STF sobre a questão da presunção de inocência, levando em conta a (im)possibilidade da execução provisória da pena após a condenação em 2º grau.

A posição do STF se mostrou oscilante durante o período de 2009 a 2019. Em 2009, quando do julgamento do Habeas Corpus

n. 84.078/MG (Brasil, 2009c), o STF assentou a posição de que a execução provisória da pena (antes do trânsito em julgado da sentença penal condenatória) não atendia aos parâmetros constitucionais, principalmente diante do princípio da presunção de inocência.

Por sua vez, em 2016, quando do julgamento do Habeas Corpus n. 126.292/SP (Brasil, 2016), o STF modificou sua posição anteriormente adotada, passando a permitir a execução provisória da pena após a condenação em segunda instância, mesmo que estivessem pendentes recursos defensivos para análise perante os tribunais superiores.

Já em 2019, com o julgamento pelo STF das Ações Declaratórias de Constitucionalidade (ADCs) n. 43, n. 44 e n. 54 (Brasil, 2021b; 2021c; 2021d), foi reestabelecida a decisão proferida no Habeas Corpus n. 84.078/MG (Brasil, 2009c), vedando novamente a execução antecipada da pena antes do trânsito em julgado da sentença penal condenatória, ou seja, enquanto pendentes os recursos perante os tribunais superiores.

Portanto, na jurisprudência pátria, predomina o entendimento de que a presunção de inocência não pode ser limitada, alcançando a inocência do acusado até o trânsito em julgado da sentença penal condenatória, logicamente conforme dispõe o art. 5º, inciso LVII, da Constituição da República.

Contudo, mesmo com a alteração de posicionamento do STF em 2019, bem como com a nova redação do art. 283 do CPP vedando a execução provisória da pena antes do trânsito em julgado, a discussão sobre o tema não se encerrou, uma vez que a Lei n. 13.964/2019 inseriu a alínea "e" no inciso I do art. 492 do CPP, que assim dispõe:

> Art. 492. Em seguida, o presidente proferirá sentença que:
>
> I – no caso de condenação: [...]
>
> e) mandará o acusado recolher-se ou recomendá-lo-á à prisão em que se encontra, se presentes os requisitos da prisão preventiva, ou, no caso de condenação a uma pena igual ou superior a 15 (quinze) anos de reclusão, determinará a execução provisória das penas, com expedição do mandado de prisão, se for o caso, sem prejuízo do conhecimento de recursos que vierem a ser interpostos; [...]. (Brasil, 1941)

Nessa perspectiva, a alínea "e" do art. 492 do CPP estabeleceu a possibilidade da execução provisória da pena antes do trânsito em julgado nos casos de crimes contra a vida em que seja aplicada uma pena igual ou superior a 15 (quinze) anos de reclusão, em clara limitação da presunção de inocência.

Dessa forma, o STF (quando instado a se manifestar) deverá decidir novamente sobre a possibilidade ou não da execução provisória da pena e sobre a inconstitucionalidade do referido dispositivo, além da adequação lógica entre os arts. 283 do CPP e da nova alínea "e" do inciso I do art. 492 do CPP.

Capítulo 3

Lei processual penal no tempo e no espaço e sua interpretação

Assim como a sociedade não é estática, tampouco pouco o é o direito, pois, se o ordenamento jurídico foi criado para dirimir as controvérsias advindas do convívio em sociedade, as normas e regras devem acompanhar o desenvolvimento social, devendo-se apresentar atuais e aptas a resolver os problemas com os quais, outrora, não precisaríamos nos preocupar.

Apesar de o Código de Processo Penal (CPP) – Decreto-Lei n. 3.689, de três de outubro de 1941 (Brasil, 1941) – brasileiro ser de 1941, com o passar dos anos, diversos dispositivos foram alterados, alguns revogados e outros acrescentados ao diploma legal.

As mudanças realizadas no CPP nem sempre ocorrem como uma espécie de reforma do código (com a modificação substancial do texto legal e alteração de vários dispositivos de uma só vez). Pelo contrário, os dispositivos vão sendo paulatinamente modificados durante o passar do tempo.

Somado a isso, tem-se também a questão da aplicação da lei processual penal e da "abertura das fronteiras" ao direito internacional. Assim, qual é o limite da jurisdição processual penal?

Com tais modificações, invariavelmente algumas normas podem beneficiar o acusado, e outras, trazer prejuízos ao seu processo, como a extensão de garantias ou a limitação destas. Sob essa ótica, o operador do direito encontra-se em um impasse: Quando há a modificação de alguma norma processual penal, como deverá ser aplicada ao caso concreto?

Para verificar tais controvérsias, necessitamos passar primeiramente pela lei penal no espaço (aplicabilidade territorial da lei processual penal), para, então, posteriormente, verificar a questão da lei penal no tempo.

— 3.1 —
Lei processual no espaço

No âmbito do direito penal, a controvérsia sobre a aplicação das leis e normas penais no espaço guarda algumas peculiaridades, como a questão da territorialidade e da extraterritorialidade. Por outro lado, no direito processual penal, tal controvérsia não guarda tantas peculiaridades, conforme debateremos a seguir.

O CPP, já em seu art. 1º, trata de abordar a questão da aplicabilidade da lei processual penal no espaço, mediante a seguinte redação:

> Art. 1º O processo penal reger-se-á, em todo o território brasileiro, por este Código, ressalvados:
>
> I – os tratados, as convenções e regras de direito internacional;
>
> II – as prerrogativas constitucionais do Presidente da República, dos ministros de Estado, nos crimes conexos com os do Presidente da República, e dos ministros do Supremo Tribunal Federal, nos crimes de responsabilidade;
>
> III – os processos da competência da Justiça Militar;

IV – os processos da competência do tribunal especial;

V – os processos por crimes de imprensa;

Parágrafo único. Aplicar-se-á, entretanto, este Código aos processos referidos nos arts. IV e V, quando as leis especiais que os regulam não dispuserem de modo diverso. (Brasil, 1941)

Tal dispositivo corresponde ao fato de que "as autoridades jurisdicionais brasileiras, que exercem a jurisdição criminal no território nacional, deverão aplicar as regras de direitos processual penal brasileiras" (Badaró, 2018, p. 118).

Portanto, a regra geral para a aplicação do CPP é a territorialidade, o que significa que, em todo o território nacional, serão aplicadas as normas processuais penais, as quais "só se aplicam no território nacional, não tendo qualquer possibilidade de eficácia extraterritorial" (Lopes Jr., 2020, p. 176). Assim, no processo penal brasileiro, vige o princípio da territorialidade, o que significa que as normas processuais brasileiras se aplicam dentro do território nacional.

A diferenciação entre a lei processual no espaço e a lei penal no espaço reside no fato de que, na primeira hipótese, trata-se do julgador determinar a lei aplicável em casos sob sua jurisdição (território brasileiro); por outro lado, na segunda hipótese, "destina-se a determinar o âmbito de incidência espacial da lei penal, em relação a quais locais a lei nacional pode ter incidência para a definição de crimes" (Badaró, 2018, p. 118).

A ressalva, por exemplo, em relação aos tratados e/ou convenções internacionais, refere-se a hipóteses em que o Brasil seja signatário de algum tratado, por exemplo, o Estatuto de Roma, assinado e ratificado pelo Brasil, submetendo o país à jurisdição do Tribunal Penal Internacional. Assim, em caso de requisição do acusado pelo Tribunal Penal Internacional, em que pese o delito ser cometido no Brasil, "podemos entregar o agente à jurisdição estrangeira (exceto quando se tratar de brasileiro, pois o próprio art. 5.º, LI, a veda, constituindo norma específica em relação ao § 4.º)" (Nucci, 2020, p. 288).

Assim, tratados ou convenções internacionais poderão ter validade dentro do território brasileiro, tendo sua aplicação de forma excepcional, pois, em regra, os conflitos serão tratados pelas normas processuais brasileiras.

Algumas exceções da aplicabilidade da regra da territorialidade são mais claras, como nos casos em que diplomatas prestando serviços ao país de origem cometem algum delito em território brasileiro, possuindo estes imunidade por força da Convenção de Viena, de 1961, referendada pelo Decreto n. 56.435, de 8 de junho de 1965 (Brasil, 1965). Da mesma forma ocorre com o cônsul que comete algum delito em solo brasileiro em relação ao exercício de suas funções e dentro da área territorial do consulado, conforme a Convenção de Viena assinada em 1963 e ratificada pelo Decreto n. 61.078, de 26 de julho de 1967 (Brasil, 1967) (Nucci, 2020).

Em relação à exceção sobre a qual versa o inciso II do art. 1º do CPP, trata-se de uma jurisdição política. Nessa linha, é importante anotar que as prerrogativas para as pessoas enunciadas no referido inciso se referem às acusações pelos crimes de responsabilidade, cuja competência se desloca para o Poder Legislativo em vez do Poder Judiciário (Nucci, 2020).

Por seu turno, quanto ao inciso III do art. 1º do CPP, trata-se de justiça especializada, a qual possui legislação própria, como é o caso da Justiça Militar, cujos delitos são estabelecidos no Código Penal Militar, bem como há o próprio Código de Processo Penal Militar para julgar determinados delitos (sendo que tal competência será objeto de análise em momento posterior).

Cabe destacar, nesse ponto, que, no caso da Justiça Eleitoral, os crimes nesse âmbito serão julgados segundo as normas do Código Eleitoral, aplicando-se subsidiariamente o CPP conforme disciplina o art. 364 do código: "No processo e julgamento dos crimes eleitorais e dos comuns que lhes forem conexos, assim como nos recursos e na execução, que lhes digam respeito, aplicar-se-á, como lei subsidiária ou supletiva, o Código de Processo Penal" (Nucci, 2020, p. 394-395).

Podemos concluir, portanto, que em relação à lei processual penal no espaço, a regra é que todos os delitos cometidos em território brasileiro serão julgados pelo CPP, com exceção das hipóteses recém-mencionadas.

— 3.2 —
Lei processual no tempo

Se a lei processual no espaço não guarda tantas peculiaridades, o mesmo não se pode dizer sobre a aplicação da lei processual no tempo, fato que deve ser objeto de uma análise cuidadosa, principalmente diante das inúmeras alterações promovidas no CPP, repisando-se ao fato de que algumas dessas modificações são prejudiciais e outras, benéficas ao acusado.

No ordenamento jurídico brasileiro, a questão da aplicação da lei penal no tempo é prevista no art. 2º do CPP: "A lei processual penal aplicar-se-á desde logo, sem prejuízo da validade dos atos realizados sob a vigência da lei anterior" (Brasil, 1941).

Seguindo o que foi disciplinado no artigo recém-citado, em regra, as leis processuais novas que ingressarem no ordenamento jurídico brasileiro terão aplicabilidade imediata, de acordo com o princípio do *tempus regit actum*, o qual versa que o momento em que foi praticado o ato é regulado pela lei vigente.

Podemos dizer, a princípio, que, contrariamente ao que ocorre no direito penal, em que a lei penal mais benéfica ao acusado retroage ao tempo dos fatos, em regra, as leis processuais novas não retroagem aos atos já praticados, passando a vigorar a partir de sua entrada em vigor.

Enquanto a retroatividade do direito penal é avaliada a partir dos fatos delitivos praticados, a questão da retroatividade ou não retroatividade da norma processual penal é avaliada com base nos atos processuais praticados, não importando a data do fato delitivo. Nesse sentido, Badaró (2018, p. 108) explica que "a lei processual nova pode ser aplicada aos futuros atos do processo, mesmo que este tenha por objeto crime cometido antes do início de sua vigência da nova lei".

Assim, as leis processuais penais novas não guardam peculiaridades quando da sua aplicação para fatos praticados posteriormente à sua vigência ou quando o caso penal já tenha transitado em julgado antes da vigência da alteração da lei processual. Porém, a controvérsia gira em torno da aplicabilidade de leis processuais penais após o cometimento dos fatos, ou seja, no percorrer do caminho processual.

Para dirimir a controvérsia sobre sua aplicabilidade para tais ocasiões, é necessário analisar o conteúdo da norma processual penal, que se diferencia em: leis processuais puras ou leis mistas, as quais debateremos a seguir.

— 3.2.1 —
Leis processuais penais puras

Sendo a diferenciação das leis processuais penais realizada com base em seu conteúdo, são consideradas como leis processuais penais puras aquelas que versam sobre questões eminentemente processuais, isto é, elas regulam "o início, desenvolvimento ou fim do processo e os diferentes institutos processuais" (Lopes Jr., 2020, p. 165). Assim, a análise a ser feita se refere ao conteúdo da norma processual penal, sendo que, se ela tratar unicamente sobre questões processuais, será considerada pura.

A justificativa para a aplicação imediata da norma processual penal pura se concentra no fato de que, em geral, "as novas regras processuais visam uma melhoria da qualidade da prestação jurisdicional, podendo-se presumir que a lei nova seja mais perfeita que a precedente, tanto na proteção do interesse coletivo quanto no respeito aos direitos e garantias individuais" (Badaró, 2018, p. 110).

Nos casos em que já tenha sido transitada em julgado a sentença penal condenatória ou em que haja fatos posteriores à entrada em vigor da lei, não há discordância sobre o imediatismo da aplicação da lei processual penal.

A grande controvérsia irrompeu a partir do momento em que a lei processual penal pura ingressou no ordenamento jurídico em consonância com a existência de casos ainda em andamento. Assim, a lei a ser aplicada a tais casos será a anterior ou a nova lei processual penal? A doutrina divide tal questão entre três possíveis soluções: unidade processual; das fases processuais; e isolamento dos atos processuais (Badaró, 2018).

No sistema da unidade processual, por considerar que os atos já praticados no processo se constituem um direito processual adquirido pelas partes, a lei processual penal reger-se-á somente por uma lei processual, tendo aplicabilidade a lei antiga em caráter de ultratividade. Dessa forma, se o processo já tiver se iniciado antes da entrada em vigor da lei nova, os atos processuais antigos serão mantidos, sendo que os futuros serão regidos pela lei antiga (Badaró, 2018).

Em relação ao sistema das fases processuais, há uma separação entre as etapas do processo, sendo tal divisão feita do seguinte modo: "apostulatória, a ordinária, a instrutória, a decisória e a recursal" (Badaró, 2018, p. 111). Nesse sistema, portanto, cada fase será considerada isoladamente, aplicando-se a lei que iniciou a fase até o final dela em caráter de ultratividade, mesmo que ingresse uma lei processual penal pura nova no ordenamento jurídico vigente durante essa fase processual. Encerrada a etapa que estava sob a aplicação da lei antiga, com o início de outra, haverá a aplicação da lei nova.

Por fim, no tocante ao sistema do isolamento dos atos processuais, cada ato processual é regulado pela lei vigente no momento do ato. Assim, os atos praticados pela égide da lei antiga mantêm-se íntegros, e com a entrada em vigor da nova lei, os novos atos serão regulados por esta (Badaró, 2018). Nessa perspectiva, por exemplo, se a audiência de instrução foi realizada sob a égide da lei antiga e ingressa-se uma lei processual penal pura após o encerramento da audiência, a lei nova será aplicada de imediato para os atos processuais seguintes – alegações finais, sentença, recursos etc. –, preservando os atos já praticados sob a égide da lei antiga.

O CPP brasileiro adotou o sistema do isolamento dos atos processuais ao disciplinar, no art. 2º, que a lei processual penal ingressará com aplicação imediata aos atos futuros, não retroagindo aos atos praticados.

A aplicabilidade imediata para as leis processuais novas é a regra geral para leis processuais penais puras. Contudo, conforme já mencionado, existe outra classificação sobre as leis processuais, a qual se refere às leis mistas de acordo com seu conteúdo.

— 3.2.2 —
Leis processuais penais mistas

As leis processuais penais puras assim são classificadas por tratarem eminentemente sobre questões processuais e procedimentais. Por outro lado, as leis processuais penais mistas são aquelas que "possuem caracteres penais e processuais penais" (Lopes Jr., 2020, p. 165). Ou seja, elas tratam, em seu conteúdo, de questões ligadas ao poder punitivo estatal, bem como à extinção da punibilidade.

Dessa forma, carregam em seu conteúdo normas de natureza penal e processual penal, sendo um exemplo claro a Lei 9.099, de 26 de setembro de 1995 (Brasil, 1995a).

Na referida lei, foram criados os juizados especiais penais e a competência para julgar crimes de menor potencial ofensivo, tratando-se, a princípio, de questões processuais penais. Contudo, a lei também inseriu a necessidade da representação da vítima para as lesões corporais leves e culposas, que antes eram incondicionadas, passando a serem consideradas condicionadas à representação.

Tratando a representação pela vítima e a extinção da punibilidade pela não representação de matérias afetivas ao direito penal – art. 107, incisos IV e V, do Código Penal (Decreto-Lei n. 2.848, de 7 de dezembro de 1940; Brasil, 1940) – e ao processual penal – arts. 19 e 24 do CPP (Brasil, 1941) –, aplica-se a regra advinda do direito penal acerca da retroatividade da lei.

Assim, no caso da Lei n. 9.099/1995 (Brasil, 1995a), a aplicação da lei retroagiu para processos que ainda não transitaram em julgado, para fins de que a vítima manifestasse ou não o seu interesse na representação. Não havendo representação ou manifestação de desinteresse nesta, houve a extinção da punibilidade do acusado (Lopes Jr., 2020).

Ao que nos cabe mencionar acerca das leis processuais penais mistas, existem ao menos três correntes doutrinárias, sendo elas: 1) corrente restritiva; 2) corrente ampliativa; e 3) corrente extensiva.

Para a primeira corrente, denominada *restritiva*, as normas processuais penais mistas se referem às normas cujo conteúdo verse sobre questões ligadas à pretensão punitiva, ou seja, aquelas "relativas ao direito de queixa, ao de representação, à prescrição e à decadência, ao perdão, à perempção, entre outras" (Badaró, 2018, p. 109).

Por outro lado, a corrente ampliativa considera como normas processuais penais mistas aquelas que versam sobre "condições de procedibilidade, constituição e competência dos tribunais, meios de prova e eficácia probatória, graus de recurso, liberdade condicional, prisão preventiva, fiança, modalidade de execução da pena" (Badaró, 2018, p. 109).

Por fim, a corrente extensiva considera como uma lei processual penal mista quando o conteúdo da norma processual amplia ou limita "direitos e garantias pessoais constitucionalmente assegurados" que, "mesmo sob a forma de leis processuais, não perdem o seu conteúdo material" (Badaró, 2018, p. 109). Nessa perspectiva, normas que tratem da liberdade do acusado (hipóteses de cabimento ou não da prisão preventiva) e outras garantias são consideradas mistas, abarcando, inclusive, as modalidades previstas nas correntes restritiva e ampliativa.

Sob essa ótica, conforme mencionamos, a resposta para a aplicação da lei processual penal não é única, dependendo eminentemente de seu conteúdo, para, então, ser verificada a possibilidade de retroatividade da lei. Portanto, por mais que a regra geral prevista no art. 2º do CPP seja da aplicabilidade imediata da lei processual penal, a exceção à regra se mostra quando o conteúdo da norma limita ou amplia direitos e garantias fundamentais, sendo vedada a sua retroatividade nos casos em que se mostrar prejudicial ao acusado.

As presentes lições são essenciais para compreender o que será abordado sobre a aplicação do acordo de não persecução penal inserido no art. 28-A do CPP pela Lei n. 13.964, de 24 de dezembro de 2019 (Brasil, 2019b).

— 3.3 —
Interpretação da lei processual penal

Na seara do direito penal, a interpretação extensiva ou analógica de algum tipo incriminador não é admitida, sendo que, de acordo com Badaró (2018, p. 120), não é possível a "ampliação hermenêutica nos preceitos incriminadores, muito menos do emprego de analogia".

Por outro lado, no direito processual penal, torna-se possível a interpretação extensiva ou analógica, sendo que o art. 3º do CPP assim estabelece: "A lei processual penal admitirá interpretação extensiva e aplicação analógica, bem como o suplemento dos princípios gerais de direito" (Brasil, 1941). Cabe-nos analisar em que consistiria a interpretação extensiva e a aplicação analógica, valendo-se do alerta de que "a 'interpretação extensiva' não se confunde com a 'aplicação analógica', entendida esta como analogia, que, por sua vez, não se identifica com a chamada interpretação analógica" (Badaró, 2018, p. 121).

Certas normas, se lidas em sua literalidade, possuem uma aplicação restritiva ou limitada, surgindo, assim, a interpretação extensiva como método interpretativo da norma para a extensão de seu alcance.

A interpretação extensiva se utiliza de métodos "normais de interpretação – gramatical, lógico, histórico [...]" (Badaró, 2018, p. 121) para extrair o significado ou o fim pretendido pelo legislador quando da criação da norma, sendo "o resultado de precisar declarativamente a verdadeira vontade da lei" (Badaró, 2018, p. 121).

Por outro lado, a aplicação analógica ou analogia serve ao operador do direito quando o caso concreto não encontra previsão legal expressa para a sua aplicação, recorrendo-se a normas existentes para casos semelhantes ao que se está analisando. Assim, a aplicação analógica corresponde ao "meio de integrar a norma. estendendo a sua aplicação para casos não previstos pelo legislador" (Badaró, 2018, p. 121).

Um exemplo claro em que foi realizada a aplicação analógica foi verificado quando da menção acerca da garantia da motivação das decisões, que antes da Lei n. 13.964/2019 se utilizava do art. 489 do CPP para abordar a temática, já que este era omisso em relação à matéria. Mas a obrigação de motivar as decisões também era afetiva à matéria processual penal, na medida em que o art. 93, inciso IX, da Constituição da República consagra tal garantia a todos os processos judiciais e administrativos.

A diferença entre a interpretação extensiva e a aplicação analógica reside no fato de que, na primeira, há uma norma existente para o caso concreto, porém, diante da limitação do texto legal, não dá conta de resolver o caso concreto, necessitando de sua ampliação. Já na segunda não há normas para a incidência no caso concreto, recorrendo o intérprete a normas que seriam aplicadas em situações semelhantes – ocorre, assim, uma integração na aplicação das normas.

Por sua vez, fala-se em *aplicação analógica*, e não em *interpretação analógica*, pois nesta última não ocorre uma integração das normas, e sim uma interpretação da norma já existente. Contudo, a previsão de aplicação da norma é realizada de forma não explícita ao caso concreto.

Um exemplo da utilização da interpretação analógica é trazido por Badaró (2018, p. 121), que cita o art. 405, parágrafo 1º, do CPP, no qual estipula-se que os depoimentos prestados – tanto do acusado quanto das testemunhas ou da vítima, sejam feitos "pelos meios ou recursos de gravação magnética, estenotipia, digital ou técnica similar, inclusive audiovisual" (Brasil, 1941). A afirmativa acerca dos meios e da expressão técnica similar "faz com que o legislador possibilite ao intérprete se valer de outra tecnologia equivalente de registro de áudio, vídeo, ou ambos, que venha a surgir" (Badaró, 2018, p. 121-122).

Sob essa ótica, percebemos nitidamente que a interpretação realizada sobre os dispositivos penais difere muito das realizadas no direito processual penal, uma vez que no direito penal não é permitida a interpretação extensiva ou analógica.

Mas essa permissão do CPP deve ser vista com ressalvas, não podendo ser aplicada a regra contida no art. 3º indiscriminadamente, isto é, há limites lógicos em sua utilização.

Quando da utilização da interpretação extensiva ou aplicação analógica, o intérprete deve ser cauteloso para que a norma a ser utilizada ou a sua interpretação não restrinjam os direitos e as garantias fundamentais do acusado. Dessa forma, conforme

Badaró (2018, p. 122): "Como a emanação de garantias constitucionais da presunção de inocência e da ampla defesa, as disposições de leis processuais penais que limitem ou restrinjam a liberdade do acusado ou o exercício do direito de defesa devem receber interpretação restritiva".

Assim, quando o intérprete se utilizar dos métodos da analogia ou da interpretação extensiva, deverá verificar se a norma não restringe as garantias do acusado – por exemplo, a sua liberdade. Por outro lado, as analogias e interpretações extensivas são permitidas *in bonam parte*, ou seja, aquelas favoráveis ou benéficas ao acusado.

É preciso diferenciar a integração de normas (analogia) da interpretação das normas (interpretação extensivas), já que a razão de suas limitações de utilização decorre de fundamentos distintos.

Em relação à integração de normas ao direito processual penal, a sua limitação é decorrente do princípio do *favor rei* (Badaró, 2018), que implica a afirmativa de que há prevalência de direitos e garantias fundamentais do acusado sobre o *ius puniendi* estatal.

O princípio do *favor rei* é uma variante do princípio do *in dubio pro reo* (a dúvida favorece o acusado), com a elevação da garantia de liberdade do acusado em detrimento do direito de punir do Estado. Consequentemente, quando, por aplicação analógica, a norma a ser integrada é prejudicial aos direitos e às garantias do acusado, evidentemente estará vedada a sua utilização no processo.

Por seu turno, quando abordada sobre a questão da interpretação extensiva ou do método interpretativo, a doutrina diverge sobre qual fundamento seria aceitável para resolver a controvérsia acerca de uma possível limitação interpretativa: se seria aplicável o princípio *in dubio pro reo*, o princípio do *favor rei* ou, até mesmo, se em questões relativas à aplicação do direito caberia ao magistrado decidir qual seria a melhor norma a ser aplicada ao caso concreto (Badaró, 2018).

A problemática do uso do princípio do *in dubio pro reo* para resolver a controvérsia acerca da interpretação da norma processual gira em torno de tal princípio ser aplicável somente a questões de controvérsias sobre os fatos e as provas ou, também, se poderia ser aplicado a questões controversas sobre a aplicação do direito (Badaró, 2018).

Conforme expõe Badaró (2018), não há consenso na doutrina sobre a aplicação do princípio do *in dubio pro reo* para questões de direito. A parte da doutrina que não concorda com a aplicação do referido princípio fundamenta o raciocínio de que questões relativas à aplicação do direito seriam problemas ligados à hermenêutica jurídica, cabendo, assim, "ao juiz adotar a solução que lhe parecer mais correta, independentemente de ser ela favorável ou prejudicial ao acusado" (Badaró, 2018, p. 123).

Com relação à parte da doutrina que compreende a aplicação do princípio do *in dubio pro reo* nas questões de direito, a fundamentação gira em torno de que a aplicação do direito é uma atividade complexa pelo julgador e, como tal, poderá gerar dúvidas acerca da melhor norma a ser interpretável (Badaró, 2018). Seguindo essa linha argumentativa e uma coerência lógica do sistema processual penal (freio ao abuso do poder punitivo estatal), somadas à estrutura acusatória do processo, a dúvida deve ser resolvida em favor do acusado, ou seja, por meio do princípio do *in dubio pro reo*.

Apesar de Badaró (2018) concordar que a diferença entre os princípios *favor rei* e *in dubio pro reo* é apenas terminológica – pois ambas buscam o mesmo fim –, a aplicação do princípio do *in dubio pro reo* deve ser destinada somente a questões de dúvidas em relação à matéria fática e probatória. Porém, isso não significa que o magistrado possui a livre escolha para a interpretação da norma, pois prevalece a regra interpretativa a partir do princípio do *favor rei*.

Portanto, a advertência é válida tanto para a regra de interpretação extensiva quanto para a aplicação da analogia em matéria processual penal, sendo que em nenhum caso tais formas de interpretação poderão ser utilizadas em prejuízo ao acusado. Nesse contexto, deverão ser feitas as interpretações restritivas. Assim, a interpretação extensiva ou aplicação analógica de dispositivo, quando limita ou restringe direitos e garantias do acusado, é vedada.

Ao que nos parece, independentemente da utilização do princípio do *in dubio pro reo* ou do princípio do *favor rei*, com a Lei n. 13.964/2019 adotando expressamente a estrutura acusatória no processo penal, em seu art. 3º-A do CPP, é inviável pensar que a solução da controvérsia a respeito da aplicação da norma processual seja realizada desfavorável ao acusado, pois, além de outras características, o princípio da presunção de inocência – e junto com tal princípio, todos os dele decorrentes, como *in dubio pro reo*, *favor rei*, entre outros – é o valor a ser garantido dentro do processo.

Capítulo 4

*Investigação preliminar
e inquérito policial*

A primeira premissa a ser enfrentada no tema ora abordado é a terminologia adotada para definir o procedimento que, em regra, precede o processo judicial.

Alguns autores, como Lopes Jr. e Gloeckner (2014), mencionam que a utilização da expressão *inquérito policial* se mostra equivocada, pois remete ao órgão encarregado da atividade, e não exatamente da sua finalidade.

Nessa perspectiva, os autores afirmam que a melhor e mais adequada terminologia para o que o direito brasileiro denomina no Código de Processo Penal (CPC) – Decreto-Lei n. 3.689, de 3 de outubro de 1941 (Brasil, 1941) – como *inquérito policial* seria **instrução preliminar**, justificando sua posição do seguinte modo:

> O termo que nos parece mais adequado é o de instrução preliminar. O primeiro vocábulo – instrução – vem do latim *instruere*, que significa ensinar, informar. Serve para aludir ao fundamento e à natureza da atividade levada a cabo, isto é, a aportação de dados fáticos e elementos de convicção que possam servir para formar a *opinio delicti* do acusador e justificar o processo ou o não processo. Ademais, faz referência ao conjunto de conhecimentos adquiridos, no sentido jurídico de cognição. Também reflete a existência de uma concatenação de atos logicamente organizados: um procedimento. (Lopes Jr.; Gloeckner, 2014, p. 91)

Do mesmo modo, Lopes Jr. (2020, p. 181) destaca que o inquérito policial é um gênero da investigação preliminar, assim como "as comissões parlamentares de inquérito, sindicâncias etc.".

Por mais que os autores mencionem que o termo mais adequado seria *instrução preliminar*, acabam por assumir a expressão *investigação preliminar* como aceitável, rejeitando o termo *inquérito policial* para caracterizar o procedimento que precede o processo penal.

De modo geral, no presente capítulo abordaremos tal procedimento tanto pela terminologia *inquérito policial* como por *investigação preliminar*.

A justificativa para a utilização dessas duas terminologias reside justamente no fato de que o direito processual penal brasileiro adota a terminologia *inquérito policial* em seus dispositivos, apesar da presente obra se filiar à corrente que trata a temática com a terminologia *investigação preliminar*, pois atende à natureza desse procedimento anterior ao processo, bem como à tradição brasileira.

De um modo geral, para se chegar à responsabilização penal do indivíduo, a persecução penal se desenvolve em dois momentos: investigação preliminar (também denominada *inquérito policial*) e processo penal.

Com a ressalva de alguns casos em que a ação não necessita ser precedida de uma investigação por parte das autoridades policiais, em geral, a grande maioria dos processos em curso decorrem da investigação realizada pelas autoridades policiais.

Apesar de sua indispensabilidade (conforme debateremos no presente capítulo) e em sua feição inquisitória, o conjunto de atos realizados na investigação para fornecer subsídios ao futuro processo necessita de regras previamente estabelecidas.

Tais atos de investigação junto a outras diligências constituem o que se denomina *inquérito policial*, o qual, neste capítulo, analisaremos com mais profundidade o que é, sua finalidade, sua natureza jurídica e os órgãos encarregados da investigação e da presidência do procedimento.

Cabe destaque o fato de que, com a Lei n. 13.964, de 24 de dezembro de 2019 (Brasil, 2019b), o inquérito policial sofreu profundas modificações, as quais serão objeto de análise a partir de agora.

— 4.1 —
Natureza jurídica, finalidade e características do inquérito policial

O primeiro passo no estudo sobre o inquérito policial é verificar a sua natureza jurídica, bem como sua finalidade.

Conforme comentamos no capítulo sobre os sistemas processuais penais, houve dois sistemas processuais penais puros: acusatório e inquisitório. Influenciado pelo modelo napoleônico (1808), houve uma junção de dois sistemas processuais penais, denominado *misto*, ao menos formalmente.

Sob essa ótica, alguns autores denominam o sistema misto *terceiro sistema* justamente pela divisão das duas fases da persecução com base em sua natureza e finalidade, sendo o sistema de investigação preliminar caracterizado pelo princípio inquisitivo, e o sistema processual, pelo princípio acusatório.

Dessa forma, descobrir a natureza jurídica da fase de investigação preliminar é fundamental para verificar a essência desse sistema e por qual motivo alguns autores o intitulam como um procedimento essencialmente inquisitório.

Com efeito, descobrir a natureza jurídica do inquérito policial também é desvendar que garantias serão asseguradas ao acusado e quais características pertencem ao sistema de investigação preliminar.

Descobrindo a natureza jurídica do inquérito policial, evidentemente a sua finalidade deverá ser verificada, na medida em que, se no processo judicial a busca é pela comprovação de autoria e materialidade delitiva, no inquérito policial, em razão de sua natureza jurídica (que será vista logo a seguir), a finalidade será outra. Nada mais lógico, pois, se, de fato, há dois momentos na persecução penal, divididos entre investigação preliminar (inquérito policial) e processo, obviamente suas finalidades são distintas, as quais serão objeto de verificação no presente capítulo.

Cumpre-nos salientar que, para descobrir a natureza jurídica da investigação preliminar ou do inquérito policial, devemos também descobrir a finalidade dessa investigação preliminar, uma vez que ambos os temas são logicamente interligados entre si.

Uma das finalidades da investigação preliminar realizada pelos órgãos do Estado é a formação da *opinio delicti* do Ministério Público (MP) com o objetivo de que o órgão da acusação ofereça a denúncia ou promova o arquivamento (matéria que será abordada em capítulo próprio).

Sob essa ótica, tal investigação preliminar possui sua natureza preparatória para o processo penal futuro, colhendo elementos de informação durante o decorrer das investigações "para averiguar a autoria e as circunstâncias de um fato aparentemente delituoso" (Lopes Jr., 2020, p. 181).

Nessa linha argumentativa, a investigação preliminar, ou inquérito policial, não pode ser classificada como um processo, e sim como um procedimento, cuja natureza é administrativa, conforme menciona Coutinho (1993, p. 49): "Em um sistema processual penal como o brasileiro, onde a persecução penal está dividida em duas fases, a primeira administrativa e a segunda jurisdicional [...]".

Em sentido semelhante, Lopes Jr. (2020, p. 182) esclarece: "Quanto à natureza jurídica do inquérito policial, vem determinada pelo sujeito e pela natureza dos atos realizados, de modo que deve ser considerado como um procedimento administrativo pré-processual".

Nessa esteira, as características que levam a investigação preliminar a ser considerada um procedimento administrativo pré-processual podem se aplicar aos órgãos que são encarregados pela investigação – em regra, a Polícia Judiciária, conforme o art. 4º do CPP –, bem como esta pode ser realizada antes da provocação jurisdicional.

Outras características fundamentais que acarretam a afirmativa de que a investigação preliminar é um procedimento administrativo pré-processual são inerentes à ausência de uma estrutura dialética do processo (Lopes Jr., 2020). A esse respeito, Lopes Jr. (2020, p. 182), com base nas ideias de Mazini, explica: "só pode haver uma relação de índole administrativa entre a polícia, que é um órgão administrativo igual ao MP (quando vinculado ao Poder Executivo), e aquele sobre quem recaia a suspeita de haver cometido um delito".

Ademais, Lopes Jr. (2020) sintetiza as funções e finalidades da investigação preliminar em três:

i. A investigação de fatos a princípio delituosos, cuja busca é a obtenção de "elementos suficientes de autoria e materialidade (*fumus comissi delicti*)" (Lopes Jr., 2020, p. 181-182, grifo do original), como elementos para o Ministério oferecer a denúncia ou determinar o arquivamento.

ii. Existe ainda uma função simbólica, pela qual o Estado, atuando de forma investigatória, contribui para o reestabelecimento da normalidade social abalada pelo crime, afastando o sentimento da impunidade (Lopes Jr., 2020).

iii. Em outro aspecto, a investigação preliminar também serve como um filtro processual para que acusações infundadas não sejam levadas ao processo sem que haja um mínimo de lastro probatório para submeter o acusado à tormenta de um processo[1].

Cabe relevo à menção de que também são características do inquérito: ser escrito (art. 9º, CPP) e sigiloso (art. 20, CPP).

Ainda sobre a finalidade da investigação preliminar, é fundamental a compreensão de que, embora se possa alcançar as provas de autoria e materialidade em uma investigação, não se exige da autoridade policial que consiga tal feito, até porque os elementos colhidos em tal fase servirão como aspectos informativos, e não como prova para a condenação (sobre indícios e provas no processo penal, estudaremos em capítulo específico), nos termos do art. 155 do CPP.

A atividade policial na investigação preliminar visa apurar a ocorrência do delito, de modo a se chegar aos indícios mínimos de autoria e prova da materialidade (art. 4º, CPP). Se alcançados tais pressupostos, sua atividade restará finalizada, devendo ser remetido o inquérito policial ao titular da ação penal (art. 12, CPP), que será o MP nas ações penais públicas (art. 24, CPP) ou, no caso de ação penal privada, será enviado ao juízo que intimará o ofendido ou seu representante legal (art. 30 ss, CPP).

---

1 A referência da tormenta do processo se deve ao fato de que, apesar de ser o caminho necessário para a resolução do caso penal, submeter o acusado ao processo por si só já uma pena, uma vez que o processo em si "é gerador de estigmatização social e jurídica (etiquetamento) e sofrimento psíquico" (Lopes Jr., 2020, p. 181).

Passadas as finalidades da investigação preliminar, algumas considerações ainda merecem atenção, principalmente aquelas relativas à natureza sistêmica da investigação preliminar ou inquérito policial.

Conforme já salientamos no tópico a respeito do sistema inquisitório, a investigação preliminar também possui natureza inquisitória. A estrutura acusatória necessita, essencialmente, de uma estrutura que possibilite a relação dialética, e sendo o contraditório e a ampla defesa na fase da investigação preliminar mitigados, tal estrutura dialética não se torna possível.

A afirmativa de que tanto a ampla defesa quanto o contraditório são mitigados na fase preliminar decorre do fato de que a presença de um advogado é dispensável no inquérito[12], permitindo-se o acesso se houver defensor constituído pelo investigado. Porém, para aqueles que não possuem condições financeiras de constituir um defensor, o procedimento seguirá seu curso sem a nomeação de um defensor para sua defesa ou, em regra, ocorrerá a atuação da Defensoria Pública no curso da investigação (Badaró, 2018).

---

2   Sobre a dispensabilidade do defensor na fase do inquérito policial e o contraditório mitigado, fazemos remissão ao Capítulo 2 sobre os princípios constitucionais processuais penais, mais precisamente ao Subcapítulo 2.2.2, que versa sobre as garantias do contraditório e da ampla defesa.

Além disso, nos casos em que o investigado tenha um defensor, a estrutura dialética do processo não será preservada, pois o contraditório, em sua dupla dimensão (informação + reação), não será respeitado, uma vez que, se no curso da investigação forem juntados documentos, em regra, o defensor do acusado não será intimado das peças novas juntadas, tomando ciência somente quando requerer o acesso aos documentos juntados no inquérito policial. Ou seja, não será possibilitada a informação para a reação necessária em tempo, sendo que, nesse sentido, afirma Badaró (2018, p. 129): "O contraditório é formado pelo binômio 'informação' e 'reação', e não tendo a novel legislação assegurado esses dois elementos nas investigações de qualquer natureza, o inquérito policial continua a ser inquisitório".

No tocante à ampla defesa, ao menos na modalidade de autodefesa (já que é dispensável a defesa técnica), ela pode ser exercida no inquérito policial, pois é possibilitado o interrogatório do investigado, resguardado seu direito ao silêncio. Em caso de existência de defensor constituído, poderá "a defesa requerer atos de investigação à autoridade policial" (Badaró, 2018, p. 128).

Mesmo que a presença da defesa técnica seja dispensável na investigação preliminar, quando há defensor constituído, o acesso aos elementos investigatórios já documentados no inquérito policial é direito do defensor. A esse respeito, vamos analisar os diplomas legais que dispõem sobre a matéria.

A Súmula Vinculante n. 14, do Supremo Tribunal Federal (STF), determina que: "É direito do defensor, no interesse do representado, ter acesso amplo aos elementos de prova que, já documentados em procedimento investigatório realizado por órgão com competência de polícia judiciária, digam respeito ao exercício do direito de defesa" (Brasil, 2009b).

No mesmo vértice, o Estatuto da Ordem dos Advogados do Brasil (OAB) – Lei n. 8.906, de 4 de julho de 1994 (Brasil, 1994) – em seu art. 7º, inciso XIV, dispõe que:

> Art. 7º São direitos do advogado:
>
> [...]
>
> XIV – examinar, em qualquer instituição responsável por conduzir investigação, mesmo sem procuração, autos de flagrante e de investigações de qualquer natureza, findos ou em andamento, ainda que conclusos à autoridade, podendo copiar peças e tomar apontamentos, em meio físico ou digital; [...].
> (Brasil, 1994a)

No mesmo norte, a Lei n. 13.869, de 5 de setembro de 2019 (Brasil, 2019a), trouxe algumas condutas que podem ser consideradas abuso de autoridade, bem como passaram a ser consideradas crimes. Entre elas também está a negativa de disponibilizar o acesso aos autos de investigação ao interessado ou seu defensor, conforme disposto no art. 32:

> Art. 32. Negar ao interessado, seu defensor ou advogado acesso aos autos de investigação preliminar, ao termo circunstanciado, ao inquérito ou a qualquer outro procedimento investigatório

de infração penal, civil ou administrativa, assim como impedir a obtenção de cópias, ressalvado o acesso a peças relativas a diligências em curso, ou que indiquem a realização de diligências futuras, cujo sigilo seja imprescindível:

Pena – detenção, de 6 (seis) meses a 2 (dois) anos, e multa. (Brasil, 2019a)

Dessa forma, apesar de dispensável a presença de defensor durante o curso da investigação preliminar, bem como de este não ser intimado dos atos praticados para exercício do contraditório e da ampla defesa, é direito do acusado ou de seu defensor o acesso das peças e dos atos já praticados e documentados nos autos de investigação.

Por fim, vale destaque ao fato de que a investigação preliminar ou inquérito policial é dispensável para o oferecimento da denúncia pelo titular da ação penal (art. 39, parágrafo 5º, e art. 46, parágrafo 1º, CPP), na medida em que apenas se exige justa causa para o exercício da ação penal (indícios mínimos de autoria e prova da materialidade), e não que haja obrigatoriamente um inquérito policial ou investigação preliminar. O exemplo claro de uma ação penal iniciada com a ausência de um inquérito policial é o oferecimento da denúncia apenas com base em termo circunstanciado no âmbito dos juizados especiais (art. 77, parágrafo 1º, Lei n. 9.099, de 26 de setembro de 1995; Brasil, 1995).

— 4.2 —
Órgãos encarregados da investigação

O primeiro diploma legal a ser considerado é a Lei n. 12.830, de 20 de junho de 2013 (Brasil, 2013a), o qual estabelece as funções atribuídas ao delegado de polícia, conforme exposto no art. 2º, parágrafo 1º:

> Art. 2º As funções de polícia judiciária e a apuração de infrações penais exercidas pelo delegado de polícia são de natureza jurídica, essenciais e exclusivas de Estado.
>
> § 1º Ao delegado de polícia, na qualidade de autoridade policial, cabe a condução da investigação criminal por meio de inquérito policial ou outro procedimento previsto em lei, que tem como objetivo a apuração das circunstâncias, da materialidade e da autoria das infrações penais. (Brasil, 2013a)

Conforme se depreende desse dispositivo, a presidência do inquérito policial será realizada pelo delegado de polícia, sendo que, de acordo com o parágrafo 2º, cabe a esse profissional a "requisição de perícia, informações, documentos e dados que interessem à apuração dos fatos" (Brasil, 2013a), com a ressalva de que tal ação "depende da intervenção judicial para a adoção de medidas restritivas de direitos fundamentais" (Lopes Jr., 2020, p. 184).

Em relação à atividade policial, ela pode ser dividida em duas a partir de suas funções: polícia de segurança e polícia judiciária.

A primeira (polícia de segurança) é responsável pelo caráter preventivo e por situações de repressão imediata ao delito, sendo exercida, na maior parte dos casos, pela polícia militar.

A segunda (polícia judiciária) é a responsável pela função de investigação dos delitos, exercida pela polícia civil dos estados e pela polícia federal, sendo responsável pelas investigações em âmbitos federais, não havendo problemas se "a polícia civil estadual investigar um delito de competência da Justiça Federal [...] ou de a polícia federal realizar um inquérito para apuração de um delito de competência da Justiça Estadual" (Lopes Jr., 2020, p. 184).

A afirmativa de que a polícia judiciária é a responsável pela investigação está ligada ao fato de que o art. 4º do CPP determina que "a polícia judiciária será exercida pelas autoridades policiais no território de suas respectivas circunscrições e terá por fim a apuração das infrações penais e da sua autoria" (Brasil, 1941), e, assim "como determina o art. 4º do CPP e o próprio nome indica, o inquérito é realizado pela polícia judiciária" (Lopes Jr., 2020, p. 183).

Cabe destaque ao fato de que a polícia judiciária não integra o Poder Judiciário, mas sua nomenclatura se deve à "finalidade de sua atividade, posto que o inquérito por ela desenvolvido servirá de base para que se dê início a um processo penal, a se desenvolver no âmbito do Poder Judiciário" (Badaró, 2018, p. 125).

O fato de o art. 4º do CPP estabelecer que a condução e o inquérito são realizados pela polícia judiciária não implica a afirmativa de que será o único órgão responsável por todos os inquéritos ou de que este seja necessariamente policial (Lopes Jr., 2020), pois o parágrafo único estabelece a exceção à regra, do seguinte modo: "A competência definida neste artigo não excluirá a de autoridades administrativas, a quem por lei seja cometida a mesma função" (Brasil, 1941).

Portanto, a exceção à regra de o inquérito ser policial abre espaço para que outra autoridade administrativa realize investigações sobre fatos e, posteriormente, seja oferecida denúncia pelo MP, como ocorre nos casos de "sindicâncias e processos administrativos contra funcionários públicos" (Lopes Jr., 2020, p. 183).

Outra exceção à regra são os crimes praticados por militares, que são investigados mediante o inquérito policial militar, conforme art. 8º do Código de Processo Penal Militar (Decreto-Lei n. 1.002, de 21 de outubro de 1969; Brasil, 1969b), regendo-se por diplomas próprios – Código Penal Militar (Decreto-Lei n. 1.001, de 21 de outubro de 1969; Brasil, 1969a) e Código de Processo Penal Militar (Brasil, 1969b). Porém, se ao final a autoridade responsável pela presidência do inquérito concluir que os crimes não foram praticados no âmbito militar, mas, sim, comum, o inquérito policial militar será remetido ao MP, podendo este oferecer denúncia caso entenda possuir base razoável para tanto (*fumus comissi delicti*) (Lopes Jr., 2020).

Outra forma de investigação são as chamadas *Comissões Parlamentares de Inquérito* (CPIs) realizadas por membros do Poder Legislativo, cuja regulamentação encontra respaldo no art. 58, seção VII, da Constituição da República de 1988, mais precisamente em seu parágrafo 3º, que possui a seguinte redação:

> Art. 58. O Congresso Nacional e suas Casas terão comissões permanentes e temporárias, constituídas na forma e com as atribuições previstas no respectivo regimento ou no ato de que resultar sua criação.
>
> [...]
>
> § 3º As comissões parlamentares de inquérito, que terão poderes de investigação próprios das autoridades judiciais, além de outros previstos nos regimentos das respectivas Casas, serão criadas pela Câmara dos Deputados e pelo Senado Federal, em conjunto ou separadamente, mediante requerimento de um terço de seus membros, para a apuração de fato determinado e por prazo certo, sendo suas conclusões, se for o caso, encaminhadas ao Ministério Público, para que promova a responsabilidade civil ou criminal dos infratores. (Brasil, 1988)

Se no curso das investigações promovidas pela Comissão for descoberto algum delito, devem ser relatadas por escrito as descobertas e diligências apuradas, para que, então, seja enviada uma cópia ao MP – conforme a Lei n. 1.579, de 18 de março de 1952 (Brasil, 1952). Assim, chegando-se à conclusão de que há indícios de autoria e materialidade delitiva, o MP oferecerá a denúncia.

Dessa forma, podemos perceber que há diversos tipos de investigações preliminares que poderão ser realizadas, porém, concentraremos nosso estudo na regra geral, ou seja, no inquérito policial, cuja responsabilidade é da polícia judiciária.

A Constituição da República, em seu art. 144, estabelece as funções da atividade policial, instituindo também os órgãos considerados essenciais à segurança pública. Conforme demonstraremos mais adiante, acerca da competência, comumente os critérios de divisão são feitos pelos critérios residuais, ou seja, das mais específicas para as residuais.

Por tal motivo, iniciaremos o debate pela competência da polícia federal, prevista no art. 144, parágrafo 1º, da Constituição da República, que apresenta o seguinte texto:

> Art. 144. A segurança pública, dever do Estado, direito e responsabilidade de todos, é exercida para a preservação da ordem pública e da incolumidade das pessoas e do patrimônio, através dos seguintes órgãos:
>
> [...]
>
> § 1º A polícia federal, instituída por lei como órgão permanente, organizado e mantido pela União e estruturado em carreira, destina-se a:
>
> I – apurar infrações penais contra a ordem política e social ou em detrimento de bens, serviços e interesses da União ou de suas entidades autárquicas e empresas públicas, assim como outras infrações cuja prática tenha repercussão interestadual ou internacional e exija repressão uniforme, segundo se dispuser em lei;

II – prevenir e reprimir o tráfico ilícito de entorpecentes e drogas afins, o contrabando e o descaminho, sem prejuízo da ação fazendária e de outros órgãos públicos nas respectivas áreas de competência;

III – exercer as funções de polícia marítima, aeroportuária e de fronteiras;

IV – exercer, com exclusividade, as funções de polícia judiciária da União. (Brasil, 1988)

Assim, excetuados os casos de competência da polícia federal, na competência residual caberá à polícia civil a função de polícia judiciária, conforme previsão do parágrafo 4º do art. 144 da Constituição, que assim estabelece: "Às polícias civis, dirigidas por delegados de polícia de carreira, incumbem, ressalvada a competência da União, as funções de polícia judiciária e a apuração de infrações penais, exceto as militares" (Brasil, 1988).

— 4.2.1 —
Dos poderes investigatórios e as funções atribuídas ao Ministério Público

De fato, não há grande controvérsia acerca da função do MP enquanto controlador da atividade policial, requisitando diligências e requerendo a instauração de inquéritos policiais. De acordo com o art. 129, incisos VII e VIII, da Constituição da República:

> Art. 129. São funções institucionais do Ministério Público:
>
> [...]
>
> VII – exercer o controle externo da atividade policial, na forma da lei complementar mencionada no artigo anterior;
>
> VIII – requisitar diligências investigatórias e a instauração de inquérito policial, indicados os fundamentos jurídicos de suas manifestações processuais; [...]. (Brasil, 1988)

Do mesmo modo, não há controvérsia sobre a promoção de inquérito civil e ação civil pública pelo MP, com o objetivo de proteção do patrimônio público e social, do meio ambiente e de outros interesses difusos ou coletivos, conforme dispõe o inciso III do art. 129 da Constituição da República.

Porém, há debates acalorados na doutrina sobre a possibilidade de o MP realizar atos de investigação próprios da polícia judiciária.

A corrente favorável aos poderes investigatórios do MP no âmbito processual penal fundamenta seu raciocínio nas perspectivas a seguir.

A teoria pauta-se pelo fato de que, no art. 4º do CPP, restou estabelecido no parágrafo único que não será competência exclusiva da polícia judiciária a investigação preliminar, podendo esta ser realizada também por autoridades administrativas (Badaró, 2018).

Outro ponto fundante do discurso para os que defendem os poderes investigatórios do MP é inerente ao que se chama de *teoria dos poderes implícitos*, com a argumentação de que, se a Constituição "conferiu ao Ministério Público o direito de promover a ação penal, deve dispor dos meios necessários para fazê-lo, mesmo que para tanto não haja previsão constitucional" (Badaró, 2018, p. 158).

A fundamentação legal para defender a hipótese de investigação por parte do MP decorre da leitura dos dispositivos legais apresentados a seguir.

O art. 129, inciso IX, da Constituição da República possibilitaria que o MP exercesse outras funções além das previstas no rol do citado artigo, uma vez que sua redação é a seguinte: "São funções institucionais do Ministério Público: [...] IX – exercer outras funções que lhe forem conferidas, desde que compatíveis com sua finalidade" (Brasil, 1988).

No mesmo passo, o art. 8º, inciso V, da Lei Complementar n. 75, de 20 de maio de 1993 (atribuições e o estatuto do Ministério Público da União), estabelece: "Art. 8º Para o exercício de suas atribuições, o Ministério Público da União poderá, nos procedimentos de sua competência: [...] V – realizar inspeções e diligências investigatórias" (Brasil, 1993a).

Ainda, a Lei n. 8.625, de 12 de fevereiro de 1993 (Lei Orgânica Nacional do Ministério Público), em seu art. 26, inciso I, prevê em seu texto a seguinte redação: "Art. 26. No exercício de suas funções, o Ministério Público poderá: I – instaurar inquéritos civis e outras medidas e procedimentos administrativos pertinentes [...]" (Brasil, 1993b).

Por outro lado, cabe a análise das razões que levam outra parte da doutrina a sustentar que o MP não possui poderes investigatórios no âmbito processual penal.

O primeiro ponto levantado pelos autores se refere ao fato de que o art. 144 da Constituição da República de 1988 estabeleceu os órgãos capazes de realizar a investigação, conferindo competência para os atos investigatórios somente à polícia judiciária, e não ao MP.

Ainda que, porventura, pudesse se questionar que o rol estabelecido pelo citado artigo não fosse taxativo, inevitavelmente se estaria diante de outra barreira, estabelecida pelo art. 128, parágrafo 5º, da Constituição da República, o qual assim estabelece:

> Art. 128. O Ministério Público abrange: [...]
>
> § 5º Leis complementares da União e dos Estados, cuja iniciativa é facultada aos respectivos Procuradores-Gerais, estabelecerão a organização, as atribuições e o estatuto de cada Ministério Público, observadas, relativamente a seus membros. (Brasil, 1988)

A princípio, poder-se-ia dizer que o MP, mediante lei complementar, poderia ter a atribuição de atos investigatórios, arguindo-se o art. 8º, inciso V, da Lei Complementar n. 75/1993 (Brasil, 1993a). Contudo, apesar da lei complementar mencionada conferir o poder de realizar inspeções e diligências investigatórias,

Badaró (2018, p. 159) esclarece: "Sem uma lei que determine quais casos podem ser diretamente investigados ou, ao menos, quais os critérios para se determinar tal função, ficaria ao livre-arbítrio do promotor de justiça escolher o que deseja e o que não quer investigar". Do mesmo modo, não há legislação sobre os poderes investigatórios do MP que regulamentem de que forma se dará a sua atuação.

Ademais, cabe destaque ao fato de que a teoria dos poderes implícitos cai por terra em virtude da avaliação do art. 129, inciso VIII, da Constituição da República, que atribui ao MP somente os poderes de requisitar diligências, o que difere muito do poder de realizar diligências. Assim, é atribuição do MP o caráter de controlar os atos praticados pela polícia judiciária, e não de investigá-los. Se o constituinte desejasse a atuação do MP diretamente nas investigações realizando diligências como se fosse polícia judiciária, teria esclarecido expressamente essa informação, já que, além da enunciação dos órgãos responsáveis pela investigação, também enumerou as atribuições do MP.

Outro fator preponderante que pesa contra os atos investigatórios praticados pelo MP refere-se ao fato de que o acúmulo de funções em uma só pessoa ou órgão prejudica a imparcialidade do sistema. A esse respeito, de acordo com Greco Filho (2019, p. 128): "Para garantia do acusado, o exercício de diversas atividades ligadas à persecução penal deve ser realizado por pessoas diferentes em cada uma de suas etapas ou momentos, para que a diversidade de pessoas e autoridades contribua para a imparcialidade e justiça da decisão final".

No mesmo sentido segue o alerta de Badaró (2018, p. 159) sobre o acúmulo de funções em um só órgão: "concentrar nas mãos de um único órgão as atividades de investigação e promoção da ação penal implicaria um perigosíssimo acúmulo de poder, que facilmente poderia ser utilizado de forma abusiva ou apaixonada".

Antes da Lei n. 13.964/2019 (Brasil, 2019b), que consagrou o juiz das garantias no art. 3º-B, inciso IV, do CPP (o qual será objeto de análise ainda neste capítulo), Nucci (2016, p. 143) se manifestava contrariamente aos poderes investigatórios do MP, mencionando, entre outros fundamentos, o seguinte argumento:

> O sistema processual penal foi elaborado para apresentar-se equilibrado e harmônico, não devendo existir qualquer instituição superpoderosa. Note-se que, quando a polícia judiciária elabora e conduz a investigação criminal, é supervisionada pelo Ministério Público e pelo Juiz de Direito. Este, ao conduzir a instrução criminal, tem a fiscalização das partes – Ministério Público e advogados. Logo, a permitir-se que o Ministério Público, por mais bem intencionado que esteja, produza *de per si* investigação criminal, isolado de qualquer fiscalização, sem a participação do indiciado, que nem ouvido precisaria ser, significaria quebrar a harmônica e garantista investigação de uma infração penal. (Nucci, 2016, p. 143)

Contudo, em posição mais recente, Nucci (2020) modificou sua posição anteriormente adotada. Em síntese, a argumentação utilizada pelo autor gira em torno da inserção do juiz das garantias no art. 3º-B, inciso IV, do CPP. Assim, o MP poderia realizar atos investigatórios típicos da polícia judiciária, já que, quando inserido nessa função, o juiz das garantias é responsável pelo controle e pela fiscalização dos atos investigatórios do MP, não havendo, portanto, uma grande concentração de poder nas mãos de um só órgão (investigação, controle externo das investigações e propositura da ação).

A mudança de postura de Nucci (2020) também se deve às decisões proferidas pelo STF, as quais afirmam que podem ser considerados constitucionais os poderes investigatórios do MP, como ocorreu no Recurso Extraordinário n. 593.727/MG, de relatoria do Ministro Cezar Peluso, julgado em 14 de maio de 2015, tendo repercussão geral (Brasil, 2015b).

A par disso, Lopes Jr. (2020) menciona que, considerando tais decisões emanadas pelo STF, favoráveis aos poderes investigatórios do MP, passa a ser compreendido que esse órgão poderá investigar, mas com as limitações acerca das disposições e dos regramentos do inquérito policial, além da estrita observância dos direitos e das garantias fundamentais do acusado, sendo exercido o controle por parte do juiz das garantias.

Dessa forma, apesar da controvérsia doutrinária sobre o tema, percebemos que a posição predominante no STF é favorável aos poderes investigatórios por parte do MP, valendo-se o alerta da doutrina a respeito dos direitos e das garantias fundamentais do acusado, além da obediência ao regramento do inquérito policial disposto no CPP e do controle rígido por parte do juiz das garantias (que será objeto de análise no presente capítulo).

— 4.2.2 —
Investigação defensiva

É inegável que a defesa também possua o direito de investigação, a checar meios, fontes de provas e, "posteriormente, requerer a produção judicial do meio de prova respectivo" (Badaró, 2018, p. 161).

Contudo, os meios investigatórios da defesa se mostram ineficazes por dois motivos. O primeiro deles é a ausência de regulamentação sobre os meios de investigação, os procedimentos realizados e, principalmente, a validade das provas obtidas pela defesa. Nesse caminho, o desafio corresponde a saber, de fato, quais poderes são investidos à defesa para, por exemplo, intimar ou inquirir testemunhas em seu escritório, bem como qual é a validade probatória que refletirá na investigação preliminar realizada pela autoridade policial ou no convencimento do juiz para receber ou não uma denúncia. Além disso, recebendo a intimação do advogado para comparecer em seu escritório, a pessoa poderá se negar a prestar qualquer tipo de declaração, já que não haverá nenhuma obrigação legal para tanto (Badaró, 2018).

Outro problema de ordem prática está ligado ao fato de que o art. 14 do CPP prevê a seguinte redação: "O ofendido, ou seu representante legal, e o indiciado poderão requerer qualquer diligência, que será realizada, ou não, a juízo da autoridade" (Brasil, 1941). Dessa forma, mesmo que o acusado possa requerer diligências perante a autoridade policial, tal diligência poderá ser negada, devendo, obviamente, ser devidamente motivada, esclarecidos os motivos da não adoção da diligência solicitada.

Sob essa ótica, diante dos problemas em relação à temática, a investigação defensiva é pouco realizada, sendo que não há disciplina sobre a matéria, ocorrendo comumente a juntada de provas defensivas durante a fase processual, com a oitiva de testemunhas, ou documentos.

— 4.3 —
Juiz das garantias

Com a Lei n. 13.964/2019, além da previsão expressa da estrutura acusatória do processo penal no art. 3º-A do CPP, outra mudança de grande relevância ocorreu na seara processual penal: a inserção do denominado *juiz das garantias*.

A matéria relativa ao juiz das garantias foi inserida do art. 3º-B ao art. 3º-F do CPP, disciplinando tanto a sua função quantos os procedimentos a serem adotados por esse profissional.

Assim como ocorreu no art. 3º-A do CPP, é válido o alerta para o fato de que, na data de 22 de janeiro de 2020, o Ministro do STF, Luiz Fux, em decisão na Liminar na Medida Cautelar nas Ações Diretas de Inconstitucionalidade (ADIs) n. 6.298, 6.299,

6.300 e 6.305 (Brasil, 2020a, 2020b, 2020c, 2020d), suspendeu a eficácia de alguns dispositivos alterados pela Lei n. 13.964/2019, entre eles, alguns afetivos à temática a ser abordada no presente tópico (art. 3º-B ao 3º-F, CPP). Dessa forma, enquanto for mantida a decisão liminar, a realidade para a temática permanecerá a anterior à edição da referida legislação, ou seja, sem a previsão do juiz das garantias.

As funções do juiz das garantias são relativas à investigação preliminar realizada, assim disciplinadas no art. 3º-B do CPP:

> Art. 3º-B. O juiz das garantias é responsável pelo controle da legalidade da investigação criminal e pela salvaguarda dos direitos individuais cuja franquia tenha sido reservada à autorização prévia do Poder Judiciário, competindo-lhe especialmente:
>
> I – receber a comunicação imediata da prisão, nos termos do inciso LXII do caput do art. 5º da Constituição Federal;
>
> II – receber o auto da prisão em flagrante para o controle da legalidade da prisão, observado o disposto no art. 310 deste Código;
>
> III – zelar pela observância dos direitos do preso, podendo determinar que este seja conduzido à sua presença, a qualquer tempo;
>
> IV – ser informado sobre a instauração de qualquer investigação criminal;
>
> V – decidir sobre o requerimento de prisão provisória ou outra medida cautelar, observado o disposto no § 1º deste artigo;

VI – prorrogar a prisão provisória ou outra medida cautelar, bem como substituí-las ou revogá-las, assegurado, no primeiro caso, o exercício do contraditório em audiência pública e oral, na forma do disposto neste Código ou em legislação especial pertinente;

VII – decidir sobre o requerimento de produção antecipada de provas consideradas urgentes e não repetíveis, assegurados o contraditório e a ampla defesa em audiência pública e oral;

VIII – prorrogar o prazo de duração do inquérito, estando o investigado preso, em vista das razões apresentadas pela autoridade policial e observado o disposto no § 2º deste artigo;

IX – determinar o trancamento do inquérito policial quando não houver fundamento razoável para sua instauração ou prosseguimento;

X – requisitar documentos, laudos e informações ao delegado de polícia sobre o andamento da investigação;

XI – decidir sobre os requerimentos de:

a) interceptação telefônica, do fluxo de comunicações em sistemas de informática e telemática ou de outras formas de comunicação;

b) afastamento dos sigilos fiscal, bancário, de dados e telefônico;

c) busca e apreensão domiciliar;

d) acesso a informações sigilosas;

e) outros meios de obtenção da prova que restrinjam direitos fundamentais do investigado;

XII – julgar o habeas corpus impetrado antes do oferecimento da denúncia;

XIII – determinar a instauração de incidente de insanidade mental;

XIV – decidir sobre o recebimento da denúncia ou queixa, nos termos do art. 399 deste Código;

XV – assegurar prontamente, quando se fizer necessário, o direito outorgado ao investigado e ao seu defensor de acesso a todos os elementos informativos e provas produzidos no âmbito da investigação criminal, salvo no que concerne, estritamente, às diligências em andamento;

XVI – deferir pedido de admissão de assistente técnico para acompanhar a produção da perícia;

XVII – decidir sobre a homologação de acordo de não persecução penal ou os de colaboração premiada, quando formalizados durante a investigação;

XVIII – outras matérias inerentes às atribuições definidas no caput deste artigo. [...]

§ 2º Se o investigado estiver preso, o juiz das garantias poderá, mediante representação da autoridade policial e ouvido o Ministério Público, prorrogar, uma única vez, a duração do inquérito por até 15 (quinze) dias, após o que, se ainda assim a investigação não for concluída, a prisão será imediatamente relaxada. (Brasil, 1941)

Logo, a atuação do juiz das garantias é inerente à investigação preliminar, controlando sua legalidade, os procedimentos realizados pela autoridade responsável pela investigação preliminar, além de decisões referentes a restrições de direitos, como prisão do investigado, interceptação telefônica, busca e apreensão, quebra de sigilo de dados fiscal e bancário.

Antes, tais questões, em regra, eram dirimidas pelo próprio magistrado que receberia a futura denúncia oferecida pelo MP, ou seja, o mesmo julgador que controlava a legalidade da investigação preliminar e decidia sobre os requerimentos julgaria o processo posteriormente, o que restou vedado pelo art. 3º-D do CPP nos seguintes termos: "O juiz que, na fase de investigação, praticar qualquer ato incluído nas competências dos arts. 4º e 5º deste Código ficará impedido de funcionar no processo" (Brasil, 1941).

É importante anotar que o juiz das garantias não se confunde com juiz instrutor (típico dos sistemas processuais inquisitórios), sendo que sua função "é atuar como garantidor dos direitos do acusado no processo penal" (Lopes Jr., 2020, p. 186).

O art. 3º-C estabelece a competência do juiz das garantias e até onde vai sua atuação, nos seguintes termos:

> Art. 3º-C. A competência do juiz das garantias abrange todas as infrações penais, exceto as de menor potencial ofensivo, e cessa com o recebimento da denúncia ou queixa na forma do art. 399 deste Código.
>
> § 1º Recebida a denúncia ou queixa, as questões pendentes serão decididas pelo juiz da instrução e julgamento.

§ 2º As decisões proferidas pelo juiz das garantias não vinculam o juiz da instrução e julgamento, que, após o recebimento da denúncia ou queixa, deverá reexaminar a necessidade das medidas cautelares em curso, no prazo máximo de 10 (dez) dias.

§ 3º Os autos que compõem as matérias de competência do juiz das garantias ficarão acautelados na secretaria desse juízo, à disposição do Ministério Público e da defesa, e não serão apensados aos autos do processo enviados ao juiz da instrução e julgamento, ressalvados os documentos relativos às provas irrepetíveis, medidas de obtenção de provas ou de antecipação de provas, que deverão ser remetidos para apensamento em apartado.

§ 4º Fica assegurado às partes o amplo acesso aos autos acautelados na secretaria do juízo das garantias. (Brasil, 1941)

Portanto, pela leitura dos arts. 3º-B e 3º-C do CPP, a atuação do juiz das garantias compreenderá toda a investigação preliminar, até o recebimento da denúncia (matéria que será analisada mais adiante), sendo que, em seguida, os autos serão enviados ao juiz da instrução e julgamento, solucionando um problema que há muito tempo vem sendo debatido na doutrina: a imparcialidade do julgador.

Outro problema relevante debatido na doutrina era a contaminação do julgador com as provas colhidas na investigação preliminar, não havendo o que Lopes Jr. (2020, p. 190) denomina "originalidade cognitiva", pois o julgador, para ser imparcial e julgar de acordo com as provas do processo (e não do procedimento investigativo), necessita que o primeiro contato com a prova seja realizado durante o próprio processo, o que no modelo antigo era inviabilizado, já que o mesmo julgador chamado a se manifestar no curso das investigações era quem julgaria ao final do processo (Lopes Jr., 2020). Nesse passo, além de juízes diferentes, de acordo com o parágrafo 3º do art. 3º-C do CPP, os autos da investigação preliminar não serão enviados ao julgador do processo, sendo ressalvadas as provas irrepetíveis (sobre as quais versaremos em momento oportuno).

A problemática em torno do contato do julgador com os elementos informativos colhidos na investigação preliminar é, justamente, a possibilidade de uma contaminação de sua cognição com a formação de uma hipótese pré-estabelecida antes da instrução do processo, esvaindo-se a imparcialidade do julgador (Lopes Jr., 2020). Nesse cenário, o processo serve apenas como repetição dos atos já realizados na investigação preliminar (comum no sistema inquisitório).

Após a Lei n. 13.964/2019, enunciar a adoção do processo penal com uma estrutura acusatória (art. 3º-A, CPP), nada mais lógico do que retirar as possíveis contaminações que poderiam ocorrer quando o mesmo juiz que prolatava uma sentença tinha contato direto com as diligências feitas na investigação preliminar, inclusive com provas ilícitas.

Sob essa ótica, de acordo com Lopes Jr. (2020, p. 212), o juiz responsável pelo processo e, posteriormente, pela sentença, terá contato somente com:

- a denúncia ou queixa;
- a decisão de recebimento, para compreensão do que foi recebido e do que foi rejeitado, por exemplo;
- decisão que decretou medidas cautelares ou prisão cautelar, para controle e também para revisão no prazo de 10 dias;
- decisão que manteve o recebimento e não absolveu sumariamente (art. 397). (Lopes Jr., 2020, p. 212)

Noutro vértice, diferentemente do juiz instrutor típico do sistema inquisitório, o juiz das garantias atua como mero controlador da legalidade dos atos praticados pela autoridade policial, pelo MP e pela defesa, não podendo realizar atos investigatórios.

Além disso, conforme se verifica do inciso IX do art. 3º-B do CPP, o juiz das garantias poderá determinar o trancamento da investigação caso esta não possua base razoável para sua instauração, ou seja, "quando, por exemplo, a conduta for manifestamente atípica; faltar punibilidade concreta diante da ocorrência de uma causa de extinção da punibilidade" (Lopes Jr., 2020, p. 201).

Em relação ao poder de o juiz das garantias requisitar documentos, laudos e informações ao delegado sobre o andamento das investigações (art. 3º-B, X, CPP), este não se confunde com o poder de produzir ou requerer a produção de provas de ofício, sendo que tal função é somente para fins de controle de legalidade da atividade investigativa pela autoridade policial (Lopes Jr., 2020).

Em relação ao tema da homologação do acordo de não persecução penal, vamos abordá-lo na sequência. Nesse momento, porém, cabe salientar somente que, se for realizado no curso das investigações, a competência para sua homologação será do próprio juiz das garantias, conforme prevê o inciso XVII do art. 3º-B do CPP.

Por seu turno, quanto ao parágrafo único dos arts. 3º-D e 3º-E, ambos do CPP, eles versam sobre a implantação e a designação do juiz das garantias.

— 4.4 —
Início do inquérito policial, indiciamento e a incomunicabilidade do preso

Conforme debateremos no próximo capítulo, as ações penais podem ser divididas em públicas (condicionadas e incondicionadas) e privadas. Tais questões também influenciam o início do inquérito policial, cabendo a análise sobre de que forma a investigação preliminar é iniciada, bem como em que consiste o chamado indiciamento.

— 4.4.1 —
Início do inquérito policial

A notícia do crime – tecnicamente denominada *notitia criminis* – poderá chegar à autoridade policial por diversas formas, podendo ser espontânea, provocada, por cognição coercitiva e por meio da *delatio criminis*.

Em relação à forma espontânea, esta acontece quando o "conhecimento da infração ocorre de forma direta e imediata pela autoridade policial" (Badaró, 2018, p. 139), ou seja, a infração chega ao conhecimento da autoridade policial por meio do "exercício rotineiro de suas atividades" (Badaró, 2018, p. 139).

Quando a infração chega ao conhecimento da autoridade policial por meio do ofendido ou do MP, mediante ato formal, será denominada *forma provocada*.

A cognição coercitiva decorre do conhecimento da infração penal mediante prisão em flagrante delito do suposto autor dos fatos.

Na hipótese em que a autoridade policial toma conhecimento do delito por terceiras pessoas pertencentes à comunidade, o crime é chamado de *delatio criminis*.

A disposição sobre o início do inquérito policial encontra respaldo legal no art. 5º do CPP, que assim estabelece:

> Art. 5º Nos crimes de ação pública o inquérito policial será iniciado:
>
> I – de ofício;

II – mediante requisição da autoridade judiciária ou do Ministério Público, ou a requerimento do ofendido ou de quem tiver qualidade para representá-lo.

§ 1º O requerimento a que se refere o nº II conterá sempre que possível:

> a) a narração do fato, com todas as circunstâncias;
>
> b) a individualização do indiciado ou seus sinais característicos e as razões de convicção ou de presunção de ser ele o autor da infração, ou os motivos de impossibilidade de o fazer;
>
> c) a nomeação das testemunhas, com indicação de sua profissão e residência. (Brasil, 1941)

Ainda, de acordo com o art. 8º do CPP, o inquérito também poderá iniciar no seguinte caso: "Havendo prisão em flagrante, será observado o disposto no Capítulo II do Título IX deste Livro" (Brasil, 1941).

Cabe destaque ao fato de que, excetuadas as hipóteses de prisão em flagrante, "formalmente, o IP inicia com um ato administrativo do delegado de polícia, que determina a sua instauração através de uma portaria" (Lopes Jr., 2020, p. 234).

Assim, o inquérito policial poderá iniciar de ofício pela autoridade policial, mediante a requisição da autoridade judiciária ou MP, bem como do ofendido ou de seu representante legal, além da hipótese em que o agente seja preso em flagrante. Na sequência, vamos analisar cada uma das formas de iniciar o inquérito.

Início do inquérito nas ações penais públicas incondicionadas

A hipótese de instauração de inquérito de ofício, prevista no inciso I do art. 5º do CPP por parte da autoridade policial, está condicionada ao fato de a ação penal ser pública incondicionada, bem como de pertencer à jurisdição territorial e à matéria relativas à competência da delegacia.

A notícia do cometimento de algum delito cuja ação penal seja pública incondicionada pode chegar à autoridade policial "através de informação reservada; situação de flagrante delito; meio de voz pública; notoriedade do fato" (Lopes Jr., 2020, p. 234), sendo instaurado o inquérito policial de ofício pela autoridade policial.

O parágrafo 3º do art. 5º do CPP prevê as hipóteses do conhecimento do delito pela autoridade policial por meio de qualquer pessoa, com a seguinte redação:

> Qualquer pessoa do povo que tiver conhecimento da existência de infração penal em que caiba ação pública poderá, verbalmente ou por escrito, comunicá-la à autoridade policial, e esta, verificada a procedência das informações, mandará instaurar inquérito. (Brasil, 1941)

Portanto, a autoridade policial deverá checar as informações prestadas pelas pessoas e, chegando à conclusão de que há base razoável do cometimento de um delito, instaurará o inquérito policial.

Vale a ressalva ao fato de que a comunicação de um delito por parte do cidadão é uma faculdade, e não uma obrigação, uma vez que, "como regra, a notícia-crime é facultativa, pois aos cidadãos assiste uma faculdade, e não uma obrigação de denunciarem a prática de um delito que tenham presenciado ou que sabem ter ocorrido" (Lopes Jr., 2020, p. 240), sendo exceção à regra a notícia-crime obrigatória – por exemplo, a obrigatoriedade de comunicação do conhecimento de delito de ação pública incondicionada, cujo agente tomou conhecimento no exercício de função pública.

Em relação à hipótese do inciso II do art. 5º do CPP, mais precisamente quando chega ao conhecimento do MP o possível cometimento de um delito ou, até mesmo, quando no curso de outro processo chega-se ao conhecimento da prática de outro ato delitivo de natureza pública, poderá o MP requisitar a abertura de um inquérito policial para a apuração dos fatos delitivos.

O requerimento dirigido à autoridade policial pelo MP solicitando a abertura de inquérito policial serve para casos em que, apesar de fortes suspeitas do cometimento do delito, ainda não há base razoável (indícios mínimos de autoria e prova da materialidade) para o oferecimento da denúncia, necessitando-se, portanto, uma investigação preliminar, pois, caso contrário (existindo o *fumus comissi delicti*), a teor do art. 28 do CPP, o MP deverá propor a ação penal ou determinar o arquivamento do inquérito policial (Lopes Jr., 2020).

Acerca da exigência contida no parágrafo 1º do art. 5º, inciso II, do CPP, ela se faz necessária somente em relação ao requerimento do ofendido, não tendo aplicabilidade quando da requisição realizada pelo MP.

Contudo, em relação à requisição de abertura de inquérito policial por parte do juiz, parte da doutrina compreende a sua impossibilidade, principalmente após a enunciação da estrutura acusatória do processo penal prevista no art. 3º-A do CPP. Nesse aspecto, Lopes Jr. (2020, p. 235) salienta: "entendemos que não cabe ao juiz requisitar abertura de inquérito policial, não só porque a ação penal de iniciativa pública é de titularidade exclusiva do MP, mas também porque é um imperativo do sistema acusatório".

Na mesma linha argumentativa, a respeito dos poderes de o julgador requisitar a abertura do inquérito policial, Badaró (2018, p. 136) menciona que: "Em suma, o disposto no art. 5º, II, do CPP é incompatível com a Constituição de 1988, uma vez que viola o sistema acusatório e o monopólio da ação penal pública conferido ao Ministério Público, além de representar prejulgamento incompatível com a exigência de imparcialidade do juiz".

Para os dois autores, a solução para quando o juiz tomar conhecimento de algum fato aparentemente delituoso é a prevista no art. 40 do CPP, que estabelece:

> Quando, em autos ou papéis de que conhecerem, os juízes ou tribunais verificarem a existência de crime de ação pública, remeterão ao Ministério Público as cópias e os documentos necessários ao oferecimento da denúncia. (Brasil, 1941)

Ainda que, porventura, possa-se argumentar que, com o juiz das garantias, o problema da imparcialidade estaria resolvido, já que o magistrado instado a se pronunciar em qualquer fase do inquérito não poderá atuar no processo, cabe relembrar que é vedado ao juiz das garantias agir de ofício, cabendo a ele somente a função de preservação de garantias e direitos fundamentais.

Quanto ao requerimento por parte do ofendido (vítima) ou de seu representante legal, apesar de este possuir o direito de requerer a abertura do inquérito policial, poderá a autoridade policial indeferir tal requerimento, desde que devidamente motivada.

Assim, uma das diferenças entre a requisição por parte do MP e o requerimento pelo ofendido ou seu representante está na obrigatoriedade em realizar diligências, sendo que a autoridade policial não poderá se eximir de cumprir as diligências requisitadas pelo MP (salvo se manifestamente contrárias ao ordenamento jurídico), enquanto poderá indeferir o requerimento feito pelo ofendido ou seu representante.

Outra forma de requerer a abertura do inquérito policial por parte do ofendido ou de seu representante é disciplinada no art. 27 do CPP, que assim dispõe:

> Qualquer pessoa do povo poderá provocar a iniciativa do Ministério Público, nos casos em que caiba a ação pública, fornecendo-lhe, por escrito, informações sobre o fato e a autoria e indicando o tempo, o lugar e os elementos de convicção. (Brasil, 1941)

Nessa hipótese, de acordo com Lopes Jr. (2020, p. 241), o MP poderá:

- Oferecer a denúncia com base nos dados fornecidos;
- Instaurar um procedimento administrativo pré-processual de caráter investigatório, com o fim de apurar o fato e a autoria noticiada;
- Requisitar a instauração do inquérito policial;
- Solicitar o arquivamento (redação original do art. 28 do CPP) ou, quando entrar em vigor a nova redação do art. 28 (suspensa pelo min. Fux), ordenar o arquivamento das peças de informação.

Quando ocorrer de a autoridade policial indeferir o requerimento realizado pelo ofendido ou seu representante, nos termos do parágrafo 2º do art. 5º do CPP, caberá recurso a ser endereçado ao chefe de polícia ou, em sua ausência, de acordo com Badaró (2018, p. 136), "ao delegado-geral de polícia ou, até mesmo, ao secretário de Segurança Pública".

Conforme mencionado, as ações penais públicas podem ser divididas em públicas incondicionadas (não dependem de representação da vítima) e condicionadas (dependem da representação do ofendido) – trataremos mais profundidade desse tema no próximo capítulo, quando abordaremos a ação penal. Quando o delito se tratar da hipótese de uma ação penal pública incondicionada, a autoridade policial determinará a instauração de inquérito para a apuração dos fatos delituosos, sem a necessidade de qualquer manifestação da vítima, cabendo a análise a seguir da hipótese da ação penal pública condicionada à representação.

Início do inquérito nas ações penais públicas condicionadas

Por outro lado, quando os fatos delituosos tratarem de hipótese da ação penal pública condicionada, o parágrafo 4º do art. 5º do CPP estabelece que: "O inquérito, nos crimes em que a ação pública depender de representação, não poderá sem ela ser iniciado" (Brasil, 1941).

Nesse caso, mesmo que o agente seja preso em flagrante, tratando-se de crime cuja ação penal seja pública condicionada à representação da vítima, sem a representação desta, não será permitida a instauração de inquérito policial. O mesmo raciocínio se aplica quanto à necessidade de requisição do Ministro da Justiça (Badaró, 2018).

Isso significa que, embora haja um auto de prisão em flagrante, sem a representação do ofendido não poderá a autoridade policial instaurar inquérito, inclusive na hipótese de ação penal pública condicionada à requisição do Ministro da Justiça.

O ato de o ofendido representar "já servirá como manifestação de vontade do ofendido, satisfazendo a condição de procedibilidade exigida para, futuramente, o Ministério Público oferecer a denúncia sujeita à representação" (Badaró, 2018, p. 137).

Com a representação do ofendido, o inquérito policial será instaurado e prosseguirá sem que seja necessária qualquer intervenção, salvo nos casos em que for chamado para prestar esclarecimentos/depoimento perante a autoridade policial ou em juízo.

O art. 61 da Lei n. 9.099/1995 veio a diminuir a instauração de inquéritos policiais para delitos em que a natureza da ação penal seja pública, pois passou a considerar como "infrações penais de menor potencial ofensivo, para os efeitos desta Lei, as contravenções penais e os crimes a que a lei comine pena máxima não superior a 2 (dois) anos" (Brasil, 1995a), deslocando a competência desses delitos para os Juizados Especiais Criminais. A consequência, para tanto, é que não haverá inquérito policial, somente o termo circunstanciado, conforme dispõe o art. 69 da Lei n. 9.099/1995.

Assim como nos delitos de ação penal pública incondicionada, a notícia do cometimento do delito de natureza pública condicionada poderá chegar à autoridade policial mediante outros meios, devendo o ofendido ser intimado para manifestar o seu desejo de representação sobre os fatos delituosos.

Noutro aspecto, quando o conhecimento do delito chega ao MP na forma do art. 27 do CPP – por meio de qualquer pessoa do povo –, o MP terá suas possibilidades reduzidas, sendo que sem a representação da vítima, não poderá: oferecer a denúncia; instaurar um procedimento investigativo criminal, de caráter pré-processual; e requisitar a instauração do inquérito policial.

Por outro lado, o MP ainda poderá "solicitar o arquivamento (redação original do art. 28 do CPP) ou, quando entrar em vigor a nova redação do art. 28 (suspensa pelo min. Fux), ordenar o arquivamento das peças de informação" (Lopes Jr., 2020, p. 241). Poderá, ainda, oportunizar à vítima para manifestar seu interesse ou não de representar.

Início do inquérito nas ações penais privadas

O início do inquérito policial nas ações penais privada está previsto no art. 5º, parágrafo 5º, do CPP, que assim dispõe:

> Art. 5º Nos crimes de ação pública o inquérito policial será iniciado: [...]
>
> § 5º Nos crimes de ação privada, a autoridade policial somente poderá proceder a inquérito a requerimento de quem tenha qualidade para intentá-la. (Brasil, 1941)

Assim como nas ações penais públicas condicionadas, na ação penal privada não poderá a autoridade policial instaurar inquérito policial sem, no entanto, que haja representação expressa pelo ofendido. Conforme adverte Badaró (2018), tal representação não se confunde com a queixa-crime (que será vista no capítulo sobre a ação penal), pois esta é endereçada ao juízo para a instauração do processo penal.

Quanto à forma, assim como nos delitos de ação penal pública condicionada à representação, "não existe uma forma rígida, mas deverá ser escrito, dirigido à autoridade policial competente (razão da matéria e lugar) e firmado pelo próprio ofendido, seu representante legal (arts. 31 e 33) ou por procurador com poderes especiais" (Lopes Jr., 2020, p. 247).

Quando houver indeferimento da instauração de inquérito policial por parte da autoridade policial, a regra para o recurso também é a mesma aplicada para o requerimento do ofendido nos delitos de ação penal pública, ou seja, a regra prevista no parágrafo 2º do art. 5º do CPP, cujo texto legal fazemos remissão ao apontado no tópico sobre a ação penal pública incondicionada.

Uma advertência é necessária em relação ao prazo para o ofendido requerer a instauração de inquérito. Por mais que seja inexistente um prazo para esse requerimento perante a autoridade policial, o mesmo não se pode dizer do exercício da ação penal privada para iniciar o processo, tendo esta o prazo decadencial de seis meses a contar da ciência do autor dos fatos cf. art. 103 do Código Penal (Decreto-Lei n. 2.848, de 7 de dezembro de 1940; Brasil, 1940) –, sendo que tal prazo não será suspenso ou interrompido com o requerimento perante a autoridade policial, nem com o indeferimento de instauração de inquérito (Lopes Jr., 2020).

Denúncia anônima

O presente tópico se encontra separado dos demais justamente por causa de sua importância.

É preciso distinguir as diligências anteriores do próprio inquérito policial, sendo que as investigações policiais anteriores ao próprio inquérito servem justamente para verificar se há base razoável para acreditar que ocorreu o cometimento de um delito, para, então, ser aberto o inquérito policial.

Esse raciocínio decorre, dentre outros fundamentos, em razão da economia processual e dos prejuízos de a pessoa ser considerada como investigada dentro de um inquérito – remetemos aqui à leitura do Subcapítulo 2.2.5 – "Garantia do processo no prazo razoável" – sobre o ônus suportado pelo sujeito que é acusado no processo penal.

O raciocínio lógico em relação à economia processual se deve ao fato de que, sendo instaurado o inquérito, não poderá a autoridade policial arquivá-lo de ofício, devendo ser enviado ao MP para proceder na forma do art. 28 do CPP. Nesse mesmo sentido, os órgãos policiais não contam com estrutura física e humana para conseguir atender a todas as demandas já existentes (teoricamente, mesmo com diligências anteriores à instauração do inquérito). Imagine-se, então, caso houvesse a obrigatoriedade de instaurar o inquérito policial a cada notícia de um suposto fato delituoso, sem diligências anteriores.

Diante de tais argumentos, a denúncia anônima não poderá servir unicamente como elemento para a instauração de inquérito policial. Além dos motivos recém-elencados, outra razão para isso é que a denúncia anônima é destituída de qualquer valor jurídico, "sendo impossível instaurar o inquérito com base em um ato sem qualquer eficácia jurídica" (Badaró, 2018, p. 138).

A afirmativa de que a denúncia anônima é destituída de qualquer valor jurídico não significa que tal denúncia não sirva à autoridade policial, uma vez que, graças à denúncia, investigações prévias podem ser realizadas, de modo a verificar a veracidade das informações prestadas; consequentemente, caso sejam verdadeiras, a autoridade colherá os elementos a fim de dar suporte à instauração de inquérito.

— 4.4.2 —
Indiciamento

Na fase investigativa, não é possível "se falar em acusado ou réu, senão em suspeito ou indiciado (caso já tenha ocorrido o indiciamento)" (Lopes Jr., 2020, p. 841), pois a nomenclatura *acusado* ou *réu* é adotada somente após o recebimento da denúncia.

O indiciamento, ou o ato de indiciar, corresponde ao ato que a autoridade policial realiza para atribuir ao até então investigado a possível autoria dos fatos mediante elementos de informação colhidos no inquérito, sendo que o "indiciamento pressupõe um grau mais elevado de certeza da autoria que a situação de suspeito" (Lopes Jr., 2020, p. 289).

O problema é que o CPP, apesar de em vários dispositivos fazer menção à figura do indiciado ou ao indiciamento (por exemplo, art. 5º, § 1º, "b"; art. 6º, V, VIII e IX; art. 10, *caput* e § 3º; arts. 14, 15, 21, 23, 125, 134, art. 137; § 2º; art. 282, *caput*, II; art. 317; art. 319, II e III; art. 320; art. 405, § 1º), não tratou de disciplinar efetivamente quando ocorre o ato de indiciar.

O art. 2º, parágrafo 6º, da Lei n. 12.830/2013 trata tão somente da legitimidade de quem poderá realizar o ato de indiciar e em que consiste o indiciamento, nos seguintes termos:

> Art. 2º As funções de polícia judiciária e a apuração de infrações penais exercidas pelo delegado de polícia são de natureza jurídica, essenciais e exclusivas de Estado.
>
> [...]
>
> § 6º O indiciamento, privativo do delegado de polícia, dar-se-á por ato fundamentado, mediante análise técnico-jurídica do fato, que deverá indicar a autoria, materialidade e suas circunstâncias. (Brasil, 2013a)

Por mais que tal dispositivo defina o que é o ato de indiciar, não indica em que momento ocorre o indiciamento, sendo que o dispositivo apenas exige que o ato seja fundamentado, mas a controvérsia sobre em que momento permanece a mesma:

"se no final do inquérito (no relatório) ou no curso da investigação (tão logo surjam elementos que apontem concretamente para alguém)" (Lopes Jr., 2020, p. 328).

Ao que se sabe, portanto, "o indiciamento deve resultar do instante mesmo em que, no inquérito policial instaurado, verificou-se a probabilidade de ser o agente o autor da infração penal" (Lopes Jr., 2020, p. 289), independentemente da fase da investigação preliminar.

De qualquer modo, com a qualidade ou o *status* de indiciado, surgem ônus ao sujeito e, da mesma forma, direitos e garantias durante o inquérito. Por isso, é fundamental que o ato seja formalizado, e o suspeito, agora indiciado, quando ouvido, deverá ser cientificado da atribuição do *status* de indiciado; consequentemente, terá gozo de seus direitos e garantias fundamentais.

Apesar de o CPP não dispor qual é o momento exato em que poderá ser feito o indiciamento, ele pode ocorrer de duas formas: indiciamento direto ou indiciamento indireto.

O indiciamento direto se dá na presença do acusado perante a autoridade policial, sendo realizada a sua identificação civil ou criminal com a possibilidade do exame datiloscópico, nos termos da Lei n. 12.037, de 1º de outubro de 2009 (Brasil, 2009a).

Quando o acusado não é encontrado ou não está presente, ocorre o indiciamento indireto, sendo feita a colheita dos dados da pessoa a ser indiciada com base nos dados de que a autoridade policial dispõe.

Se, por um lado, surgindo base razoável de autoria e materialidade, o suspeito será indiciado, por outro, "desaparecidos os indícios, o indiciamento deve ser tornado sem efeito, com a declaração formal de desindiciamento" (Lopes Jr., 2020, p. 292).

Portanto, havendo uma lacuna normativa acerca de quando será realizado o indiciamento ou quando o suspeito será considerado indiciado, o ato formal em que este passa de suspeito à indiciado é fundamental, com o objetivo de que sejam preservados seus direitos fundamentais.

— 4.4.3 —
Incomunicabilidade do preso

A incomunicabilidade da pessoa presa é objeto de críticas pela doutrina, sendo que, de acordo com o art. 21 do CPP, o indiciado poderia, a depender do interesse da sociedade ou da conveniência da investigação, permanecer incomunicável por até três dias.

O art. 21 do CPP tem a seguinte redação:

> Art. 21. A incomunicabilidade do indiciado dependerá sempre de despacho nos autos e somente será permitida quando o interesse da sociedade ou a conveniência da investigação o exigir.
>
> Parágrafo único. A incomunicabilidade, que não excederá de três dias, será decretada por despacho fundamentado do Juiz, a requerimento da autoridade policial, ou do órgão do Ministério Público, respeitado, em qualquer hipótese,

o disposto no artigo 89, inciso III, do Estatuto da Ordem dos Advogados do Brasil. (Brasil, 1941)

Ao que consta, esse artigo faz referência ao antigo art. 89 do Estatuto da OAB

> São direitos do advogado e do provisionado: [...]
>
> III – comunicar-se, pessoal e reservadamente com os seus clientes, ainda quando estes se achem presos ou detidos em estabelecimento civil ou militar, mesmo incomunicáveis. (Brasil, 1963)

Contudo, tal dispositivo foi revogado pela Lei n. 8.906/1994 (Brasil, 1994a), que instituiu o Estatuto da OAB vigente, passando a constar a garantia de acesso do advogado ao seu cliente no art. 7º, inciso III, com a seguinte redação:

> Art. 7º São direitos do advogado: [...]
>
> III – comunicar-se com seus clientes, pessoal e reservadamente, mesmo sem procuração, quando estes se acharem presos, detidos ou recolhidos em estabelecimentos civis ou militares, ainda que considerados incomunicáveis. (Brasil, 1994a)

Mesmo possibilitando o acesso do preso a seu defensor, tal dispositivo não foi recepcionado pela Constituição da República, uma vez que o art. 5º, inciso LXIII, da Lei Maior estabelece a garantia de assistência da família e do advogado, nos seguintes termos:

> Art. 5º Todos são iguais perante a lei, sem distinção de qualquer natureza, garantindo-se aos brasileiros e aos estrangeiros residentes no País a inviolabilidade do direito à vida, à liberdade, à igualdade, à segurança e à propriedade, nos termos seguintes: [...]
>
> LXIII – o preso será informado de seus direitos, entre os quais o de permanecer calado, sendo-lhe assegurada a assistência da família e de advogado. (Brasil, 1988)

Do mesmo modo, outro argumento sustentado pela Constituição não recepcionou o art. 21 do CPP. Pelo art. 136, parágrafo 3º, inciso IV, da Lei Fundamental, até mesmo na hipótese de estado de sítio ou estado de defesa, é vedada a incomunicabilidade do preso.

Dessa forma, analisando o art. 136, parágrafo 3º, inciso IV, da Constituição da República em confronto com o art. 21 do CPP, de acordo com Badaró (2018, p. 149): "se mesmo no estado de sítio, em que há previsão de várias restrições de garantias fundamentais, não é possível decretar a incomunicabilidade do preso, no regime de normalidade institucional, com maior razão, não há que cogitar de incomunicabilidade".

É válido relembrar que toda e qualquer norma infraconstitucional deve ser interpretada de acordo com os preceitos constitucionais, pois, sendo a Constituição hierarquicamente superior a todas as outras normas no ordenamento jurídico interno, qualquer norma deve guardar coerência com ela, sob pena de ser declarada a sua incompatibilidade e/ou inconstitucionalidade, como é o caso do art. 21 do CPP.

— 4.5 —
Diligências da autoridade policial e a cadeia de custódia

Conforme verificamos, a informação sobre o cometimento de um delito pode chegar ao conhecimento da autoridade policial por diversas formas, seja mediante requisição do MP, do ofendido ou de seu representante, seja pela população de forma geral ou, até mesmo, por denúncia anônima.

Em se tratando de requisição realizada pelo MP, a autoridade policial estará obrigada a instaurar o inquérito e efetuar diligências de modo a obter informações sobre a autoria e existência do delito.

Nas outras hipóteses, a autoridade policial deverá efetuar uma série de diligências de modo a apurar a veracidade dos fatos, bem como colher os elementos suficientes da existência de autoria e materialidade, conforme será visto a seguir.

Anteriormente à Lei n. 13.964/2019 (Brasil, 2019b), as diligências a serem realizadas pela autoridade policial após o conhecimento da prática de uma infração penal praticamente estavam concentradas no art. 6º do CPP. Porém, após a referida lei, além do art. 6º, foi inserida a cadeia de custódia entre os arts. 158-A e 158-F do CPP.

A definição do que pode ser considerado como cadeia de custódia é trazida no próprio art. 158-A, *caput*, do CPP, que assim dispõe:

> Considera-se cadeia de custódia o conjunto de todos os procedimentos utilizados para manter e documentar a história cronológica do vestígio coletado em locais ou em vítimas de crimes, para rastrear sua posse e manuseio a partir de seu reconhecimento até o descarte. (Brasil, 1941)

Para fins metodológicos, dividiremos a análise das diligências a serem realizadas pela autoridade policial em duas: atividades internas e atividades externas.

— 4.5.1 —
Das diligências internas e a identificação criminal

Basicamente, podemos classificar como *atividades internas* aquelas previstas entre os incisos IV e X do art. 6º do CPP, que compreendem (Brasil, 1941):

- promover a oitiva do ofendido (IV);
- promover a oitiva do indiciado (V);

- proceder ao reconhecimento de pessoas, coisas e realização de acareações (VI);
- caso necessário, determinar a produção de exame de corpo de delito ou outra perícia (VII);
- ordenar a identificação do indiciado pelo processo datiloscópico (caso seja possível) (VIII);
- verificar a vida pregressa do indiciado (IX), além da existência de filhos deste (X).

A oitiva do ofendido ou de eventuais testemunhas será reduzida a termo (conforme o art. 9º do CPP), sendo os depoimentos tomados perante o delegado de polícia.

Conforme demonstramos, uma das diligências a serem adotadas pela autoridade policial quando possui conhecimento da prática da infração é proceder à identificação criminal do indiciado (art. 6º, VIII, CPP).

A Súmula n. 568 do STF (aprovada em 15 de dezembro de 1976) prevê que: "A identificação criminal não constitui constrangimento ilegal, ainda que o indiciado já tenha sido identificado civilmente" (Brasil, 1977).

Porém, com a Constituição da República de 1988, a regra geral foi estabelecida pelo art. 5º, inciso LVIII, que menciona o seguinte: "O civilmente identificado não será submetido à identificação criminal, salvo nas hipóteses previstas em lei" (Brasil, 1988). Porém, a Súmula n. 568 do STF ainda continua em vigor.

Em relação à identificação do indiciado, a regulamentação encontra respaldo legal na Lei n. 12.037/2009 (Brasil, 2009a), que estabelece em seu primeiro artigo, como regra geral, que "O civilmente identificado não será submetido à identificação criminal, salvo nos casos previstos nesta Lei".

É importante mencionar que a identificação civil difere da identificação criminal, sendo que, para fins de identificação civil, de acordo com o art. 2º da citada lei, serão suficientes para sua identificação a apresentação de algum dos seguintes documentos: "I – carteira de identidade; II – carteira de trabalho; III – carteira profissional; IV – passaporte; V – carteira de identificação funcional; VI – outro documento público que permita a identificação do indiciado" (Brasil, 2009a).

A Lei n. 12.037/2009 também estabelece as hipóteses nas quais poderá ocorrer a identificação criminal, nas seguintes situações:

> Art. 3º Embora apresentado documento de identificação, poderá ocorrer identificação criminal quando:
>
> I – o documento apresentar rasura ou tiver indício de falsificação;
>
> II – o documento apresentado for insuficiente para identificar cabalmente o indiciado;
>
> III – o indiciado portar documentos de identidade distintos, com informações conflitantes entre si;
>
> IV – a identificação criminal for essencial às investigações policiais, segundo despacho da autoridade judiciária competente,

que decidirá de ofício ou mediante representação da autoridade policial, do Ministério Público ou da defesa;

V – constar de registros policiais o uso de outros nomes ou diferentes qualificações;

VI – o estado de conservação ou a distância temporal ou da localidade da expedição do documento apresentado impossibilite a completa identificação dos caracteres essenciais.

Parágrafo único. As cópias dos documentos apresentados deverão ser juntadas aos autos do inquérito, ou outra forma de investigação, ainda que consideradas insuficientes para identificar o indiciado. (Brasil, 2009a)

Identificando-se alguma dessas hipóteses, de acordo com o art. 4º da Lei n. 12.037/2009, a autoridade policial procederá à identificação criminal, evitando o constrangimento do indiciado, adotando os procedimentos previstos no art. 5º dessa mesma lei, que assim prevê:

Art. 5º A identificação criminal incluirá o processo datiloscópico e o fotográfico, que serão juntados aos autos da comunicação da prisão em flagrante, ou do inquérito policial ou outra forma de investigação.

Parágrafo único. Na hipótese do inciso IV do art. 3o, a identificação criminal poderá incluir a coleta de material biológico para a obtenção do perfil genético. (Brasil, 2009a)

Conforme o texto legal, as hipóteses de identificação criminal são: exame datiloscópico, exame fotográfico e perfil genético.

Em síntese, podemos afirmar que o exame datiloscópico consiste na análise pericial por meio do confronto entre as impressões digitais do indiciado e as contidas no banco de dados.

A identificação mediante fotografia poderá ser feita com fotografia do indiciado e outra que possa eventualmente estar no banco de dados da autoridade policial.

Sobre o banco de dados, a Lei n. 13.964/2019 incluiu o art. 7º-C, que possui a seguinte redação:

> Art. 7º-C. Fica autorizada a criação, no Ministério da Justiça e Segurança Pública, do Banco Nacional Multibiométrico e de Impressões Digitais.
>
> § 1º A formação, a gestão e o acesso ao Banco Nacional Multibiométrico e de Impressões Digitais serão regulamentados em ato do Poder Executivo federal.
>
> § 2º O Banco Nacional Multibiométrico e de Impressões Digitais tem como objetivo armazenar dados de registros biométricos, de impressões digitais e, quando possível, de íris, face e voz, para subsidiar investigações criminais federais, estaduais ou distritais
>
> § 3º O Banco Nacional Multibiométrico e de Impressões Digitais será integrado pelos registros biométricos, de impressões digitais, de íris, face e voz colhidos em investigações criminais ou por ocasião da identificação criminal.

§ 4º Poderão ser colhidos os registros biométricos, de impressões digitais, de íris, face e voz dos presos provisórios ou definitivos quando não tiverem sido extraídos por ocasião da identificação criminal.

§ 5º Poderão integrar o Banco Nacional Multibiométrico e de Impressões Digitais, ou com ele interoperar, os dados de registros constantes em quaisquer bancos de dados geridos por órgãos dos Poderes Executivo, Legislativo e Judiciário das esferas federal, estadual e distrital, inclusive pelo Tribunal Superior Eleitoral e pelos Institutos de Identificação Civil.

§ 6º No caso de bancos de dados de identificação de natureza civil, administrativa ou eleitoral, a integração ou o compartilhamento dos registros do Banco Nacional Multibiométrico e de Impressões Digitais será limitado às impressões digitais e às informações necessárias para identificação do seu titular.

§ 7º A integração ou a interoperação dos dados de registros multibiométricos constantes de outros bancos de dados com o Banco Nacional Multibiométrico e de Impressões Digitais ocorrerá por meio de acordo ou convênio com a unidade gestora.

§ 8º Os dados constantes do Banco Nacional Multibiométrico e de Impressões Digitais terão caráter sigiloso, e aquele que permitir ou promover sua utilização para fins diversos dos previstos nesta Lei ou em decisão judicial responderá civil, penal e administrativamente.

§ 9º As informações obtidas a partir da coincidência de registros biométricos relacionados a crimes deverão ser consignadas em laudo pericial firmado por perito oficial habilitado.

> § 10. É vedada a comercialização, total ou parcial, da base de dados do Banco Nacional Multibiométrico e de Impressões Digitais.
>
> § 11. A autoridade policial e o Ministério Público poderão requerer ao juiz competente, no caso de inquérito ou ação penal instaurados, o acesso ao Banco Nacional Multibiométrico e de Impressões Digitais. (Brasil, 2019b)

Assim, houve a ampliação das formas de identificação criminal e a criação de banco de dados, permitindo que, além do exame datiloscópico e da extração do DNA, sejam coletados registros das impressões digitais, da íris, da face e da voz.

Se necessário, a autoridade policial ou o MP poderão requerer ao juiz o acesso ao Banco Nacional Multibiométrico e de Impressões Digitais, para que seja feito o confronto dos registros biométricos com o acusado ou investigado, devendo tal confronto ser realizado por laudo pericial firmado por perito oficial habilitado.

Em relação ao perfil genético, o art. 5º-A da Lei 12.037/2009 possui a seguinte redação:

> Art. 5º-A. Os dados relacionados à coleta do perfil genético deverão ser armazenados em banco de dados de perfis genéticos, gerenciado por unidade oficial de perícia criminal.
>
> § 1º As informações genéticas contidas nos bancos de dados de perfis genéticos não poderão revelar traços somáticos ou comportamentais das pessoas, exceto determinação genética de

gênero, consoante as normas constitucionais e internacionais sobre direitos humanos, genoma humano e dados genéticos.

§ 2º Os dados constantes dos bancos de dados de perfis genéticos terão caráter sigiloso, respondendo civil, penal e administrativamente aquele que permitir ou promover sua utilização para fins diversos dos previstos nesta Lei ou em decisão judicial.

§ 3º As informações obtidas a partir da coincidência de perfis genéticos deverão ser consignadas em laudo pericial firmado por perito oficial devidamente habilitado. (Brasil, 2009a)

Cabe esclarecer que, para ser realizada a coleta do material biológico do indiciado, além de ser devidamente necessário, deverá ser demonstrado que não há outro meio menos gravoso de alcançar o fim pretendido (Badaró, 2018). A esse respeito, de acordo com Lopes Jr. (2020, p. 696), "incidem aqui os limites do princípio da especialidade da prova, limitando o nexo causal legitimante ao caso penal investigado".

O material biológico coletado (sangue, cabelo, sêmen etc.) será armazenado em banco de dados sigilosos e, em caso de término do prazo prescricional do crime investigado, não oferecimento da denúncia, rejeição ou absolvição transitada em julgado, deverá o perfil genético ser excluído do banco de dados. Ainda, caso condenado, o perfil genético deverá ser excluído, mediante requerimento, após decorridos vinte anos do cumprimento da pena – cf. arts. 7º, 7º-A e 7º-B da Lei n. 12.037/2009 (Brasil, 2009a).

— 4.5.2 —
Das diligências externas e a cadeia de custódia

Em relação às atividades aqui classificadas como externas, a leitura do art. 6º, incisos I ao III, do CPP, deve ser feita e interpretada em conjunto com os artigos da cadeia de custódia (art. 158-A ao 158-F, CPP).

Primeiramente, cabe a análise do que dispõem os incisos I ao III do art. 6º do CPP:

> Art. 6º Logo que tiver conhecimento da prática da infração penal, a autoridade policial deverá:
>
> I – dirigir-se ao local, providenciando para que não se alterem o estado e conservação das coisas, até a chegada dos peritos criminais;
>
> II – apreender os objetos que tiverem relação com o fato, após liberados pelos peritos criminais;
>
> III – colher todas as provas que servirem para o esclarecimento do fato e suas circunstâncias; [...]. (Brasil, 1941)

Essas diligências se referem a situações que, comumente, acabaram de acontecer, tendo a autoridade policial de se deslocar até o local da infração logo que obtém a informação sobre a ocorrência do fato delituoso.

Nesse momento, o estudo sobre a cadeia de custódia se torna fundamental, já que, conforme o art. 158-A do CPP, ela trata do "conjunto de todos os procedimentos utilizados para manter e documentar a história cronológica do vestígio coletado em locais ou em vítimas de crimes [...]" (Brasil, 1941). Tal documentação serve para rastrear a posse e o manuseio de tais elementos colhidos, conferindo fidedignidade aos elementos coletados no local do crime.

Sob essa perspectiva, a teor do inciso I do art. 6º do CPP, tendo conhecimento da infração, a autoridade policial deverá se dirigir ao local do delito, sendo que, em seguida, dar-se-á início à cadeia de custódia nos termos do parágrafo 1º do art. 158-A do CPP, que assim dispõe: "O início da cadeia de custódia dá-se com a preservação do local de crime ou com procedimentos policiais ou periciais nos quais seja detectada a existência de vestígio" (Brasil, 1941).

Ao chegar ao local, de acordo com o art. 158-A, parágrafo 2º do CPP, a autoridade policial, ao constatar algum "elemento como de potencial interesse para a produção da prova pericial fica responsável por sua preservação" (Brasil, 1941), sendo realizada a leitura em conjunto com o inciso I do art. 6º do CPP, o qual determina que a autoridade policial deverá conservar o estado de coisas até a chegada dos peritos criminais.

Após as diligências realizadas pelos peritos criminais, a teor dos incisos II e III do art. 6º do CPP, a princípio a autoridade policial deveria apreender os objetos que tiverem relação com o fato delituoso, colhendo todas as provas que servirem para o esclarecimento do fato delituoso. Porém, o art. 158-C, *caput*, do

CPP modificou tal sistemática, manifestando que a coleta dos vestígios será realizada, preferencialmente, por perito oficial, e não mais pela autoridade policial, conforme exposto a seguir:

> Art. 158-C. A coleta dos vestígios deverá ser realizada preferencialmente por perito oficial, que dará o encaminhamento necessário para a central de custódia, mesmo quando for necessária a realização de exames complementares. (Brasil, 1941)

O art. 158-A, parágrafo 3º, do CPP esclarece sobre o que poderão ser considerados vestígios relacionados ao delito: "todo objeto ou material bruto, visível ou latente, constatado ou recolhido, que se relaciona à infração penal" (Brasil, 1941).

Nessa sistemática, portanto, os peritos oficiais deverão ficar responsáveis pela coleta dos vestígios no local do delito, que deverá ser preservado até a liberação pelos peritos, sendo vedada a entrada nos locais isolados, bem como qualquer remoção dos vestígios antes de tal liberação, sob pena de ser considerado fraude processual, conforme dispõe o parágrafo 2º do art. 158-C do CPP.

Realizada a diligência pelos peritos oficiais e recolhidos os vestígios, a teor do parágrafo 1º do art. 158-C do CPP, o órgão central de perícia oficial de natureza criminal ficará responsável por detalhar a forma de cumprimento das diligências adotadas e o recolhimento dos vestígios, sendo reduzido a termo tal detalhamento.

Em relação aos vestígios coletados, estes deverão ser encaminhados à central de custódia do Instituto de Criminalística, conforme dispõe o art. 158-E, *caput*, do CPP.

Acerca dos procedimentos a serem adotados pela cadeia de custódia, os parágrafos do art. 158-E, bem como o art. 158-F, ambos do CPP, assim estabelecem:

> Art. 158-E. Todos os Institutos de Criminalística deverão ter uma central de custódia destinada à guarda e controle dos vestígios, e sua gestão deve ser vinculada diretamente ao órgão central de perícia oficial de natureza criminal.
>
> § 1º Toda central de custódia deve possuir os serviços de protocolo, com local para conferência, recepção, devolução de materiais e documentos, possibilitando a seleção, a classificação e a distribuição de materiais, devendo ser um espaço seguro e apresentar condições ambientais que não interfiram nas características do vestígio.
>
> § 2º Na central de custódia, a entrada e a saída de vestígio deverão ser protocoladas, consignando-se informações sobre a ocorrência no inquérito que a eles se relacionam.
>
> § 3º Todas as pessoas que tiverem acesso ao vestígio armazenado deverão ser identificadas e deverão ser registradas a data e a hora do acesso.
>
> § 4º Por ocasião da tramitação do vestígio armazenado, todas as ações deverão ser registradas, consignando-se a identificação do responsável pela tramitação, a destinação, a data e horário da ação.

Art. 158-F. Após a realização da perícia, o material deverá ser devolvido à central de custódia, devendo nela permanecer.

Parágrafo único. Caso a central de custódia não possua espaço ou condições de armazenar determinado material, deverá a autoridade policial ou judiciária determinar as condições de depósito do referido material em local diverso, mediante requerimento do diretor do órgão central de perícia oficial de natureza criminal. (Brasil, 1941)

Todas as diligências adotadas na cadeia de custódia visam garantir a fidedignidade e a preservação das fontes de prova, desde o momento de sua coleta no local do delito ou da perícia realizada até o final do processo. Em outras palavras, "quer-se impedir a manipulação indevida da prova com o propósito de incriminar (ou isentar) alguém de responsabilidade, com vistas a obter a melhor qualidade da decisão judicial e impedir uma decisão injusta" (Lopes Jr., 2020, p. 655).

As consequências da existência da cadeia de custódia são diversas, e vamos analisar ao menos três delas. A primeira diz respeito à credibilidade da prova, que não depende mais da análise subjetiva da boa ou má-fé dos agentes policiais, sendo que tal "subjetividade deve dar lugar a critérios objetivos, empiricamente comprováveis, que independam da prova de má-fé ou "bondade e lisura" do agente estatal" (Lopes Jr., 2020, p. 656).

A segunda consequência lógica decorre da primeira, sendo que a cadeia de custódia e critérios mais objetivos favorecem a diminuição da discricionariedade judicial, "fazendo com que a decisão não dependa da valoração do juiz acerca da interioridade/subjetividade dos agentes estatais" (Lopes Jr., 2020, p. 656).

A terceira se dá em relação à obtenção de provas "fora do processo" e de como elas devem ser valoradas quando trazidas ao processo, ou seja, nos casos em que não passaram pela cadeia de custódia, "como as interceptações telefônicas ou o DNA. [...] Nestas situações, por serem obtidas 'fora do processo', é crucial que se demonstre de forma documentada a cadeia de custódia e toda a trajetória feita, da coleta até a inserção no processo e valoração judicial" (Lopes Jr., 2020, p. 656).

A cadeia de custódia e a preservação da prova fortalecem a estrutura acusatória do processo penal, uma vez que possibilitam o exercício do contraditório e da ampla defesa da prova colhida, conferindo às partes amplo acesso às fontes de prova, e não somente ao que foi selecionado pela acusação.

Como a cadeia de custódia funciona primordialmente para resguardar as provas colhidas no inquérito, de modo que as partes possam, além de checar as suas fontes, verificar o caminho que tais elementos colhidos percorreram, a quebra da cadeia de custódia (não obediência aos trâmites exigidos pela legislação) ocasiona "proibição de valoração probatória com a consequente exclusão física dela e de toda a derivada" (Lopes Jr., 2020, p. 660), já que a prova produzida será considerada ilícita nos termos do art. 157 do CPP.

— 4.6 —
Término do inquérito e arquivamento

Os temas relativos ao término do inquérito policial e ao seu arquivamento são anteriores ao da ação penal, pois precedem o oferecimento da denúncia realizado pelo MP. Assim, cabe a análise acerca da forma de finalização do inquérito policial pela autoridade policial, bem como sobre quem poderá determinar o seu arquivamento pela ausência de provas suficientes para o oferecimento da denúncia.

Ademais, destacamos que o término do inquérito policial, a princípio, encerra as atividades da autoridade policial, sendo que os autos são remetidos ao MP para formação da *opinio delicti*.

A decisão de arquivamento do inquérito policial é estudada metodologicamente antes do tema da ação penal, em virtude de que só poderemos falar em *ação penal* quando do oferecimento da denúncia pelo MP. Portanto, o arquivamento do inquérito policial não está inserido dentro da temática da ação penal.

— 4.6.1 —
Término do inquérito policial

Após a adoção de todas as diligências, a autoridade policial deverá finalizar o inquérito por meio de relatório minucioso e escrito (art. 10, § 1º, CPP), no qual deve relatar todas as diligências empregadas pela autoridade policial. Porém, conforme expõe Badaró (2018, p. 150), "no relatório não deverá haver juízo de valor sobre a culpabilidade e a antijuridicidade, mas apenas uma descrição objetiva dos fatos".

Em relação ao prazo de conclusão do inquérito policial, a regra geral segue o art. 10 do CPP, que assim dispõe:

> Art. 10. O inquérito deverá terminar no prazo de 10 dias, se o indiciado tiver sido preso em flagrante, ou estiver preso preventivamente, contado o prazo, nesta hipótese, a partir do dia em que se executar a ordem de prisão, ou no prazo de 30 dias, quando estiver solto, mediante fiança ou sem ela. (Brasil, 1941)

Contudo, o prazo para a conclusão do inquérito – de 30 dias se o indiciado estiver solto ou de dez dias se estiver preso – poderá ser prorrogado se o MP entender que são necessárias as diligências para oferecimento da denúncia (art. 16, CPP). Ainda, na hipótese de o fato ser de difícil elucidação, a autoridade policial poderá requerer ao MP a devolução dos autos para promover diligências, bem como a prorrogação do prazo (art. 10, § 3º, CPP).

Na hipótese de o MP requerer o retorno dos autos para a delegacia de polícia para diligências necessárias ao oferecimento da denúncia, o indiciado não poderá estar preso preventivamente (art. 312, CPP), uma vez que, para a decretação da prisão preventiva, é necessário que existam indícios mínimos de autoria e de prova da materialidade.

Ressalvada a regra geral, alguns diplomas legais disciplinam um prazo diferenciado para a conclusão do inquérito policial.

A Lei n. 11.343, de 23 de agosto de 2006 (Brasil, 2006), conhecida como *Lei de Drogas*, estabelece o prazo de 30 dias se o indiciado estiver preso e de 90 dias se ele estiver solto, conforme o art. 1, *caput*. Os prazos podem ser duplicados nos termos do art. 51, parágrafo único, da mesma lei.

No âmbito federal, a polícia federal terá o prazo de 15 dias se o indiciado estiver preso (podendo ser prorrogado por mais 15 dias); se o indiciado estiver solto, será aplicada a regra geral, conforme o art. 66, *caput*, da Lei n. 5.010, de 30 de maio de 1966 (Brasil, 1966).

Por outro lado, a Lei n. 8.072, de 25 de julho de 1990 (Brasil, 1990a), também chamada de *Lei de Crimes Hediondos*, estabelece o prazo de 30 dias para a duração da prisão temporária do indiciado, podendo ser prorrogado por mais 30 dias, conforme art. 2º, parágrafo 4º da lei. Extrai-se desse artigo o prazo para o encerramento do inquérito policial, pois a prisão temporária somente poderá ser decretada durante a fase do inquérito, o que nos sugere que a autoridade policial dispõe de 30 dias para o encerramento do inquérito, o qual pode ser prorrogado por mais 30 dias (Badaró, 2018).

Após o inquérito policial ser instaurado, não caberá à autoridade policial determinar o seu arquivamento, de acordo com o exposto no art. 17 do CPP.

Assim, sendo encerrado o inquérito por meio do relatório escrito, os autos serão enviados para o MP (quando este for titular da ação penal), para decidir sobre o arquivamento do inquérito ou o oferecimento da denúncia.

Quanto ao arquivamento do inquérito policial, tal tema será nosso objeto de análise no próximo tópico, por conta de várias modificações que, a princípio, foram realizadas pela Lei n. 13.964/2019 (Brasil, 2019b).

— 4.6.2 —
A decisão de arquivamento do inquérito policial

Com o relatório da autoridade policial sobre um delito de ação penal pública, os autos de inquérito policial serão enviados diretamente ao MP, sendo que o Promotor de Justiça verificará primeiramente se todas as diligências foram realizadas pela autoridade policial em busca da apuração dos fatos e, em caso positivo, deverá identificar se é caso de arquivamento do inquérito ou, chegando à conclusão de que há indícios mínimos de autoria e prova da materialidade, de oferecer a denúncia.

Em relação à decisão de arquivamento, com a Lei n. 13.964/2019 e a inserção do art. 28 no CPP, a sistemática de como o inquérito policial será arquivado modificou-se substancialmente. Contudo, assim como a estrutura acusatória do processo (art. 3º-A, CPP), do juiz das garantias (arts. 3º-B a 3º-F, CPP) e de outras alterações, a questão em torno do arquivamento do inquérito (art. 28, CPP) também foi alterada. Na data de 22 de janeiro de 2020, o Ministro do STF, Luiz Fux, em decisão na Liminar na Medida Cautelar nas ADIs n. 6.298, 6.299, 6.300 e 6.305 (Brasil, 2020a, 2020b, 2020c, 2020d), suspendeu a eficácia de alguns dispositivos alterados pela Lei n. 13.964/2019, dentre eles alguns afetivos à temática a ser abordada no presente tópico (art. 28, CPP). Assim, enquanto for mantida a decisão liminar, a realidade para a temática permanecerá a anterior à edição da referida legislação.

Dessa forma, dividiremos a abordagem entre antes e depois da Lei n. 13.964/2019, pois, enquanto mantida a decisão liminar mencionada, estará em vigor o sistema antigo de arquivamento.

A decisão de arquivamento do inquérito policial antes da Lei n. 13.964/2019

Conforme já salientamos, de acordo com o art. 17 do CPP (Decreto-Lei n. 3.689/1941), estará vedada à autoridade policial mandar arquivar o inquérito, tendo que obrigatoriamente enviar os autos para o MP, que realizará a avaliação sobre o caso e decidirá entre a promoção do arquivamento ou o oferecimento da denúncia (nos casos de delito de ação penal pública).

O arquivamento do inquérito policial ocorre quando os elementos colhidos no inquérito policial não fornecem uma base razoável para que seja iniciado efetivamente o processo. Ou seja, o arquivamento do inquérito policial somente poderá ocorrer quando não for possível obter provas em relação à materialidade e não houver indícios suficientes de autoria delitiva.

Nessa perspectiva, antes da alteração da Lei n. 13.964/2019, o art. 28 do CPP possuía a seguinte redação:

> Art. 28. Se o órgão do Ministério Público, ao invés de apresentar a denúncia, requerer o arquivamento do inquérito policial ou de quaisquer peças de informação, o juiz, no caso de considerar improcedentes as razões invocadas, fará remessa do inquérito ou peças de informação ao Procurador-Geral, e este oferecerá a denúncia, designará outro órgão do Ministério Público para oferecê-la, ou insistirá no pedido de arquivamento, ao qual só então estará o juiz obrigado a atender. (Brasil, 1941)

Sob essa sistemática, vigente enquanto perdurar a decisão liminar na Medida Cautelar nas ADIs citadas anteriormente, o MP não possuirá poderes para arquivar o inquérito policial, mas apenas para requerer o seu arquivamento para o julgador. Portanto, quem tem poderes para determinar o arquivamento do inquérito policial é a autoridade judiciária, conforme também dispõe o art. 18 do CPP: "Depois de ordenado o arquivamento do inquérito pela autoridade judiciária, por falta de base para a denúncia, a autoridade policial poderá proceder a novas pesquisas, se de outras provas tiver notícia" (Brasil, 1941).

Assim, o controle sobre o arquivamento do inquérito policial é realizado pelo Poder Judiciário. Consequentemente, caso o julgador possua opinião diversa do MP – ou seja, que o inquérito policial não poderia ser arquivado, a teor do art. 28 do CPP –, remeterá os autos ao Procurador-Geral de Justiça, que possui três opções: "(1) ele próprio oferecerá a denúncia; (2) designará outro Promotor de Justiça para oferecê-la; (3) insistirá no arquivamento" (Badaró, 2018, p. 153).

Em relação à segunda opção, acerca da designação de outro Promotor de Justiça para oferecer a denúncia, não poderá ser determinada a remessa dos autos ao mesmo promotor que se manifestou pelo arquivamento do inquérito, pois "isso violaria a independência funcional do promotor" (Badaró, 2018, p. 153).

Se o Procurador-Geral de Justiça insistir no arquivamento do inquérito, sendo o MP titular da ação penal, não restará outra alternativa ao julgador senão determinar o arquivamento do inquérito.

A exceção quanto ao envio dos autos ao Procurador-Geral de Justiça e à decisão sobre o arquivamento ser tomada pelo próprio procurador ocorre no âmbito da Justiça Federal, uma vez, que, recebendo os autos, o Procurador-Geral não poderá decidir sobre o arquivamento, devendo remeter os autos à análise a uma das "Câmaras de Coordenação e Revisão do Ministério Público Federal" (Badaró, 2018, p. 153), conforme disposições do art. 62, inciso IV, da Lei Complementar n. 75/1993 (Brasil, 1993a).

Sendo determinado o arquivamento do inquérito, não poderá o MP oferecer denúncia sem que haja provas novas, conforme dispõem o art. 18 do CPP (já mencionado) e a Súmula n. 524 do STF: "Arquivado o inquérito policial, por despacho do juiz, a requerimento do promotor de justiça, não pode a ação penal ser iniciada, sem novas provas" (Brasil, 1969e). E mais, tais provas devem se referir "a elementos novos pertinentes ao fato e à autoria e não a circunstâncias acidentais ou externas, que não influem nesses elementos" (Greco Filho, 2019, p. 116).

Do mesmo modo, o inquérito policial não poderá ser desarquivado sem a notícia de novas provas, ou seja, não poderá ocorrer o desarquivamento do inquérito policial sem fatos novos, não constantes no inquérito arquivado, "isso porque a decisão de arquivamento tem sua estabilidade condicionada ao estado em que foi proferida" (Badaró, 2018, p. 154).

A crítica da doutrina em relação a essa sistemática de arquivamento do inquérito era que retirar das mãos do acusador a decisão sobre o arquivamento do inquérito, passando tal decisão ao julgador, violaria diretamente as separações de acusar e julgar, isto é, a imparcialidade do julgador (pois, em regra, oferecida a denúncia pelo procurador ou novo promotor, quem julgaria o caso era o mesmo magistrado), e, consequentemente, violaria também a estrutura acusatória e dialética do processo penal (Lopes Jr., 2020).

Contrariamente à posição lançada, Greco Filho (2019) menciona que o julgador não interfere na atividade acusatória, já que apenas remete os autos de inquérito policial ao próprio órgão do MP, que decidirá sobre o arquivamento ou não do referido inquérito, preservando, assim, a estrutura acusatória e a imparcialidade do julgador.

A decisão de arquivamento do inquérito policial depois da Lei n. 13.964/2019

Relembrando a advertência do art. 28 do CPP pela decisão liminar na Medida Cautelar nas ADIs n. 6.298, 6.299, 6.300 e 6.305 (Brasil, 2020a, 2020b, 2020c, 2020d), cabe a análise da nova redação conferida ao dispositivo pela Lei n. 13.964/2019:

> Art. 28. Ordenado o arquivamento do inquérito policial ou de quaisquer elementos informativos da mesma natureza, o órgão do Ministério Público comunicará à vítima, ao investigado e à autoridade policial e encaminhará os autos para a instância de revisão ministerial para fins de homologação, na forma da lei.
>
> § 1º Se a vítima, ou seu representante legal, não concordar com o arquivamento do inquérito policial, poderá, no prazo de 30 (trinta) dias do recebimento da comunicação, submeter a matéria à revisão da instância competente do órgão ministerial, conforme dispuser a respectiva lei orgânica.
>
> § 2º Nas ações penais relativas a crimes praticados em detrimento da União, Estados e Municípios, a revisão do arquivamento do inquérito policial poderá ser provocada pela chefia do órgão a quem couber a sua representação judicial. (Brasil, 2019b)

Assim, em virtude da modificação do art. 28 do CPP, retirou-se a figura do juiz na análise do arquivamento do inquérito policial. Dessa forma, o MP, fundamentadamente, poderá ordenar o arquivamento do inquérito policial, comunicando a vítima, o investigado e a autoridade policial.

Essa decisão de arquivamento, por mais que ausente um controle judicial, deverá ser devidamente motivada pelo MP, pois, no ordenamento jurídico brasileiro, "vigoram (ainda que com alguma mitigação) os princípios da obrigatoriedade e indisponibilidade da ação penal de iniciativa pública, de modo que ele precisará fundamentar os motivos do arquivamento, não sendo uma pura e simples faculdade" (Lopes Jr., 2020, p. 307).

Caso a vítima ou seu representante legal discordem do arquivamento, poderão, no prazo de 30 dias do recebimento da comunicação da decisão de arquivamento, submeter a matéria à revisão da instância competente do órgão ministerial.

Por seu turno, caso não haja manifestação da vítima, os autos serão automaticamente enviados para a instância de revisão ministerial, que, ao chegar à mesma conclusão do promotor responsável, homologará o arquivamento.

Já se a conclusão for distinta, o órgão revisor do MP designará outro Promotor de Justiça para que ofereça a denúncia ou, entendendo que restam diligências a serem realizadas para esclarecimento dos fatos, poderá requerer o cumprimento de diligências complementares.

Após arquivar o inquérito policial, as regras para seu desarquivamento são as mesmas que as da redação anterior à Lei n. 13.964/2019.

— 4.7 —
Acordo de não persecução penal

Outra alteração promovida pela Lei n. 13.964/2019 foi a inserção do art. 28-A do CPP, estabelecendo a possibilidade do acordo de não persecução penal nos seguintes termos:

> Art. 28-A. Não sendo caso de arquivamento e tendo o investigado confessado formal e circunstancialmente a prática de infração penal sem violência ou grave ameaça e com pena mínima inferior a 4 (quatro) anos, o Ministério Público poderá propor acordo de não persecução penal, desde que necessário e suficiente para reprovação e prevenção do crime, mediante as seguintes condições ajustadas cumulativa e alternativamente:
>
> I – reparar o dano ou restituir a coisa à vítima, exceto na impossibilidade de fazê-lo;
>
> II – renunciar voluntariamente a bens e direitos indicados pelo Ministério Público como instrumentos, produto ou proveito do crime;
>
> III – prestar serviço à comunidade ou a entidades públicas por período correspondente à pena mínima cominada ao delito diminuída de um a dois terços, em local a ser indicado pelo

juízo da execução, na forma do art. 46 do Decreto-Lei nº 2.848, de 7 de dezembro de 1940 (Código Penal);

IV – pagar prestação pecuniária, a ser estipulada nos termos do art. 45 do Decreto-Lei nº 2.848, de 7 de dezembro de 1940 (Código Penal), a entidade pública ou de interesse social, a ser indicada pelo juízo da execução, que tenha, preferencialmente, como função proteger bens jurídicos iguais ou semelhantes aos aparentemente lesados pelo delito; ou

V – cumprir, por prazo determinado, outra condição indicada pelo Ministério Público, desde que proporcional e compatível com a infração penal imputada.

§ 1º Para aferição da pena mínima cominada ao delito a que se refere o caput deste artigo, serão consideradas as causas de aumento e diminuição aplicáveis ao caso concreto.

§ 2º O disposto no caput deste artigo não se aplica nas seguintes hipóteses:

I – se for cabível transação penal de competência dos Juizados Especiais Criminais, nos termos da lei;

II – se o investigado for reincidente ou se houver elementos probatórios que indiquem conduta criminal habitual, reiterada ou profissional, exceto se insignificantes as infrações penais pretéritas;

III – ter sido o agente beneficiado nos 5 (cinco) anos anteriores ao cometimento da infração, em acordo de não persecução penal, transação penal ou suspensão condicional do processo; e

IV – nos crimes praticados no âmbito de violência doméstica ou familiar, ou praticados contra a mulher por razões da condição de sexo feminino, em favor do agressor.

§ 3º O acordo de não persecução penal será formalizado por escrito e será firmado pelo membro do Ministério Público, pelo investigado e por seu defensor.

§ 4º Para a homologação do acordo de não persecução penal, será realizada audiência na qual o juiz deverá verificar a sua voluntariedade, por meio da oitiva do investigado na presença do seu defensor, e sua legalidade.

§ 5º Se o juiz considerar inadequadas, insuficientes ou abusivas as condições dispostas no acordo de não persecução penal, devolverá os autos ao Ministério Público para que seja reformulada a proposta de acordo, com concordância do investigado e seu defensor.

§ 6º Homologado judicialmente o acordo de não persecução penal, o juiz devolverá os autos ao Ministério Público para que inicie sua execução perante o juízo de execução penal.

§ 7º O juiz poderá recusar homologação à proposta que não atender aos requisitos legais ou quando não for realizada a adequação a que se refere o § 5º deste artigo.

§ 8º Recusada a homologação, o juiz devolverá os autos ao Ministério Público para a análise da necessidade de complementação das investigações ou o oferecimento da denúncia.

§ 9º A vítima será intimada da homologação do acordo de não persecução penal e de seu descumprimento.

§ 10. Descumpridas quaisquer das condições estipuladas no acordo de não persecução penal, o Ministério Público deverá comunicar ao juízo, para fins de sua rescisão e posterior oferecimento de denúncia.

§ 11. O descumprimento do acordo de não persecução penal pelo investigado também poderá ser utilizado pelo Ministério Público como justificativa para o eventual não oferecimento de suspensão condicional do processo.

§ 12. A celebração e o cumprimento do acordo de não persecução penal não constarão de certidão de antecedentes criminais, exceto para os fins previstos no inciso III do § 2º deste artigo.

§ 13. Cumprido integralmente o acordo de não persecução penal, o juízo competente decretará a extinção de punibilidade.

§ 14. No caso de recusa, por parte do Ministério Público, em propor o acordo de não persecução penal, o investigado poderá requerer a remessa dos autos a órgão superior, na forma do art. 28 deste Código. (Brasil, 2019b)

Sintetizando o artigo mencionado, passamos à análise dos requisitos cumulativos e essenciais para a propositura do acordo de não persecução penal, quais sejam:

- o crime possuir pena mínima inferior a quatro anos, considerando as causas de aumento (em seu grau mínimo) e de diminuição (em seu grau máximo);
- não ser caso de arquivamento do inquérito policial;
- o acusado deve ter confessado formalmente o delito (sendo que tal confissão poderá ser realizada no inquérito ou quando realizado o acordo);

- o acordo se mostrar suficiente para a reprovação e a prevenção do crime.

Há, ainda, algumas vedações para a proposta do acordo de não persecução penal:

- quando o acusado for reincidente ou existirem elementos que possam indicar que a conduta praticada por ele é habitual, reiterada ou profissional, exceto se forem insignificantes as infrações penais pretéritas;
- quando for cabível a proposta de transação penal;
- o acusado não ter sido beneficiado nos últimos cinco anos com as propostas de transação penal, suspensão condicional do processo ou acordo de não persecução penal;
- quando a infração se tratar de violência doméstica ou praticada contra mulher por razões da condição de sexo feminino (violência de gênero).

Atendendo aos requisitos legais, sendo proposto o acordo de não persecução penal pelo MP e aceitas as condições impostas (incisos I ao V do art. 28-A, que poderão ser aplicados cumulativamente), será formalizado por escrito o acordo, sendo que sua homologação será feita pelo juiz em audiência, oportunidade na qual ele verificará a voluntariedade, a legalidade e se as condições se mostram adequadas, suficientes ou abusivas.

Em caso da não propositura do acordo de não persecução penal, caberá recurso no prazo de 30 dias (ou pedido de revisão) perante a instância superior do próprio MP (assim como é realizado no art. 28 do CPP no caso do arquivamento do inquérito).

Cumprido o acordo, será declarada extinta a punibilidade do beneficiado, não existindo qualquer registro em seu desfavor, com a ressalva da hipótese de que o beneficiado não poderá celebrar novo acordo pelo período de cinco anos.

Em relação ao momento em que será proposto o acordo de não persecução penal – pela leitura que se faz do *caput* do art. 28 do CPP, quando menciona que "não sendo o caso de arquivamento" (Brasil, 1941) –, remetemo-nos à ideia de que ocorrerá antes do oferecimento da denúncia. Somado a isso, tem-se que a competência para a homologação do acordo de não persecução penal, a princípio, é do juiz das garantias, conforme inciso XVII do art. 3º-B do CPP.

Quanto aos casos novos (após a alteração promovida pela lei), não há grande controvérsia sobre a aplicabilidade imediata da lei processual penal, uma vez que constitui regra geral na aplicação da lei penal no tempo.

Contudo, tem-se um problema fundamental: E para os casos que já estavam tramitando, cuja denúncia já foi oferecida e recebida pela autoridade judiciária?

De fato, há controvérsia sobre a retroatividade do acordo de não persecução penal para os casos em andamento. Além disso, o STF ainda será chamado a se manifestar sobre a possibilidade ou não de retroatividade do acordo de não persecução penal para casos em andamento.

Remetemos o leitor ao Capítulo 3, mais precisamente sobre as leis processuais mistas, cujo conteúdo será importante neste momento. Conforme explicamos, as leis processuais mistas são aquelas cujo conteúdo verse sobre norma material (direito penal) e norma processual (direito processual penal).

Primeiramente, deve-se especificar se a Lei n. 13.964/2019 é processual pura ou processual mista, pois, como visto, ambas possuem consequências distintas na sua aplicação (retroatividade).

Podemos afirmar que a Lei n. 13.964/2019, ao tratar sobre questões de procedibilidade, extinção de punibilidade (por meio do acordo), ampliação de direitos e garantias do acusado (como a proposta de acordo de não persecução penal), poderá ser classificada como lei processual penal mista.

Ademais, o art. 28-A, parágrafo 13, do CPP reflete diretamente na punibilidade sobre a perda do direito do Estado de punir, ou seja, incide sobre uma questão material, haja vista que a consequência do acordo de não persecução penal é a extinção da punibilidade.

O fato de ser considerada como lei processual mista é a aplicação da garantia prevista no art. 5º, inciso XL, da Constituição da República: "a lei penal não retroagirá, salvo em benefício do réu" (Brasil, 1988).

Assim, para casos em andamento, cujo processo ainda não tenha transitado em julgado, caberá o acordo de não persecução penal, com a aplicação retroativa da Lei n. 13.964/2019, por ser esta considerada uma lei processual mista.

Advertência ao leitor: a aplicabilidade do art. 28-A do CPP de forma retroativa não é pacífica na doutrina nem nos entendimentos dos tribunais, sendo que possivelmente os tribunais superiores serão instados a se manifestar sobre o tema.

Capítulo 5

Ação penal

Com o relatório da autoridade policial, a princípio o inquérito policial é encerrado e os autos são encaminhados ao Ministério Público (MP), que terá três opções: 1) requerer novas diligências; 2) promover – antes da Lei n. 13.964, de 24 de dezembro de 2019 (Brasil, 2019) – ou determinar – depois da Lei n. 13.964/2019) o seu arquivamento; 3) não sendo caso de arquivamento ou da proposta do acordo de não persecução penal, obtendo indícios mínimos de autoria e prova da materialidade, deverá oferecer a denúncia.

Nesse momento, os estudos se concentram nessa última hipótese, ou seja, de como "nasce" o processo, passando de um procedimento para, efetivamente, o processo em si.

Assim, neste capítulo, analisaremos a ação penal e suas condições, classificações e requisitos, verificando a forma como ocorre o início do processo penal, bem como as causas que possam ocasionar a extinção da punibilidade do agente.

A ação penal corresponde a um dos corolários do direito de ação previsto no art. 5º, inciso XXXV, da Constituição da República de 1988 (Brasil, 1988). Porém, mais do que o direito de ação, "na verdade assegura o direito à efetiva e adequada tutela jurisdicional" (Badaró, 2018, p. 165), sendo que as teorias sobre o direito de ação serão analisadas a seguir.

— 5.1 —
Teoria sobre o direito de ação

As teorias sobre o direito de ação são fundamentais para compreender qual é a amplitude desse direito, ou seja, se corresponde tão somente ao simples direito de acionar o judiciário, ou se também compreende a procedência da pretensão ao final, ou, até mesmo, se impõe ônus ao Poder Judiciário.

O "berço" da teoria da ação é relativo à própria independência adquirida do processo civil em relação ao direito civil. Podemos mencionar ao menos três grandes teorias sobre o direito de ação: teoria imanentista; teorias autonomistas concretas; e teorias autonomistas abstratas. Elas serão detalhadas a seguir.

— 5.1.1 —
Teoria imanentista

Antes de o processo civil ter sua autonomia científica, a matéria era analisada sob a perspectiva do direito material, ou seja, do direito civil, sendo que o processo civil foi tratado como um apêndice do direito civil até meados do século XIX (Nunes da Silveira, 2014).

Um dos grandes expoentes da teoria imanentista (que posteriormente foi incorporado pela doutrina no Brasil por Câmara Leal, João Monteiro e Clóvis Beviláqua) foi Friedrich Carl von Savigny (Nunes da Silveira, 2014).

Como o processo civil ainda era interligado ao direito civil, não é de surpreender que a teoria imanentista da ação verse que não há autonomia do direito de ação e do direito subjetivo material, sendo esses conceitos interligados. Contudo, de acordo com Nunes da Silveira (2014, p. 86), a ideia de ação é tratada "como uma metamorfose do próprio direito material violado ou ameaçado".

A consequência lógica da adoção da teoria imanentista é que só seria possível existir a ação se houvesse um direito e, do mesmo modo, só haveria um direito se existisse uma ação, colocando uma situação de imanência entre direito e ação. Para a teoria, portanto, o direito de ação corresponde à transformação do direito material.

Entretanto, tal teoria apresentou-se problemática por alguns aspectos, dentre eles, o fato de que só seria possível falar em *ação* quando houvesse um direito. Então, nos casos de absolvição ou improcedência do direito material, afirmar-se-ia que não houve direito de ação, o que, na realidade, não se mostra coerente, na medida em que houve um processo em que foi discutido o direito subjetivo material. O mesmo problema se apresenta em ações declaratórias negativas, nas quais se sustenta na ação justamente a ausência de um direito subjetivo material ou de uma relação jurídica (por exemplo, a nulidade de um contrato) (Badaró, 2018).

— 5.1.2 —
Teoria autonomista concreta

A teoria autonomista concreta separa o direito de ação do direito subjetivo material, sendo ambos independentes entre si. Nessa esteira, um dos autores principais para a teoria é Adolf Wach, para quem o direito de ação será basicamente o direito de pretensão de tutela jurídica. Mas, mais do que o simples direito de acionar o poder jurisdicional, o direito de ação compreende que essa tutela jurídica a ser prestada "tem por conteúdo a sentença favorável" (Nunes da Silveira, 2014, p. 99). Então, o direito de ação, para Wach, seria exercido contra o réu e contra o Estado.

Outro autor fundamental para a teoria autonomista concreta é Giuseppe Chiovenda, que considera o direito de ação um direito potestativo, ou seja, "o direito de ação é um direito-poder, por meio do qual o autor, manifestando sua vontade, faz funcionar a máquina jurisdicional do Estado, para produzir um efeito jurídico em relação ao adversário" (Badaró, 2018, p. 166). Portanto, o direito de ação seria contra o réu, que, por sua vez, encontrar-se-ia em uma situação de sujeição.

Apesar de considerar o direito de ação como potestativo, Badaró (2018, p. 166) destaca que só teria o direito potestativo de ação "aquele que obtém uma sentença favorável", sendo que as condições de ação são tidas como necessárias para a obtenção da decisão favorável.

Contudo, a problemática em torno do direito de ação permanece praticamente a mesma em relação à teoria imanentista, pois, mesmo separando o direito processual do direito material, ele condiciona o direito de ação ao reconhecimento do direito material.

— 5.1.3 —
Teoria autonomista abstrata

Na teoria autonomista abstrata, o direito de ação é completamente separado do direito subjetivo material. O direito de ação independe da existência ou não do direito subjetivo material. Nas palavras de Badaró (2018, p. 167): "O direito de ação é movido contra o Estado, pois ele tem o poder-dever de exercer a jurisdição".

Nessa teoria, o direito de ação independe da existência ou não do direito material, resolvendo, a princípio, o problema referente às sentenças de improcedência em relação ao direito material, pois, mesmo com a sentença improcedente, houve o direito de ação, aplicando-se o mesmo raciocínio em casos de "uma sentença injusta (concede o direito a quem realmente não o tem), ou, ainda, com uma sentença que não julgue o mérito (sentença terminativa)" (Badaró, 2018, p. 167).

Apesar de solucionar os problemas do direito de ação nos casos citados, a teoria abstrata acaba por não efetivar a garantia de uma tutela jurisdicional efetiva, ou seja, haveria direito de ação mesmo quando "a atividade jurisdicional não atingiu seu objetivo de atuação da vontade concreta da lei" (Badaró, 2018, p. 167). Assim, a teoria autonomista abstrata faz com que o direito de ação seja somente o direito de acionamento do poder jurisdicional.

— 5.1.4 —
Teoria da ação de Enrico Tullio Liebman

Liebman, analisando as teorias autonomistas (abstrata e concreta), descreveu que, isoladamente, ambas seriam insuficientes para explicar o direito de ação. Porém, tomando-se partes das duas, seria possível adequá-las ao processo civil contemporâneo e à explicação do direito de ação (Nunes da Silveira, 2014).

A união entre as duas teorias ocorreria da seguinte forma: "a teoria abstrata descreveria corretamente um caráter de garantia pertinente à ação processual, razão de seu exercício" (Nunes da Silveira, 2014, p. 105), porém, tal garantia não poderá ser ilimitada a requisitos ou condições em que o autor demonstre que necessite da tutela estatal (conforme na teoria autonomista concreta), devendo "comprovar a existência de uma situação objetiva, de natureza substancial [...], que justifique a propositura da demanda" (Nunes da Silveira, 2014, p. 105).

Dessa forma, a separação entre direito de ação e direito subjetivo material resultaria no fato de que "o direito de ação não é o direito a uma sentença favorável, mas o direito ao julgamento do mérito" (Badaró, 2018, p. 167). Esse julgamento do mérito independe da procedência ou improcedência, sendo considerado um direito público subjetivo.

Nessa teoria, o direito de ação tem uma conexão com o direito subjetivo material, sendo que o elemento de conexão é representado "pelas condições de ação: possibilidade jurídica do pedido, legitimidade de partes e interesse de agir" (Badaró, 2018, p. 167).

Dessa forma, a teoria da ação de Liebman mostra-se equilibrada entre as teorias concreta e abstrata, na medida em que separa o direito de ação do direito subjetivo material por meio do elemento de conexão instrumental, representado pelas condições de ação.

Na seara processual penal, como adverte Lopes Jr., (2020, p. 332, grifo do original):

> Tal lição (autonomia e abstração) é perfeita para o processo civil, mas precisa ser redefinida no processo penal. Isso porque, no processo penal, não se admite a plena abstração, pois, para a acusação ser exercida e admitida, dando início ao processo, é imprescindível que fique demonstrado o *fumus commissi delicti*.

O direito de ação compreende-se em dois tempos: no primeiro momento, tem-se o direito constitucional de a parte provocar ou invocar o Poder Judiciário, não dependendo de condições para tal exercício, por força do art. 5º, inciso XXXV, da

Constituição da República de 1988. Em um segundo momento, invocam-se fundamentos processuais penais juntamente com a questão das condições da ação que subordinam o nascimento do processo. Assim, "a ação é autônoma e abstrata, mas conexa instrumentalmente ao caso penal, na medida em que desde o início, para que a acusação seja admitida, deve o acusador demonstrar a verossimilhança do alegado" (Lopes Jr., 2020, p. 332).

Portanto, diferentemente do que ocorre no processo civil, em que se analisam critérios puramente formais no direito de ação, na ação processual penal, para o recebimento da denúncia, o juiz deve analisar superficialmente o mérito da causa, principalmente para verificar o *fumus comissi delicti*, ou seja, que um fato aparentemente delituoso possa ter ocorrido.

A doutrina mais crítica revela que o interesse de agir sempre estará presente, uma vez que o processo é o único meio pelo qual o Estado pode penar, ou seja, aplicar uma pena pelo delito cometido. Assim, "o interesse é inerente a quem tiver legitimidade para propor a ação, pois não há outra forma de obter e efetivar a punição" (Lopes Jr., 2020, p. 880).

Sendo o processo civil marcadamente diferente do processo penal, compreende-se por *ação processual penal* "um direito potestativo de acusar, público, autônomo e abstrato, mas conexo instrumentalmente ao caso penal" (Lopes Jr., 2020, p. 333). Com efeito, as condições de ação se mostram diferentes na seara processual penal, conforme explicaremos em seguida.

— 5.2 —
Condições de ação

A doutrina se divide sobre a questão das condições da ação no campo processual penal. Alguns autores, como Badaró (2018), incorporam as condições de ação do processo civil ao processo penal, tentando adaptá-las à realidade penal.

Por outro lado, parte da doutrina compreende a necessidade de se ter condições de ação próprias do processo penal, sendo que parte das condições estabelecidas pelo processo civil não são adaptáveis à realidade processual penal. Entre os adeptos dessa corrente estão Lopes Jr. (2020), Nunes da Silveira (2014) e Coutinho (1989).

Em relação à doutrina que adota a teoria processual civil como integradora da teoria processual penal, entende-se que as condições para o exercício da ação penal são: legitimidade, interesse de agir, possibilidade jurídica do pedido e justa causa.

A possibilidade jurídica como condição de ação revela que a pretensão do autor deverá ter tutela pelo ordenamento jurídico ou, em outros termos, não poderá ter vedação no ordenamento jurídico – por exemplo, o pedido de divórcio em países que não o admitem (Badaró, 2018, p. 169).

Para o processo penal, a possibilidade jurídica como condição de ação é compreendida como a existência da tipicidade no comportamento dos fatos. No mesmo sentido, em casos nos quais a conduta não constitui crime, não haverá possibilidade jurídica do pedido. Ainda, de acordo com Badaró (2020, p. 171), as condições de procedibilidade também integram a possibilidade jurídica do pedido, sendo elas:

> (1) representação do ofendido na ação penal pública condicionada [...]; (2) requisição do Ministro da Justiça [...]; (3) entrada do agente brasileiro em território nacional, nos crimes cometidos no estrangeiro [...]; (4) a sentença civil de anulação do casamento, no crime do art. 236 do Código Penal [...]; (5) exame pericial homologado pelo juiz, nos crimes contra a propriedade imaterial [...]; (6) a autorização do Poder Legislativo, para processar o Presidente da República, o Vice-Presidente e os Governantes, nos crimes comuns ou de responsabilidade.

Sob essa ótica, a possibilidade jurídica do pedido no processo penal será relativa às questões de tipicidade da conduta, existência do crime e procedibilidade.

Seguindo com as condições de ação no processo civil importadas ao processo penal, o interesse de agir corresponde à relação entre utilidade, necessidade e adequação da prestação jurisdição. De acordo com Badaró (2018, p. 171): "a utilidade é aferida por meio da necessidade do provimento jurisdicional e de sua adequação", sendo que a necessidade se demonstra quando a parte contrária se nega a reparar ou satisfazer o direito violado, fazendo-se necessário o processo.

No campo processual penal, o processo é o meio necessário para verificar a responsabilização do agente, sem o qual não será possível a punição deste – sendo o processo, portanto, necessário. A adequação sempre será escolhida a via eleita para a obtenção da pretensão. O MP, para a sua pretensão, utiliza a ação penal condenatória, portanto, a adequação estará satisfeita para a pretensão que é buscada pela parte.

No tocante à legitimidade de partes, "o autor afirma ser titular do direito subjetivo material demandado (legitimidade ativa) e pede a tutela em face do titular da obrigação correspondente àquele direito (legitimidade passiva)" (Badaró, 2018, p. 173).

Por seu turno, quanto à seara processual penal, a legitimidade ativa decorre da classificação da ação penal: se for pública incondicionada ou pública condicionada com a representação, a legitimidade pertencerá ao MP; se a ação for privada, a legitimidade ativa será do ofendido, sendo que, se o MP oferecer denúncia nessa hipótese, estar-se-á diante da ilegitimidade ativa.

A condição da ação a que se refere a justa causa é inerente ao processo penal, sendo que tal condição é a existência de indícios suficientes de autoria (*fumus comissi delicti*) e de prova da existência do delito (prova da materialidade delitiva), além da descrição pela denúncia ou queixa do fato típico, englobando todas as circunstâncias fáticas.

A doutrina mais crítica pontua questões pertinentes à utilização de conceitos processuais civis no processo penal, principalmente em relação às condições de ação.

Em se tratando da legitimidade, tal conteúdo guarda semelhanças com o processo penal, obedecendo logicamente as regras processuais penais relativas à competência, as quais já citamos (ação penal pública e ação penal privada).

A controvérsia começa a surgir quanto à condição denominada *interesse de agir*, que, segundo Lopes Jr., (2020, p. 335), precisa ser completamente desnaturada "na sua matriz conceitual". A matriz conceitual a que se refere Lopes Jr. (2020) diz respeito ao conceito de Liebman acerca do interesse como utilidade e necessidade.

O interesse é inerente ao processo penal pelo seguinte raciocínio: "A pena não só é efeito jurídico do delito, senão que é um efeito do processo; mas o processo não é efeito do delito, senão da necessidade de impor a pena ao delito por meio do processo" (Lopes Jr., 2020, p. 335). Portanto, é desnecessária a discussão a respeito do interesse de agir, uma vez que este se faz sempre presente no processo.

Em outra perspectiva, a existência da controvérsia sobre a aplicação da possibilidade jurídica do pedido se refere ao fato de que "o pedido da ação penal, no processo penal de conhecimento, será sempre de condenação" (Lopes Jr., 2020, p. 337), não sendo relevante o conceito processualista civil acerca de o pedido ser autorizado pelo ordenamento jurídico, pois apenas um pedido é possível na pretensão acusatória: a condenação.

Ainda, os conceitos acerca da tipicidade como possibilidade jurídica do pedido não integram o conceito de ação, mas se referem à causa de absolvição sumária prevista no art. 397, inciso III, do CPP – Decreto-Lei n. 3.689, de 3 de outubro de 1941 (Brasil, 1941). Do mesmo modo, as causas extintivas da punibilidade, com a nova redação do inciso IV do art. 397 do CPP, passam também a serem consideradas como causa de absolvição sumária. Em relação ao *fumus comissi delicti*, ou indícios de autoria e prova da materialidade, tais requisitos não integram o conceito de possibilidade jurídica do pedido, e sim a justa causa.

Depois de tecermos algumas críticas em relação à utilização dos critérios processualistas civis nas condições da ação, passaremos à análise do que a doutrina compreende como condições de ação próprias do processo penal, sendo elas: *fumus comissi delicti*; punibilidade concreta; legitimidade de parte; e justa causa.

— 5.2.1 —
Fumus comissi delicti

O *fumus comissi delicti* pode ser traduzido como "fato aparentemente delituoso". Assim, não basta somente a demonstração da existência de um fato típico, mas também ser o fato antijurídico (ausente causas manifestas de exclusão de ilicitude) e culpável (ausente de causas manifestas de exclusão de culpabilidade) (Lopes Jr., 2020).

Nessa perspectiva, quando ocorre a presença manifesta de uma excludente de ilicitude, há duas possibilidades:

1. Quando há uma causa manifesta de exclusão da ilicitude ou da culpabilidade, o juiz, no momento do recebimento da denúncia (antes do oferecimento da resposta à acusação), deverá rejeitá-la (cf. art. 395, II, CPP), tendo em vista que é ausente o cometimento de um fato aparentemente delituoso.
2. Quando o juiz verificar, após o recebimento da denúncia – mais precisamente, após a resposta à acusação –, a causa manifesta da exclusão da ilicitude ou da culpabilidade, a solução será a absolvição sumária (art. 397, incisos I e II do CPP, respectivamente).

Cabe ressaltar, em relação ao fato aparentemente delituoso, que é necessário ter prova da materialidade (estar provada a ocorrência do delito) e que não esteja presente qualquer causa que exclua a antijuridicidade ou culpabilidade do indivíduo.

— 5.2.2 —
A punibilidade concreta

Apesar de a causa de extinção da punibilidade ter ingressado como causa de absolvição sumária no art. 397, inciso IV, do CPP, ela não deixa de ser uma condição de ação.

A explicação para tanto é que, nos casos em que for levada para a apreciação do juiz a denúncia ou queixa, se for verificada hipótese de extinção da punibilidade como a prescrição, decadência ou renúncia, deverá a denúncia ou queixa ser rejeitada. Ou seja, se desde o primeiro momento o julgador verificar que não haverá possibilidade da punibilidade do agente, uma vez que algumas das causas de extinção da punibilidade foram operadas, não fará sentido continuar com a demanda que não terá, ao final, a punibilidade do agente, devendo, portanto, ser rejeitada desde o início.

Contudo, se a prova acerca de tais causas de extinção da punibilidade for verificada após o recebimento da denúncia – como exemplo, a prova constituída na própria resposta à acusação –, deverá o julgador absolver sumariamente o agente com fundamento no art. 397, inciso IV, do CPP.

— 5.2.3 —
Legitimidade da parte

A legitimidade da parte se assemelha ao que apontamos na questão da condição de ação no processo civil quando adaptada ao processo penal, sendo que, diferentemente do processo civil, no processo penal a legitimidade da parte não corresponde ao poder de punir o acusado, e sim de acusar (Lopes Jr., 2020), cabendo relembrar que a legitimidade da parte, no processo penal, poderá ser dividida em duas:

1. **Legitimidade ativa**: Nas ações penais de iniciativa pública, o titular da ação penal é o MP, a teor do art. 129, inciso I, da Constituição da República. Já nas ações penais de iniciativa privada, o titular da ação penal é a vítima ou seu representante (arts. 30 e 31, CPP).

2. **Legitimidade passiva**: O autor do injusto típico, antijurídico e culpável, maior de 18 anos e imputável penalmente.

Quando verificada a ilegitimidade da parte, deverá a denúncia ser rejeitada com fundamento no art. 395, inciso II, do CPP.

— 5.2.4 —
Justa causa

A justa causa está prevista no art. 395, inciso III, do CPP, servindo como um freio ao abuso do direito de acusar. Além disso, nas palavras de Lopes Jr. (2020, p. 344): "A justa causa identifica-se com a existência de uma causa jurídica e fática que legitime e justifique a acusação (e a própria intervenção penal)".

A justa causa pode ser traduzida como a existência de base razoável probatória apta a submeter o acusado ao processo, bem como a necessidade da intervenção penal (em virtude do caráter fragmentário da intervenção penal) (Lopes Jr., 2020). Ou seja, a acusação deve apresentar um lastro probatório mínimo, além de verificar se há aplicação ou não, por exemplo, do princípio da insignificância ou bagatela.

Esse lastro probatório mínimo a que se faz referência diz respeito aos indícios de autoria e prova da materialidade delitiva, sendo que os indícios de autoria devem se mostrar suficientes para a submissão do acusado ao processo, não bastando para configurar os indícios suficientes meras conjecturas.

Tal raciocínio deriva do fato de que o processo penal obedece a um ritual escalonado de culpabilidade do sujeito (Lopes Jr., 2020). Nessa ótica, para a instauração do inquérito, são necessários ao menos indícios mínimos de autoria e prova de materialidade delitiva, sendo exigido um nível de certeza maior para o oferecimento da denúncia – isto é, indícios suficientes de autoria.

Cabe ressaltar que tais indícios suficientes não necessitam que a autoria esteja comprovada, uma vez que esta só é exigida ao final do curso do processo para uma sentença penal condenatória.

Do mesmo modo, há outras condições da ação específicas, como:

> a) poderes especiais e menção ao fato criminoso na procuração que outorga poderes para ajuizar queixa-crime, nos termos do art. 44 do CPP;
>
> b) a entrada no agente no território nacional, nos casos de extraterritorialidade da lei penal, para atender à exigência contida no art. 7º do Código Penal;
>
> c) o trânsito em julgado da sentença anulatória do casamento no crime do art. 236, parágrafo único, do CP;
>
> d) prévia autorização da Câmara dos Deputados nos crimes praticados pelo Presidente ou Vice-Presidente da República, bem como pelos Ministros de Estado, nos termos do art. 51, I, da Constituição. (Lopes Jr., 2020, p. 347-348)

Tais condições de ação específicas também são chamadas de *condições de procedibilidade*. A ausência de tais condições ocasionará a rejeição da denúncia ou queixa, com fundamento no art. 395, inciso II, do CPP.

— 5.3 —
Classificação da ação penal

Conforme já mencionamos anteriormente, as ações penais são classificadas em *ação penal pública* (condicionada ou incondicionada) e *ação penal privada*. Tal determinação decorre da extensão da violação ao bem jurídico – se a violação afeta somente a pessoa privada (ação penal privada) ou a sociedade de modo geral, gerando o interesse público (ação penal pública).

A definição acerca da classificação da ação penal não é tarefa fácil, devendo ser analisada caso a caso, de acordo com o que o tipo penal prevê – o "Capítulo" ou "Título" em que se insere o tipo penal.

Para identificar qual será a classificação da ação penal a partir do tipo penal, se não houver referência à ação penal no Código Penal – Decreto-Lei n. 2.848, de 7 de dezembro de 1940 (Brasil, 1940) –, ela será de iniciativa pública incondicionada (regra geral); por seu turno, quando houver no tipo penal as sentenças *somente se procede mediante representação* ou *somente se procede mediante requisição do Ministro da Justiça*, a ação penal será pública condicionada. Por outro viés, a ação penal será privada quando, no Código Penal, houver a frase *somente se procede mediante queixa*.

— 5.3.1 —
Ação penal pública incondicionada

Na ação penal pública incondicionada, conforme mencionado, o bem jurídico violado é de interesse público e, consequentemente, o titular da ação penal é o próprio Estado, personificado no órgão do MP. Em regra, a ação penal sempre será pública incondicionada, salvo nos casos em que expressamente a lei prever que será condicionada à representação ou privada.

Para tanto, há regras na ação penal pública incondicionada, as quais estão descritas na sequência.

O art. 129, inciso I, da Constituição da República apresenta a seguinte redação: "São funções institucionais do Ministério Público: I – promover, privativamente, a ação penal pública, na forma da lei [...]" (Brasil, 1988).

Nessa perspectiva, esse artigo traz a oficialidade e a investidura para o exercício da ação penal como sendo atribuição exclusiva de membros do MP devidamente investidos no cargo.

A ação penal pública será sempre exercida por meio da denúncia, porém, o art. 26 do CPP dispõe que: "A ação penal, nas contravenções, será iniciada com o auto de prisão em flagrante ou por meio de portaria expedida pela autoridade judiciária ou policial" (Brasil, 1941).

A princípio, portanto, haveria a ressalva em relação ao fato de que o processo penal só se iniciaria mediante denúncia ou queixa. No entanto, a doutrina diverge da existência dessa ressalva. A motivação para tal divergência está ligada ao fato de que a Constituição, no art. 129, inciso I, atribuiu a competência exclusiva ao MP para oferecimento da denúncia ou por queixa do ofendido. Lopes Jr. (2020, p. 355) entende que, assim, estaria revogado o art. 26 do CPP com o advento da Constituição da República de 1988, devendo a acusação, mesmo nos casos de contravenção, ser feita mediante denúncia pelo MP.

Conforme comentamos, quando o caso não é de arquivamento ou em que é incabível a proposta do acordo de não persecução penal, preenchidas as condições de ação, o MP estará obrigado a oferecer a denúncia, excetuadas também as hipóteses dos Juizados Especiais, uma vez que neles cabe a transação penal, conforme o art. 76 da Lei n. 9.099, de 26 de setembro de 1995 (Brasil, 1995a), e a suspensão condicional do processo, de acordo com o art. 89 da mesma lei.

Destacamos que a exceção à regra corresponde ao fato de que a ação penal só será iniciada mediante denúncia oferecida pelo MP na hipótese prevista no art. 29 do CPP, que estabelece que caberá a ação penal privada subsidiária da pública quando o MP deixar de oferecer a denúncia no prazo legal. Mesmo sendo intentada a ação penal privada, o MP poderá intervir em todo o processo, inclusive retomando para si a ação como parte principal.

Oferecida a denúncia pelo MP, duas normas processuais penais se destacam: os arts. 42 e 576 do CPP: "Art. 42. O Ministério Público não poderá desistir da ação penal; [...] Art. 576. O Ministério Público não poderá desistir de recurso que haja interposto" (Brasil, 1941). Tais dispositivos se referem à indisponibilidade da ação penal, pois, uma vez oferecida a denúncia ou interposto o recurso, não poderá o MP desistir.

Ademais, diante da indivisibilidade, não poderá o MP escolher qual denunciado denunciará e qual não o fará. Isto é, o órgão da acusação não conta com "a possibilidade de não denunciar alguém ou algum delito neste momento, para fazê-lo posteriormente, atendendo ao interesse e à estratégia do acusador" (Lopes Jr., 2020, p. 353).

Contrariamente a essa questão da indivisibilidade, o Supremo Tribunal Federal (STF), no RHC 95.141-0, julgado em 6 de outubro de 2009, possibilitou a relativização do princípio da indivisibilidade da ação penal pública (Brasil, 2009d).

A exceção à regra, de acordo com Lopes Jr. (2020, p. 352), é a seguinte: "A relativização do princípio da indisponibilidade, que inicia com a Lei n. 9.099/95 e os institutos do JECrim [Juizado Especial Criminal], amplia na Lei n. 12.850/2013 e a negociação sobre a pena na delação premiada e agora vem ainda mais enfraquecida (a indisponibilidade) com o acordo de não persecução penal".

A indisponibilidade não se confunde com a possibilidade de o MP, ao chegar à conclusão diversa da condenação, requerer a absolvição do acusado perante o juiz, sendo que a indisponibilidade se refere à desistência do MP no percurso da ação penal.

Adiante neste capítulo, vamos analisar os requisitos para o oferecimento da denúncia, ou seja, o que ela deverá conter e o prazo para seu oferecimento.

— 5.3.2 —
Ação penal pública condicionada à representação do ofendido ou seu representante legal

A ação penal pública condiciona à representação tanto o oferecimento da denúncia quanto a condução do processo, que é feita pelo MP. Porém, diferentemente do que ocorre nas ações penais pública incondicionadas, em que o MP, ao receber o inquérito, deverá oferecer a denúncia, nas ações penais pública condicionadas, para que o MP possa oferecer a denúncia, deve haver essencialmente a representação do ofendido ou de seu representante legal, ou, ainda, por meio de requisição do Ministro da Justiça – cf. art. 145, parágrafo único, do Código Penal.

Dessa forma, apesar de a ação ser pública, o órgão da acusação deverá ter autorização para oferecer a denúncia, pois o bem jurídico violado atinge "imediatamente seus direitos, em especial sua intimidade" (Badaró, 2018, p. 195). Tal direito prevalece sobre o "interesse estatal na obrigatoriedade de punir todos os crimes" (Badaró, 2018, p. 196). Esse raciocínio empregado se deve ao fato de que a vítima poderá não requerer representar contra o agressor, pelos mais variados motivos, dentre eles, a exposição de sua intimidade.

É importante mencionarmos que o delito poderá ser de ação penal pública condicionada e incondicionada ao mesmo tempo, a depender da qualidade da vítima, como ocorreu no caso do art. 171 do Código Penal, que, após a Lei n. 13.964/2019, passou a ser considerado como ação pública condicionada à representação. Entretanto, se a vítima for a Administração Pública direta ou indireta, criança ou adolescente, pessoa com deficiência mental, maior de 70 anos ou incapaz, a ação será pública incondicionada (Brasil, 2019b).

O raciocínio acerca da necessidade de representação para o oferecimento de denúncia em delitos cuja ação penal seja pública condicionada é uma consequência lógica da própria estrutura do legislador e da necessidade de se resguardar a liberdade e a intimidade da vítima, pois, se até mesmo para instaurar o inquérito é necessária a representação da vítima (art. 5º, § 4º, CPP), ainda mais premente é a existência de sua representação para o oferecimento da denúncia.

Quanto aos requisitos para a representação, primeiramente é preciso considerar o sujeito que poderá fazê-lo. Nessa perspectiva, não há segredo em relação ao ofendido, que deverá ser maior de 18 anos e capaz. Mas quando o ofendido for menor de 18 anos ou incapaz, a representação poderá ser realizada por "seu representante legal (pai, mãe, avós maternos ou paternos, irmão maior de 18 anos e até mesmo tios que detenham a guarda legal)" (Lopes Jr., 2020, p. 359).

Quando a vítima não possui representante legal ou, caso possua, quando os interesses entre representante e ofendido forem colidentes, será nomeado um curador especial ao ofendido menor de 18 anos ou incapaz, conforme o art. 33 do CPP e o art. 100, parágrafo 4º, do Código Penal.

Cabe destaque ao fato de que a representação poderá ser feita pessoalmente pelo ofendido, ou por seu representante legal, ou ainda por meio de procurador com poderes especiais, de acordo com o disposto no art. 39 do CPP:

> Art. 39. O direito de representação poderá ser exercido, pessoalmente ou por procurador com poderes especiais, mediante declaração, escrita ou oral, feita ao juiz, ao órgão do Ministério Público, ou à autoridade policial.
>
> § 1º A representação feita oralmente ou por escrito, sem assinatura devidamente autenticada do ofendido, de seu representante legal ou procurador, será reduzida a termo, perante o juiz ou autoridade policial, presente o órgão do Ministério Público, quando a este houver sido dirigida.
>
> § 2º A representação conterá todas as informações que possam servir à apuração do fato e da autoria.
>
> § 3º Oferecida ou reduzida a termo a representação, a autoridade policial procederá a inquérito, ou, não sendo competente, remetê-lo-á à autoridade que o for.

§ 4º A representação, quando feita ao juiz ou perante este reduzida a termo, será remetida à autoridade policial para que esta proceda a inquérito.

§ 5º O órgão do Ministério Público dispensará o inquérito, se com a representação forem oferecidos elementos que o habilitem a promover a ação penal, e, neste caso, oferecerá a denúncia no prazo de quinze dias. (Brasil, 1941)

Quando o ofendido vier a falecer, para a sua representação será obedecida a regra de sucessão estabelecida no art. 24, parágrafo 1º do CPP: "No caso de morte do ofendido ou quando declarado ausente por decisão judicial, o direito de representação passará ao cônjuge, ascendente, descendente ou irmão" (Brasil, 1941).

Em relação ao prazo decadencial, a regra geral para a representação feita pelo ofendido maior de 18 anos e capaz é de seis meses a contar da data do conhecimento do autor dos fatos, conforme a regra estabelecida pelo art. 38 do CPP.

Quando o ofendido é menor de 18 anos ou incapaz e sua representação é exercida pelo seu representante legal, o prazo decadencial é o mesmo previsto no art. 38 do CPP (seis meses a contar da data do conhecimento do autor dos fatos). Porém, se não intentada no prazo legal, a teor da Súmula n. 594 do STF, quando o ofendido atingir a maioridade, o prazo decadencial começará a fluir novamente, ou seja, ele terá seis meses a contar da sua maioridade. Nesse sentido foi o julgamento do STF no HC 115.341:

1. Na ocorrência do delito descrito no art. 214 do Código Penalantes da revogação pela Lei 12.015/2009 –, o prazo decadencial para a apresentação de queixa ou de representação era de 6 meses após a vítima completar a maioridade, em decorrência da dupla titularidade.

2. Esta Suprema Corte tem reconhecido a dualidade de titulares do direito de representar ou oferecer queixa, cada um com o respectivo prazo: um para o ofendido e outro para seu representante legal. Súmula 594 do STF. Precedentes.

3. Ordem denegada. (Brasil, 2014a)

Por fim, diferentemente do que ocorre com o MP (que não poderá desistir da ação penal), o art. 25 do CPP e o art. 102 do Código Penal estabelecem que o ofendido poderá se retratar (retirar a representação), sendo que o prazo para ser feito será até o oferecimento da denúncia pelo MP.

— 5.3.3 —
Ação penal pública condicionada à requisição do Ministro da Justiça

Outra forma de ação penal pública condicionada se refere à hipótese de requisição do Ministro da Justiça.

As hipóteses de requisição do Ministro da Justiça estão concentradas no art. 145, parágrafo único, do Código Penal (crimes contra a honra praticados contra o Presidente da República ou contra chefe de governo estrangeiro), bem como no art. 7º, inciso II, parágrafo 2º, e art. 7º, parágrafo 3º, alínea "b", ambos do Código Penal (crime cometido por estrangeiro contra brasileiro fora do Brasil) (Brasil, 1940).

A requisição do Ministro da Justiça é um "ato administrativo discricionário, por meio do qual o Ministro da Justiça autoriza que se mova a ação penal" (Badaró, 2018, p. 198). O MP não estará obrigado a oferecer a denúncia se faltar algum elemento das condições da ação.

Em relação à possibilidade de retratação da requisição realizada pelo Ministro da Justiça, a doutrina diverge sobre tal possibilidade. Na posição contrária, podemos citar Badaró (2018, p. 199), para quem a requisição, por ser um ato político, deve guardar cuidados necessários. O autor fundamenta seu raciocínio no art. 24 do CPP, que estabelece duas hipóteses de ação penal pública condicionada (por representação do ofendido e por requisição do Ministro da Justiça), e em uma leitura restritiva do art. 25 do CPP, segundo o qual tal dispositivo possibilita a retratação somente da representação, e não da requisição.

Por seu turno, em posição favorável à retratação da requisição está Lopes Jr. (2020), o qual embasa seu raciocínio pautado no fato de que a retratação da representação obedece a critérios de conveniência e oportunidade no campo da requisição, que é político, sendo que isso faz ainda mais sentido no campo político, uma vez que a retratação atende a critérios de "conveniência e ao interesse político, tendo em vista a especial qualidade do ofendido" (Lopes Jr., 2020, p. 366).

Por fim, quanto aos prazos para a requisição, contrariamente à representação do ofendido, a requisição a ser realizada pelo Ministro da Justiça não possui prazo decadencial, sendo regulada pelo prazo prescricional do delito.

— 5.3.4 —
Ação penal de iniciativa privada e a queixa

Quando o delito atinge tão somente o bem jurídico tutelado de interesse preponderante da vítima, a ação penal será privada.

Nessa perspectiva, a ação penal privada é regida por alguns princípios, entre eles, os princípios da oportunidade, da disponibilidade e da indivisibilidade.

Em relação ao princípio da oportunidade, tratando-se de bem jurídico de interesse particular, poderá a vítima optar ou não pelo direito de ação, sendo uma faculdade.

Contrariamente ao que ocorre nas ações penais públicas, em que o MP não poderá desistir da ação penal (princípio da indisponibilidade), no campo da ação penal privada é aplicado o princípio da disponibilidade, podendo a vítima desistir da ação a qualquer tempo por meio do perdão (bilateral – exige aceitação do querelado ou de seu procurador com poderes especiais – arts. 51, 55 e 58 do CPP) ou da perempção (unilateral – inércia do querelante por mais de 30 dias, conforme art. 60 do CPP) (Brasil, 1941).

Em virtude do princípio da indivisibilidade, a vítima não poderá escolher contra quem propõe a ação penal, sendo que deverá fazê-lo contra todos os responsáveis pelo delito. Em caso de não ser proposta ação contra algum dos autores, haverá renúncia tácita ao direito de queixa, sendo ela estendida a todos os autores, de acordo com o previsto no art. 49 do CPP.

No tocante à renúncia, ela poderá ser por ato unilateral e voluntário, de acordo com o art. 104, *caput*, do Código Penal, expressa (art. 50, CPP) ou tácita (art. 104, Código Penal; art. 49; CPP) do desejo de não oferecer queixa-crime.

Cabe salientar que o perdão concedido a um dos querelados se estende aos demais (art. 51, CPP; art. 106, I, Código Penal). Mas, tratando-se de ato bilateral, poderá um dos querelados não aceitar e, nesse caso, a ação prosseguirá.

Portanto, a ação penal de iniciativa privada somente se procederá com a provocação da vítima mediante queixa, devendo, portanto, ser analisada a forma de ser exercido tal direito.

O início da persecução penal, no caso da ação penal por iniciativa privada, é realizado por meio da queixa, que deverá ser, em regra, escrita, com a exceção dos delitos de menor potencial ofensivo (art. 77, § 3º, Lei n. 9.099/1995), em que poderá a vítima realizar a queixa na forma oral.

Conforme visto, quando o delito se tratar de ação penal privada, poderá o ofendido ou seu representante requerer a instauração do inquérito policial perante a autoridade policial, conforme art. 5º, parágrafo 5º, do CPP.

Porém, como já mencionamos, o inquérito é dispensável para o exercício da ação penal, podendo o próprio ofendido ou seu representante legal, mediante petição escrita (queixa-crime) endereçada ao juiz, intentar a ação penal.

Quando o ofendido oferecer a queixa-crime por meio de procurador, é necessário que a procuração contenha "poderes especiais, devendo constar do instrumento do mandato o nome do querelante e a menção do fato criminoso", conforme o art. 44 do CPP.

Por outro lado, quando a vítima for menor de 18 anos e não houver representante legal ou, caso haja, não houver interesse colidente entre esses, será nomeado um curador especial – de acordo com o art. 33 do CPP.

Em caso de morte da vítima ou do ofendido, o direito de queixa ou de prosseguimento na ação caberá aos sucessores enunciados no art. 31 do CPP, sendo que, comparecendo mais de um sucessor com direito de queixa, a preferência será do cônjuge, e na ausência deste, seguirá a ordem descrita no art. 31 do CPP. O prazo para dar andamento ao processo será de 60 dias a contar do falecimento da vítima ou do ofendido

— 5.4 —
Denúncia ou queixa e seus requisitos

Preenchidas todas as condições de ação, o MP oferecerá a denúncia dando início ao processo. De acordo com o art. 41 do CPP, nessa denúncia oferecida pelo MP a acusação deverá estar descrita pormenorizadamente para ser objeto de avaliação do magistrado (princípio da correlação entre denúncia e sentença, princípios do contraditório e da ampla defesa), descrevendo todos os fatos com circunstâncias, qualificação do acusado, classificação do crime, rol de testemunhas etc.

Sobre a exposição do fato criminoso, bem como de todas as suas circunstâncias, é relevante mencionar que a denúncia deve estar descrita de forma clara e concisa, para possibilitar o conhecimento do acusado em relação ao motivo da acusação, devendo também ser individualizada a conduta de cada um dos agentes (caso haja concurso de pessoas), além da forma como cada um contribuiu para a prática delitiva.

No tocante à qualificação do acusado, deverão ser descritos os dados que possam identificá-lo, como nome, filiação, número do Registro Geral de Identidade, data de nascimento, endereço etc. Caso tais dados sejam desconhecidos, outras características poderão ser utilizadas (art. 259, CPP) (Badaró, 2018).

Além da descrição fática do delito, deverá a denúncia descrever qual tipo penal deve incidir sobre o caso concreto, incluindo qualificadoras, concurso (material, formal ou continuado) e causas de aumento de pena.

Por outro lado, o entendimento majoritário na jurisprudência descreve que a classificação do crime de forma incorreta não fere a ampla defesa e o contraditório, bem como não autoriza a rejeição da denúncia, pois a ampla defesa e o contraditório são exercidos em face dos fatos narrados na denúncia, e não de sua classificação jurídica (Brasil, 2008b).

Dada a classificação jurídica incorreta pelo MP, a teor dos arts. 383 e 384 do CPP, poderá o magistrado dar classificação jurídica diversa na sentença (*emendatio libelli*). A modificação dos fatos descritos na denúncia (*mutatio libelli*) é permitida somente ao MP realizar, não podendo o magistrado modificar a descrição fática na denúncia.

Em caso de entendimento acerca da necessidade de serem acrescentados fatos e correções de elementos da denúncia, além da inclusão de corréus descobertos no curso do processo, poderá o MP aditar a denúncia nos termos do art. 384 do CPP, devendo, obrigatoriamente, ser aberto prazo para a defesa exercer o contraditório e a ampla defesa sobre as alterações realizadas pelo MP na denúncia.

Ainda, se diante das alterações realizadas pelo MP restarem matérias não esclarecidas durante a instrução processual, poderá ser realizada uma nova instrução para dirimir eventuais controvérsias fáticas e jurídicas da alteração que não tenham sido objeto de inquirição em instrução pretérita.

É importante mencionar que o aditamento da denúncia é possível tão somente até a sentença, não havendo a possibilidade de aditamento em grau recursal, sendo, portanto, vedada a *mutatio libelli* após a sentença.

— 5.5 —
Ação civil *ex delicto*

Ações ou omissões consideradas ilícitas no campo penal podem gerar efeitos em outros campos, como no direito civil ou, até mesmo, no direito administrativo.

Apesar de serem ramos autônomos, uma sentença penal condenatória poderá gerar efeitos extrapenais, como a possibilidade de indenização, conforme arts. 63 e 387, inciso IV, do CPP. A esse respeito, utilizando-se da sentença penal condenatória transitada em julgado que estabelece valor para indenização, a ação de execução poderá ser ajuizada diretamente no âmbito civil, uma vez que se considera um título executivo judicial.

Ainda, caso a vítima entenda que o valor arbitrado pelo juiz penal seja inferior ao que lhe faz jus, cabe destacar que a sentença penal condenatória, ao fixar a indenização, considera-a um "valor mínimo da indenização" (Lopes Jr., 2020, p. 383), podendo a vítima ajuizar ação na esfera cível para buscar um valor maior.

Para que seja fixado um valor de indenização na sentença penal, de acordo com o art. 387 do CPP, são necessários os seguintes requisitos:

- pedido expresso na denúncia ou queixa para que seja fixado um valor mínimo de indenização;
- submeter o requerimento de fixação de indenização ao contraditório e à ampla defesa (por tal motivo, expresso na denúncia ou queixa);

- somente ser fixada, para fatos posteriores, a Lei n. 11.719, de 20 de junho de 2008 (Brasil, 2008a), posto que esta trouxe a possibilidade de fixar a indenização na sentença penal condenatória (não retroagindo, uma vez que é prejudicial ao acusado).

Em relação à possibilidade de reparação do dano (forma de indenização), o CPP trouxe quatro modalidades de reparações ou indenizações, sendo elas: restituição, ressarcimento, reparação e indenização.

A restituição se refere às hipóteses nas quais, em decorrência do delito, houve a diminuição do bem jurídico relativo a um objeto, ou seja, a reparação do dano corresponde à reposição do bem ao ofendido (exemplos: furto, roubo, apropriação indébita etc.). Nesse caso, o bem objeto do ilícito penal poderá ser devolvido à vítima em forma de restituição da coisa.

Por seu turno, o ressarcimento diz respeito à indenização pelo "dano emergente e lucro cessante" (Badaró, 2018, p. 215), aplicada somente ao dano patrimonial.

Por outro lado, a reparação se vincula às hipóteses em que o delito possa ocasionar o dano moral, tendo valor pecuniário para a reparação desse dano.

Em relação às hipóteses de indenização, estas são realizadas em desfavor do Estado pelo erro judiciário (art. 5º, LXXV, Constituição da República) ou quando houver o reconhecimento da condenação equivocada por meio da revisão criminal cumulada com pedido indenizatório, conforme art. 630 do CPP (Lopes Jr., 2020).

É relevante mencionar que, em virtude do princípio da presunção de inocência, a sentença penal somente poderá servir com título executivo judicial para fins do processo de execução após ter transitado em julgado.

Sob essa ótica, apenas poderá ser promovida a execução do título executivo judicial em face daquele que integrou o polo passivo do processo criminal, não podendo ser promovida contra terceiro que não integrou o processo penal.

No caso da absolvição, a fim de exigir indenização na seara civil, tal ação a ser proposta no juízo cível dependerá do fundamento absolutório. Assim, a ação civil *ex delicto* somente poderá ser proposta se a pessoa acusada não for absolvida com fundamento no art. 386, incisos I e IV, do CPP, ou seja, nos casos em que o acusado foi absolvido por estar provada a inexistência do fato ou por ele não ter sido o autor do delito.

A regra citada pode ser extraída da leitura do art. 66 do CPP, que assim disciplina: "Não obstante a sentença absolutória no juízo criminal, a ação civil poderá ser proposta quando não tiver sido, categoricamente, reconhecida a inexistência material do fato" (Brasil, 1941).

Do mesmo modo, o Código Civil – Lei n. 10.406, de 10 de janeiro de 2002 (Brasil, 2002) –, em seu art. 935, impossibilita a análise acerca da existência dos fatos e da autoria quando tais questões já foram objeto de análise pelo juízo criminal.

Porém, nos casos de extinção da punibilidade, arquivamento do inquérito, sentença mencionando que o fato não constituiu crime, entre outras hipóteses fora da absolvição pela inexistência dos fatos e negativa de autoria, não obsta a propositura de ação civil, conforme art. 67 do CPP (Brasil, 1941).

Capítulo 6

Jurisdição e competência

Após o capítulo sobre ação penal, agora vamos passar à análise acerca da jurisdição e da competência em matéria processual penal, pois, ao oferecer a denúncia ou queixa, é preciso identificar qual será o juízo competente para o exercício da jurisdição, devendo ser observadas as regras de fixação de competência a partir dos critérios em relação a matéria, pessoa e lugar, entre outras circunstâncias que definem a legitimidade de o órgão jurisdicional atuar no processo.

Ainda, é necessário verificar as hipóteses nas quais a competência poderá ser alterada, como nos casos de conexão e continência.

— 6.1 —
Noções gerais sobre competência e jurisdição

A primeira questão a ser abordada é referente aos termos *jurisdição* e *competência*, os quais possuem consequências distintas.

Precisamos compreender que a *jurisdição* se trata, na realidade, da primeira regra enunciada quando debatemos a respeito da lei processual no espaço: a jurisdição se compreende pela aplicação das normas processuais dentro do território. Em outras palavras, aplica-se em todo o território nacional, não podendo ser dividida, pois é una e indivisível.

Todos os órgãos jurisdicionais possuem o todo da jurisdição, e não somente parte dela, sendo que os órgãos jurisdicionais se diferem em relação à sua legitimidade, que é atribuída pela competência.

Dessa forma, a decisão tomada no processo não será legítima pelo fato de o órgão jurisdicional possuir a jurisdição, mas sim pela atribuição de sua atuação no "âmbito legítimo de exercício da jurisdição conferido a cada órgão jurisdicional" (Badaró, 2018, p. 231)

Sendo a jurisdição o todo, as regras de competência se mostram fundamentais para delimitar o âmbito de atuação do órgão jurisdicional dentro do território, para que tal decisão seja considerada legítima e surta os efeitos legais. A esse respeito, de acordo com Lopes Jr. (2020, p. 411): "A disciplina da competência deriva do fato de que a jurisdição penal ordinária se articula em uma multiplicidade de órgãos, devendo se verificar a repartição das tarefas judiciárias".

Ainda a respeito da competência, mais do que simplesmente regras processuais, "a competência é um conjunto de regras que asseguram a eficácia da garantia da jurisdição e, especialmente, do juiz natural. Delimitando a jurisdição, condiciona seu exercício" (Lopes Jr., 2020, p. 416).

Portanto, a criação de normas acerca da competência dos órgãos jurisdicionais é extremamente necessária, e a normatização de tais regras pode ser encontrada na Constituição da República, nas constituições estaduais, em leis ordinárias e até mesmo em leis de organização judiciária, as quais serão apresentadas a seguir.

— 6.2 —
Critérios para a fixação da competência

Como demonstramos, é necessário estabelecer critérios bem demarcados para que um órgão jurisdicional não invada a competência de outro. Nesse aspecto, o art. 69 do Código de Processo Penal (CPP) – Decreto-Lei n. 3.689, de 3 de outubro de 1941 – menciona os critérios que definirão a competência: "I – o lugar da infração: II – o domicílio ou residência do réu; III–a natureza da infração; IV – a distribuição; V – a conexão ou continência; VI – a prevenção; VII – a prerrogativa de função" (Brasil, 1941).

Em suma, os incisos do art. 69 do CPP dividem a competência em razão da matéria (natureza da infração), da pessoa e do local.

A questão da competência pode ser considerada como absoluta e relativa, sendo que, de acordo com o entendimento majoritário da jurisprudência, "a competência em razão da matéria e pessoa é absoluta, ao passo que o critério local do crime seria relativo" (Lopes Jr., 2020, p. 416).

A consequência dessa afirmativa é que, a não observância da competência em razão do local, por ser relativa, deve demonstrar prejuízo para configurar a nulidade, a teor do art. 563 do CPP (Brasil, 1941).

Contudo, quanto à competência em razão da matéria e da pessoa, tratam-se de competências absolutas, não havendo que se falar em demonstração de prejuízo para ser declarada a nulidade dos atos praticados pelo juízo incompetente (art. 564, I, CPP).

No tocante à competência material e com relação à pessoa, tratam-se de competências absolutas, enquanto na jurisprudência majoritária predomina o entendimento de que a competência territorial (local) é relativa.

Primeiramente, analisaremos em que consiste cada um desses critérios para, posteriormente, mencionarmos de que forma será aplicada a competência sobre tais critérios.

— 6.2.1 —
Competência em razão da matéria

Os critérios de fixação de competência seguem a ordem de exclusão, verificando se a competência em razão da matéria (natureza da infração) é das justiças especializadas, seguindo uma ordem cronológica de verificação: Justiça Militar Federal, Justiça Militar Estadual e Justiça Eleitoral. Quanto à natureza da infração, não sendo correspondente a nenhum desses órgãos, deve-se analisar se a competência é da Justiça Comum Federal.

Nesse caso, pelo critério de exclusão, não sendo nenhuma das justiças especializadas competente, será fixada a competência da Justiça Comum Estadual. "Assim, um crime somente será de competência da Justiça Comum Estadual quando não for de competência de nenhuma das anteriores" (Lopes Jr., 2020, p. 421).

Em se tratando de Justiça Comum, deve ser analisado ainda se em razão da matéria a competência será dos Juizados Especiais Criminais, do Tribunal do Júri ou do juiz singular.

Assim, por exemplo, um crime de homicídio praticado por cidadão comum contra outro cidadão comum será julgado pela Justiça Comum Estadual, mais precisamente pelo Tribunal do Júri.

As definições das competências das Justiças Especializadas e da Justiça Comum serão analisadas mais adiante. No momento, cabe-nos mencionar que os critérios em razão da matéria devem ser analisados das Justiças Especializadas para a Justiça Comum.

É importante esclarecer que as decisões tomadas por órgão incompetente em razão da matéria não poderão ser convalidadas, pois se trata de uma competência absoluta, podendo ser reconhecida a incompetência do juízo a qualquer tempo (Lopes Jr., 2020).

Nessa perspectiva, fixando-se algum dos órgãos jurisdicionais recém-mencionados, cabe a análise se, em virtude da pessoa, a competência não será deslocada do 1º grau para o 2º grau ou, até mesmo, para os tribunais superiores, conforme descreveremos a seguir.

— 6.2.2 —
Competência em razão da pessoa

Sendo fixada a competência em razão da matéria, é preciso verificar a competência em razão da pessoa, pois, a depender da qualidade ou da prerrogativa em razão de sua função, seu cargo ou sua profissão, a competência se deslocará para outros níveis de jurisdição. Sob essa ótica, de acordo com Badaró (2018, p. 254):

> Do ponto de vista técnico, trata-se de hipótese de definição de competência objetiva em razão da qualidade da parte, no caso, dos ocupantes de determinadas funções que estejam sujeitos a uma persecução penal, normalmente conjugada com competência objetiva em razão da matéria, no caso, crimes comuns.

Em relação à pessoa, há hipóteses em que o processo já se iniciará no 2º grau ou, até mesmo, nos tribunais superiores – Superior Tribunal de Justiça (STJ) ou Supremo Tribunal Federal (STF). Tais hipóteses não correspondem a um privilégio da pessoa, e sim a "uma situação diferenciada em respeito e em decorrência do cargo exercido" (Badaró, 2018, p. 254).

De acordo com a doutrina, os níveis podem ser definidos da seguinte maneira (Lopes Jr., 2020, p. 422):

- **1º nível**: O primeiro nível jurisdicional em âmbito federal corresponde aos seguintes órgãos: Juizados Especiais Criminais; Juiz Singular Federal e Tribunal do Júri.

  Em relação ao âmbito estadual, em primeiro nível estão compreendidos: Juizados Especiais Criminais, Juiz Singular de Direito e Tribunal do Júri.

  Ainda nesse nível é possível identificar que estão inseridas a Justiça Eleitoral e a Justiça Militar.

- **2º nível**: No segundo nível, no âmbito federal está o Tribunal Regional Federal (TRF), e no âmbito estadual, o Tribunal de Justiça do Estado (TJE), sendo que os Tribunais Regionais Eleitorais (TREs) e os Tribunais de Justiça Militar também integram esse nível.
- **3º nível**: No terceiro nível se encontram o Superior Tribunal de Justiça (STJ), o Tribunal Superior Eleitoral (TSE) e o Superior Tribunal Militar (STM).
- **4º nível**: Por sua vez, no 4º nível está localizado o Supremo Tribunal Federal (STF).

Nessa linha, acerca da competência em razão da pessoa, o legislador adotou a sistemática de estabelecer expressamente as hipóteses que não serão de competência do 1º nível, as quais são normalmente estabelecidas na Constituição da República e, quando previstas, prevalecem sobre a competência de 1º grau.

As hipóteses de prerrogativa de função serão debatidas mais adiante de forma pormenorizada.

— 6.2.3 —
Competência em razão do local

Mesmo fixando-se a competência em razão da matéria (natureza do delito) e em razão da pessoa (prerrogativa de função), é necessário verificar a competência em razão do local (lugar da infração), pois, por exemplo, mesmo no 2º nível (competência em razão da pessoa), é preciso decidir qual será o tribunal competente para julgar o delito.

Assim, as regras relativas à competência em razão do local estão previstas nos arts. 70 e 71 do CPP, que assim dispõem:

> Art. 70. A competência será, de regra, determinada pelo lugar em que se consumar a infração, ou, no caso de tentativa, pelo lugar em que for praticado o último ato de execução.
>
> § 1º Se, iniciada a execução no território nacional, a infração se consumar fora dele, a competência será determinada pelo lugar em que tiver sido praticado, no Brasil, o último ato de execução.
>
> § 2º Quando o último ato de execução for praticado fora do território nacional, será competente o juiz do lugar em que o crime, embora parcialmente, tenha produzido ou devia produzir seu resultado.
>
> § 3º Quando incerto o limite territorial entre duas ou mais jurisdições, ou quando incerta a jurisdição por ter sido a infração consumada ou tentada nas divisas de duas ou mais jurisdições, a competência firmar-se-á pela prevenção.
>
> Art. 71. Tratando-se de infração continuada ou permanente, praticada em território de duas ou mais jurisdições, a competência firmar-se-á pela prevenção. (Brasil, 1941)

A regra geral para a fixação da competência em razão do local será no lugar em que se consumou o delito ou, no caso de tentativa, onde foi praticado o último ato de execução. Nas hipóteses de consumação do delito ou em que o último ato executório for praticado fora do território brasileiro, considerar-se-á o último local no Brasil no qual tenha sido praticado o ato executório ou em que se produziu ou deveria ter sido produzido o resultado.

Se o lugar do cometimento for a bordo de um navio ou aeronave, serão utilizadas as regras previstas entre os arts. 88 e 90 do CPP, que estabelecem:

> Art. 88. No processo por crimes praticados fora do território brasileiro, será competente o juízo da Capital do Estado onde houver por último residido o acusado. Se este nunca tiver residido no Brasil, será competente o juízo da Capital da República.
>
> Art. 89. Os crimes cometidos em qualquer embarcação nas águas territoriais da República, ou nos rios e lagos fronteiriços, bem como a bordo de embarcações nacionais, em alto-mar, serão processados e julgados pela justiça do primeiro porto brasileiro em que tocar a embarcação, após o crime, ou, quando se afastar do País, pela do último em que houver tocado.
>
> Art. 90. Os crimes praticados a bordo de aeronave nacional, dentro do espaço aéreo correspondente ao território brasileiro, ou ao alto-mar, ou a bordo de aeronave estrangeira, dentro do espaço aéreo correspondente ao território nacional, serão processados e julgados pela justiça da comarca em cujo território se verificar o pouso após o crime, ou pela da comarca de onde houver partido a aeronave. (Brasil, 1941)

Quando não for possível obter a informação a respeito do local em que foi cometida a infração, aplica-se a regra dos arts. 72 e 73 do CPP, que assim estabelecem:

> Art. 72. Não sendo conhecido o lugar da infração, a competência regular-se-á pelo domicílio ou residência do réu.
>
> § 1º Se o réu tiver mais de uma residência, a competência firmar-se-á pela prevenção.
>
> § 2º Se o réu não tiver residência certa ou for ignorado o seu paradeiro, será competente o juiz que primeiro tomar conhecimento do fato.
>
> Art. 73. Nos casos de exclusiva ação privada, o querelante poderá preferir o foro de domicílio ou da residência do réu, ainda quando conhecido o lugar da infração. (Brasil, 1941)

Portanto, sendo desconhecido o local da infração, a competência será firmada no local onde o acusado tiver residência, e, no caso de possuir mais de uma residência, será fixada a competência pelo critério da prevenção (tal critério será objeto de análise mais adiante neste capítulo).

— 6.3 —
Fixando a competência a partir de justiças especializadas, níveis e em razão da matéria

O primeiro passo em direção à fixação do juízo competente diz respeito à análise da competência em razão da matéria, partindo das justiças especializadas (Justiça Militar Federal, Justiça Militar Estadual e Justiça Eleitoral). Em caso de não ser competência de tais órgãos, a competência será das justiças comuns (Federal e, depois, Estadual). Em alguns casos, a pessoa será importante para a fixação da competência – por exemplo, na Justiça Militar.

Iniciando pelas Justiças Especiais, cabe mencionar a questão da competência material em razão da natureza do delito e da pessoa na Justiça Militar Federal.

— 6.3.1 —
Justiça Militar Federal

A competência da Justiça Militar Federal se firma em razão da pessoa e da natureza do crime, sendo que, no tocante à pessoa, os militares pertencentes ao Exército, à Marinha e à Aeronáutica com atuação no território nacional que praticarem algum delito serão julgados pela Justiça Militar Federal.

A competência em razão do crime ou da matéria acerca da Justiça Militar Federal encontra respaldo legal primeiramente no art. 124 da Constituição da República, que assim dispõe: "Art. 124. À Justiça Militar compete processar e julgar os crimes militares definidos em lei. Parágrafo único. A lei disporá sobre a organização, o funcionamento e a competência da Justiça Militar" (Brasil, 1988). Assim, a Lei Maior derroga a fixação de competência para a lei ordinária.

A lei ordinária, mais precisamente o Código Penal Militar – Decreto-Lei n. 1.001, de 21 de outubro de 1969 (Brasil, 1969a) –, estabelece, no art. 9º, quais crimes podem ser considerados crimes militares em tempos de paz, sendo que os crimes militares em tempo de guerra estão previstos no art. 10 do Código Penal Militar (Brasil, 1969a). Ademais, tais artigos também estabelecem quais são as pessoas que poderão cometer crimes de natureza militar. Tendo em vista que a simples reprodução dos dispositivos não é o objetivo aqui traçado, indicamos que o leitor faça a leitura desses dispositivos a fim de verificar quais situações poderão ser consideradas como crimes militares.

Em síntese, podemos dizer que a competência será da Justiça Militar Federal quando quatro requisitos estiverem presentes:

i. a conduta deve estar tipificada no Código Penal Militar e prevista na legislação comum ou especial (art. 9º, II, Código Penal Militar);
ii. presença de alguma das situações descritas no art. 9º do Código Penal Militar (em tempo de paz) ou no art. 10º do mesmo código (em tempo de guerra);

iii. há interesse militar na situação (entendimento jurisprudencial majoritário);
iv. crimes praticados por militares pertencentes ao Exército, à Marinha e à Aeronáutica.

De acordo com Lopes Jr. (2020, p. 426), "somente quando concorrerem esses elementos teremos um crime de competência da Justiça Militar da União".

É importante mencionar que o crime doloso contra a vida praticado por militar não será julgado pelo Tribunal do Júri, mas sim pela Justiça Militar Federal. Ou seja, na concorrência entre o Tribunal do Júri e a Justiça Militar Federal, quando praticado crime doloso contra a vida por militar, prevalecerá a competência da Justiça Militar Federal.

A exceção em relação aos militares pertencentes ao Exército, à Marinha e à Aeronáutica é o civil que pratica alguma conduta descrita nas hipóteses dos incisos I, II ou III do art. 9º do Código Penal Militar (Brasil, 1969a).

— 6.3.2 —
Justiça Militar Estadual

Não sendo a hipótese de competência da Justiça Militar Federal, a análise a ser feita é em relação à possibilidade de fixação da competência da Justiça Militar Estadual.

Para tanto, a competência da Justiça Militar Estadual encontra fundamento no art. 125, parágrafos 4º e 5º, da Constituição da República, que assim dispõe:

> Art. 125. Os Estados organizarão sua Justiça, observados os princípios estabelecidos nesta Constituição. [...]
>
> § 4º Compete à Justiça Militar estadual processar e julgar os militares dos Estados, nos crimes militares definidos em lei e as ações judiciais contra atos disciplinares militares, ressalvada a competência do júri quando a vítima for civil, cabendo ao tribunal competente decidir sobre a perda do posto e da patente dos oficiais e da graduação das praças.
>
> § 5º Compete aos juízes de direito do juízo militar processar e julgar, singularmente, os crimes militares cometidos contra civis e as ações judiciais contra atos disciplinares militares, cabendo ao Conselho de Justiça, sob a presidência de juiz de direito, processar e julgar os demais crimes militares. (Brasil, 1988)

Uma das diferenças que marca as competências da Justiça Militar Estadual e da Justiça Militar Federal é, principalmente, em relação à pessoa.

As disposições acerca da Justiça Militar Federal abrem margem para que o civil possa ser julgado pela Justiça Militar Federal quando pratica alguma conduta prevista no Código Penal Militar nas situações do art. 9º. Contudo, no âmbito da Justiça Militar Estadual, em razão do art. 125, parágrafo 4º, da Constituição da

República, foi delimitado o âmbito de atuação da jurisdição castrense estadual aos militares dos estados: policial militar estadual, policial rodoviário estadual ou bombeiro.

A respeito disso, a Súmula n. 53 do STJ assim dispõe: "Compete à Justiça Comum Estadual processar e julgar civil acusado de prática de crime contra instituições militares estaduais" (Brasil, 1992c).

Feita a ressalva em relação à impossibilidade de o civil ser julgado no âmbito da Justiça Militar Estadual, a situação da fixação de sua competência é semelhante à da Justiça Militar, devendo estar presentes os seguintes requisitos:

i. a conduta deve estar tipificada no Código Penal Militar e prevista na legislação comum ou especial (art. 9º, II, Código Penal Militar);
ii. presença de alguma das situações descritas no art. 9º do Código Penal Militar;
iii. há interesse militar na situação (entendimento jurisprudencial majoritário);
iv. crime praticado por policiais que integrem a polícia militar estadual, polícia rodoviária estadual ou corpo de bombeiros.

É importante mencionar que o crime doloso contra a vida praticado por policiais que integrem a polícia militar estadual, a polícia rodoviária estadual ou o corpo de bombeiros será julgado perante o Tribunal do Júri, conforme art. 9º, inciso II, parágrafo 1º, do Código Penal Militar (Brasil, 1969a), sendo que a ressalva em relação à competência da Justiça Militar será somente no âmbito da Justiça Militar Federal, ou seja, em crimes dolosos praticados por militares (Lopes Jr., 2020).

Outra ressalva necessária sobre a competência da Justiça Militar Estadual se refere ao acidente de trânsito – quando este constitui crime, bem como se faz necessário que a vítima seja civil. A competência para o julgamento do caso penal será da Justiça Comum Estadual, conforme disposição da Súmula n. 6 do STJ (Brasil, 1990c).

— 6.3.3 —
Justiça Eleitoral

Não sendo o delito de competência da Justiça Militar (Federal e Estadual), a análise deve recair sobre a Justiça Eleitoral.

A disposição acerca da Justiça Eleitoral é definida no art. 121 da Lei Fundamental, conforme descrito: "Lei complementar disporá sobre a organização e competência dos tribunais, dos juízes de direito e das juntas eleitorais" (Brasil, 1988).

Nesse tear, o Código Eleitoral – Lei n. 4.737, de 15 de julho de 1965 (Brasil, 1965) – estabelece os crimes que serão considerados eleitorais entre os arts. 289 e 354-A. Entre os arts. 355 e 364, a lei estabelece os procedimentos a serem adotados em casos de infrações eleitorais. Em relação à competência, a previsão legal se encontra no art. 78, inciso IV, do CPP (Brasil, 1941), e no art. 35, inciso II, do Código Eleitoral (Brasil, 1965). Portanto, o cidadão que cometer alguma infração prevista no Código Eleitoral será julgado perante a Justiça Eleitoral.

Quando houver conflito de competência entre a Justiça Eleitoral e a Justiça Comum (Federal ou Estadual), prevalecerá a competência da Justiça Eleitoral para julgar, conforme disposição do art. 78, inciso IV, do CPP, e art. 109, inciso IV, da Constituição da República. Ademais, cabe destacar a decisão proferida pelo STF no Quarto Agravo Regimental no Inq. 4.435/DF, de relatoria do Ministro Marco Aurélio, julgado em 14 de março de 2019, que sedimentou o entendimento de que prevalece a competência da Justiça Eleitoral em detrimento da Justiça Comum (seja ela Federal, seja Estadual) (Brasil, 2019c).

— 6.3.4 —
Justiça Comum Federal

Não sendo a competência das justiças especializadas, é preciso verificar se a competência será da Justiça Comum Federal, valendo a menção ao fato de que, apesar de a Justiça Comum Estadual e a Justiça Comum Federal estarem no mesmo nível, em caso de conflito de competências entre ambas, prevalecerá a competência da Justiça Federal, segundo a regra contida no art. 78, inciso III, do CPP.

A competência da Justiça Comum Federal está prevista no art. 109 da Constituição da República de 1988, sendo que, a respeito da competência específica penal, a previsão legal se encontra, precisamente, entre os incisos IV e X do art. 109 da Carta Magna.

O inciso IV do art. 109 da Constituição estabelece a competência para julgar:

> IV – os crimes políticos e as infrações penais praticadas em detrimento de bens, serviços ou interesse da União ou de suas entidades autárquicas ou empresas públicas, excluídas as contravenções e ressalvada a competência da Justiça Militar e da Justiça Eleitoral. (Brasil, 1988)

Dessa forma, excluem-se da competência da Justiça Comum Federal as contravenções penais – cf. Súmula n. 38 do STJ (Brasil, 1992a) – e aqueles delitos cuja competência seja das Justiças Especializadas. Além destas, como o inciso IV do art. 109 da Constituição da República estabelece que serão de competência da Justiça Federal as infrações em detrimento de bens, serviços ou de interesse da União, consequentemente, exclui-se de sua competência os crimes cometidos contra órgãos de economia mista, sendo estes de competência da Justiça Estadual – cf. Súmula 42 do STJ (Brasil, 1992b) e Súmula n. 508 do STF (Brasil, 1969c).

Dentre vários crimes, podemos citar como de competência da Justiça Federal: falsificação de moeda (art. 289, parágrafo 1º, Código Penal); crimes contra sistema financeiro (art. 21, VIII, Constituição da República; Lei n. 7.492/1986); crimes contra servidor público federal (Súmula n. 147 do STJ) (Brasil, 1940, 1988, 1986, 1995b).

Apesar de a regra geral em relação aos crimes ambientais versar que estes serão de competência da Justiça Comum Estadual, há exceções quando os crimes ambientais são cometidos em detrimento de bens, serviços ou interesses da União, suas autarquias ou empresa pública. A ressalva é importante, pois o art. 225, parágrafo 4º, da Constituição da República estabelece que "a Floresta Amazônica brasileira, a Mata Atlântica, a Serra do Mar, o Pantanal Mato-Grossense e a Zona Costeira são patrimônio nacional" (Brasil, 1988), fazendo parte, portanto, de patrimônio da União, incidindo a regra prevista no inciso IV do art. 109 da Constituição da República. Ou seja, na hipótese de crime cometido em tais áreas, a competência será da Justiça Comum Federal, valendo-se o alerta que deverá ser demonstrado o interesse da União (Lopes Jr., 2020).

Por outro lado, em relação aos crimes cometidos contra indígenas, Lopes Jr., (2020, p. 453) menciona:

> Em suma, quanto ao indígena: como regra geral a competência é da justiça estadual, exceto se houver a afetação a direitos indígenas, sua organização social, costumes, línguas, crenças, tradições e direitos originários sobre a terra, situações em que a competência será da justiça federal.

Sobre a competência da Justiça Federal, o inciso V do art. 109 da Constituição da República assim prevê: "os crimes previstos em tratado ou convenção internacional, quando, iniciada a execução no País, o resultado tenha ou devesse ter ocorrido no estrangeiro, ou reciprocamente" (Brasil, 1988).

A esse respeito, cabe mencionar que o delito de tráfico de drogas possui previsão em tratados internacionais para sua prevenção e repressão. Contudo, isso não indica que a competência será da Justiça Comum Federal, pois a regra geral é que sua competência seja da Justiça Comum Estadual, salvo nos casos em que existam provas no sentido da transnacionalidade do tráfico, de acordo com o art. 70 da Lei n. 11.343, de 23 de agosto de 2006 (Brasil, 2006). Nesse caso, será processado e julgado perante a Justiça Federal – conforme a Súmula n. 522 do STF (Brasil, 1669d).

Por meio da Emenda Constitucional n. 45, de 30 de dezembro de 2004 (Brasil, 2004), foi inserido na Constituição Federal o inciso V-A no art. 109, estabelecendo a competência da Justiça Federal nas "causas relativas a direitos humanos a que se refere o parágrafo 5º deste artigo" (Brasil, 1988). Por sua vez, o parágrafo 5º do art. 109 da Constituição da República estabelece que:

> Nas hipóteses de grave violação de direitos humanos, o Procurador-Geral da República, com a finalidade de assegurar o cumprimento de obrigações decorrentes de tratados internacionais de direitos humanos dos quais o Brasil seja parte, poderá suscitar, perante o Superior Tribunal de Justiça, em qualquer fase do inquérito ou processo, incidente de deslocamento de competência para a Justiça Federal. (Brasil, 1988)

Esse inciso define que a competência será da Justiça Comum Federal nos casos em que houver grave violação de direitos humanos. Porém, parte da doutrina discorda da inserção de tal inciso, uma vez que abre grande margem para a discricionariedade e manipulação de competência, conforme menciona Lopes Jr. (2020, p. 446):

> O incidente de deslocamento da competência gera um imenso perigo de manipulação política (e teatralização) de um julgamento. Também peca pela abertura conceitual, pois qualquer homicídio é uma grave violação de direitos humanos. Agrava o quadro o fato de a fórmula utilizada pelo legislador ser vaga, imprecisa e indeterminada, colocando em risco o princípio da legalidade e conduzindo a uma flagrante violação da garantia do juiz natural.

Em relação ao inciso VI do art. 109 da Constituição da República, há a seguinte previsão de competência da Justiça Federal: "os crimes contra a organização do trabalho e, nos casos determinados por lei, contra o sistema financeiro e a ordem econômico-financeira" (Brasil, 1988). A esse respeito, os crimes contra a organização do trabalho encontram previsão legal entre os arts. 197 e 207 do Código Penal (Brasil, 1940). Porém, só haverá a competência da Justiça Federal "quando afetarem as instituições do trabalho ou coletivamente os trabalhadores. Nessa linha, quando o crime afetar direito individual dos trabalhadores, a competência é da Justiça Estadual" (Lopes Jr., 2020, p. 447).

Quanto aos crimes contra a ordem tributária previstos na Lei n. 8.137, de 27 de dezembro de 1990 (Brasil, 1990b), a exigência para que seja a competência da Justiça Comum Federal é de que a supressão ou a redução seja de tributos federais, pois, sendo estaduais, a competência será da Justiça Comum Estadual.

Na lavagem ou na ocultação de bens, a competência será da Justiça Federal quando houver as hipóteses previstas no art. 2º, inciso III, da Lei n. 9.613, de 3 de março de 1998, que assim estabelece:

> Art. 2º O processo e julgamento dos crimes previstos nesta Lei:
>
> [...]
>
> III – são da competência da Justiça Federal:
>
> a) quando praticados contra o sistema financeiro e a ordem econômico-financeira, ou em detrimento de bens, serviços ou interesses da União, ou de suas entidades autárquicas ou empresas públicas;
>
> b) quando a infração penal antecedente for de competência da Justiça Federal. (Brasil, 1998)

Avançando sobre o tema, o inciso IX do art. 109 da Constituição da República estabelece que "os crimes cometidos a bordo de navios ou aeronaves, ressalvada a competência da Justiça Militar" (Brasil, 1988), serão de competência da Justiça Comum Federal.

Contudo, o problema trazido por Lopes Jr. (2020, p. 450) merece atenção:

Mas, e o que se entende por navio e aeronave? Eis o problema de se utilizar uma cláusula genérica. A jurisprudência ao longo dos anos vem construindo esses conceitos, para justificar a intervenção da Justiça Federal apenas quando estivermos diante de navios ou aeronaves de grande porte. Não se tratando de navio com capacidade para navegação em alto-mar, em águas internacionais (potencial de deslocamento internacional), ou avião de grande porte, com autonomia para viagens internacionais ou, ao menos, deslocamento por longas distâncias, cruzando mais de um Estado da Federação, a competência é da Justiça Estadual. Também pode ser utilizada como critério para definir esse interesse federal a fiscalização feita pela ANAC (Agência Nacional de Aviação Civil), de modo que somente as aeronaves que estejam realizando transporte aéreo entre aeroportos efetivamente fiscalizados pela ANAC interessariam à Justiça Federal. Nessa matéria, deve-se ainda atentar para o disposto nos arts. 89 e 90 do CPP.

Por fim, o inciso X do art. 109 da Constituição da República estabelece que "os crimes de ingresso ou permanência irregular de estrangeiro, a execução de carta rogatória, após o 'exequatur', e de sentença estrangeira, após a homologação, as causas referentes à nacionalidade, inclusive a respectiva opção, e à naturalização" (Brasil, 1988) serão julgados pelos juízes federais.

Quando o crime doloso contra a vida é praticado por servidor público federal ou contra ele, a competência não será do Tribunal do Júri Estadual, mas sim do Tribunal do Júri no âmbito Federal, conforme o art. 5º, inciso XXXVIII, alínea "d", da Constituição da República (Brasil, 1988).

Dessa forma, percebemos que a competência da Justiça Comum Federal encontra previsão legal taxativa e expressa no art. 109 da Constituição da República de 1988. Em hipóteses fora dessa previsão legal, a competência será da Justiça Comum Estadual.

— 6.3.5 —
Juizado Especial Criminal Federal

As hipóteses de competência dos Juizados Especiais Criminais Federais encontram fundamento legal no art. 2º da Lei n. 10.259, de 12 de julho de 2001 (Brasil, 2001). A estrutura dos juizados especiais é estabelecida pela Lei n. 9.099, de 26 de setembro de 1995 (Brasil, 1995a), incluindo a estruturação do Juizado Especial Criminal Federal. Há dois critérios cumulativos para a fixação da competência: que o delito se encaixe em alguma das hipóteses do art. 109 da Constituição; e que seja crime com pena máxima não superior a dois anos, isto é, apenado exclusivamente com multa (Lopes Jr., 2020).

— 6.3.6 —
Justiça Comum Estadual

Analisado todas as possibilidades em relação às Justiças Especializadas, bem como à Justiça Comum Federal, não havendo competência de nenhuma destas, a competência será da Justiça Comum Estadual, uma vez que ela é considerada residual.

A Justiça Comum Estadual em primeiro grau se divide em: Tribunal do Júri; Juiz de Direito; e Juizados Especiais Criminais.

O Tribunal do Júri tem a competência para julgar crimes dolosos contra a vida e os conexos, conforme exposto no art. 5º, inciso XXXVIII, alínea "d", da Constituição, e no art. 74, parágrafo 1º, do CPP.

Conforme o art. 74, parágrafo 1º, do CPP, é de competência privativa do Tribunal do Júri os crimes previstos no art. 121, parágrafos 1º e 2º, no art. 122, parágrafo único, e nos arts. 123, 124, 125, 126 e 127, todos do Código Penal – Decreto-Lei n. 2.848, de 7 de dezembro de 1940 (Brasil, 1940) –, consumados ou tentados.

Cabe relembrar que, nos casos em que o servidor público federal for autor ou vítima de crimes dolosos contra a vida, a competência será da Justiça Comum Federal.

Por sua vez, a competência dos Juizados Especiais Criminais ocorre em razão da matéria. Precisamente, serão de competência dos Juizados Especiais Criminais Estaduais os crimes praticados de competência da Justiça Estadual e que sejam considerados de menor potencial ofensivo (crime ou contravenção com pena não superior a dois anos ou apenado apenas com multa), conforme art. 61 da Lei n. 9.099/1995 (Brasil, 1995a).

Dessa forma, só serão competências da Justiça Comum Estadual os casos que não forem de competência da Justiça Especializada ou da Justiça Comum Federal, tratando-se, portanto, de competência residual.

Feita a análise acerca da competência em razão da matéria, a segunda análise a ser feita se refere à competência em razão da pessoa, mais especificamente, em razão da prerrogativa de função.

Para a fixação da competência em razão da prerrogativa de função, alguns critérios são lançados pela jurisprudência, os quais estão apresentados a seguir.

De acordo com decisão proferida pelo STF na Ação Penal n. 937, na data de 3 de maio de 2018 (Brasil, 2018), a prerrogativa de foro dos deputados federais e senadores somente se aplica aos crimes cometidos durante o exercício do cargo, considerando-se como início a data da diplomação, e relacionados às funções exercidas. Encerrada a instrução, não haverá deslocamento de competência, mesmo com a perda do cargo ou a renúncia por parte do agente que tenha prerrogativa (Brasil, 2018).

É importante mencionar que os casos em que haja prerrogativa de função estão expressamente previstos na Constituição da República, recomendando-se a leitura dos seguintes dispositivos: art. 29, inciso VIII; art. 29, inciso X; art. 96, inciso III; art. 102, inciso I, alíneas "b" e "c"; art. 105, inciso I, alínea "a"; art. 108, inciso I, alínea "a". É válida a ressalva de que o agente também poderá ter a prerrogativa de função definida mediante a Constituição Estadual ou lei ordinária.

Fixando-se a competência em razão da matéria e da pessoa, a próxima análise a ser feita se refere à competência em razão do local. Para evitar a repetição, remetemos o leitor ao

Subcapítulo 6.2.3, que versa sobre a competência em razão do local, valendo-se do adendo que, desconhecendo o local do delito, será utilizado o critério previsto no art. 72 do CPP, ou seja, o critério de domicílio ou residência do acusado.

Dessa forma, definindo a competência em razão da matéria, da pessoa e do local, bem como a Justiça Comum Estadual de primeiro grau e o local da infração, há outro problema a ser resolvido: Quando a comarca possuir mais de um órgão competente (várias varas da justiça estadual), qual será o juízo competente?

A controvérsia é solucionada no art. 83 do CPP, que assim dispõe:

> Art. 83. Verificar-se-á a competência por prevenção toda vez que, concorrendo dois ou mais juízes igualmente competentes ou com jurisdição cumulativa, um deles tiver antecedido aos outros na prática de algum ato do processo ou de medida a este relativa, ainda que anterior ao oferecimento da denúncia ou da queixa (arts. 70, § 3o, 71, 72, § 2o, e 78, II, c). (Brasil, 1941)

Ou seja, a teor do art. 83 do CPP, a competência do juízo será firmada a partir do critério da prevenção ou da distribuição (art. 75, CPP), a depender do caso. Ou seja, o juiz que recebeu ou exarou a primeira decisão no caso concreto será o competente.

Cabe relembrar que o juiz das garantias é o competente para atuar na fase do inquérito policial, encerrando-se sua competência com o recebimento da denúncia e o encaminhamento dos autos para distribuição a outro julgador (art. 3º-D,

CPP – atualmente suspenso, conforme visto). Porém, em relação a um possível conflito de competência entre juízes de garantia, do mesmo modo será aplicada a regra da prevenção, ou seja, aquele que tomar a primeira decisão ou realizar algum ato na investigação preliminar.

— 6.4 —
Prorrogação da competência

A prorrogação de competência se refere à modificação da competência em virtude de dois ou mais crimes serem interligados entre si ou no caso da pluralidade de réus, com mais de um processo em andamento sob a jurisdição de juízes diferentes. Assim, a união dos processos ocorrerá por meio da conexão (art. 76, CPP) ou da continência (art. 77, CPP).

As regras relativas à conexão e à continência, de acordo com Badaró (2018, p. 261), têm como objetivos: "(1) evitar decisões conflitantes, em virtude de uma análise conjunta dos crimes ou dos coautores; (2) economia processual, na medida em que evita a repetição inútil de atos probatórios com a mesma finalidade em processos distintos".

A conexão ou a continência possuem diversos benefícios, pois, com a união dos processos, poderá ser realizada uma análise mais aprofundada sobre o conjunto probatório produzido, melhorando a qualidade da decisão e propiciando o melhor exercício da ampla defesa e do contraditório, uma vez que o acusado poderá conhecer o conjunto probatório como um todo.

Conforme mencionado, a conexão possui sua previsão legal no art. 76 do CPP, que apresenta a seguinte redação:

> Art. 76. A competência será determinada pela conexão:
>
> I – se, ocorrendo duas ou mais infrações, houverem sido praticadas, ao mesmo tempo, por várias pessoas reunidas, ou por várias pessoas em concurso, embora diverso o tempo e o lugar, ou por várias pessoas, umas contra as outras;
>
> II – se, no mesmo caso, houverem sido umas praticadas para facilitar ou ocultar as outras, ou para conseguir impunidade ou vantagem em relação a qualquer delas;
>
> III – quando a prova de uma infração ou de qualquer de suas circunstâncias elementares influir na prova de outra infração. (Brasil, 1941)

A conexão dos processos poderá ocorrer quando houver a pluralidade de infrações, podendo ocorrer também a pluralidade de agentes. Cabe destaque ao fato de que há três modalidades de conexão, sendo elas: conexão intersubjetiva, conexão objetiva ou teleológica e conexão instrumental ou probatória.

A conexão intersubjetiva é aquela a que se refere o inciso I do art. 76 do CPP, sendo dividida em três formas:

i. **Simultaneidade**: Quando duas ou mais infrações forem praticadas ao mesmo tempo por várias pessoas reunidas.

ii. **Concurso**: Quando ocorrem duas ou mais infrações praticadas por várias pessoas em concurso, embora em tempo e lugar diferentes.

iii. **Reciprocidade**: Quando ocorrem duas ou mais infrações praticadas por várias pessoas umas contra as outras.

A conexão objetiva ou teleológica está prevista no art. 76, inciso II, do CPP, estabelecendo que, quando houver um nexo de causalidade entre um crime antecedente e outro, serão considerados crimes conexos, ou seja, que o crime tenha sido cometido com a intenção de facilitar ou ocultar o(s) outro(s) crime(s).

Por fim, a conexão instrumental ou probatória está prevista no art. 76, inciso III, do CPP e diz respeito à relação probatória que uma infração influi em outra, sendo necessária a demonstração de que a ausência de união das provas causa prejudicialidade na outra infração. Por exemplo, é necessária a demonstração da ocorrência (prova da ocorrência do crime) do furto para configurar a receptação.

Por outro lado, a continência é prevista no art. 77 do CPP, que assim dispõe:

> Art. 77. A competência será determinada pela continência quando:
>
> I – duas ou mais pessoas forem acusadas pela mesma infração;
>
> II – no caso de infração cometida nas condições previstas nos arts. 51, § 1º, 53, segunda parte, e 54 do Código Penal. (Brasil, 1941)

Pela leitura do dispositivo citado, a continência ocorrerá quando houver pluralidade de agentes acusados do mesmo delito (continência por cumulação subjetiva) ou quando houver pluralidade de delitos em concurso formal, mas só um agente (continência por cumulação objetiva).

O art. 79 do CPP estabelece a consequência quando da verificação da hipótese de continência ou conexão, do seguinte modo: "Art. 79. A conexão e a continência importarão unidade de processo e julgamento" (Brasil, 1941).

Cabe destacar que a regra geral é a prevista no *caput* do art. 79 do CPP, sendo que as exceções estão previstas nos incisos I e II do referido artigo: "I – no concurso entre a jurisdição comum e a militar; II – no concurso entre a jurisdição comum e a do juízo de menores" (Brasil, 1941).

É relevante comentar que, ocorrendo um crime militar que seja conexo ao crime comum, haverá a cisão (separação) dos processos, sendo o crime militar julgado pela Justiça Militar, e o crime comum, pela Justiça Comum, conforme disposição da Súmula n. 90 do STJ (Brasil, 1993c).

A respeito da cisão dos processos, as hipóteses estão previstas nos parágrafos 1º e 2º do art. 79 do CPP:

> Art. 79. [...]
>
> § 1º Cessará, em qualquer caso, a unidade do processo, se, em relação a algum co-réu, sobrevier o caso previsto no art. 152.
>
> § 2º A unidade do processo não importará a do julgamento, se

houver co-réu foragido que não possa ser julgado à revelia, ou ocorrer a hipótese do art. 461. (Brasil, 1941)

Além dessas hipóteses, o art. 80 do CPP disciplina acerca da cisão processual (separação dos processos), da seguinte forma:

Art. 80. Será facultativa a separação dos processos quando as infrações tiverem sido praticadas em circunstâncias de tempo ou de lugar diferentes, ou, quando pelo excessivo número de acusados e para não lhes prolongar a prisão provisória, ou por outro motivo relevante, o juiz reputar conveniente a separação. (Brasil, 1941)

O problema em torno de tal artigo, segundo Badaró (2018), diz respeito à segunda parte do dispositivo, mais precisamente quando confere discricionariedade ao julgador, ao dispor que este, por outro motivo relevante, pode reputar a separação dos processos. De acordo com o autor, essa parte do dispositivo fere frontalmente a garantia do juiz natural.

Sendo o caso de unicidade dos processos pela conexão ou continência, não havendo as hipóteses de exceção anteriormente previstas, aplica-se a regra prevista no art. 78 do CPP.

Art. 78. Na determinação da competência por conexão ou continência, serão observadas as seguintes regras:
I - no concurso entre a competência do júri e a de outro órgão da jurisdição comum, prevalecerá a competência do júri;

II - no concurso de jurisdições da mesma categoria:

a) preponderará a do lugar da infração, à qual for cominada a pena mais grave;

b) prevalecerá a do lugar em que houver ocorrido o maior número de infrações, se as respectivas penas forem de igual gravidade;

c) firmar-se-á a competência pela prevenção, nos outros casos;

III - no concurso de jurisdições de diversas categorias, predominará a de maior graduação;

IV - no concurso entre a jurisdição comum e a especial, prevalecerá esta. (Brasil, 1941)

Cabe mencionar que as alíneas previstas no inciso II correspondem a critérios subsidiários, com grau de hierarquia, devendo-se iniciar a análise pela alínea "a".

Conforme mencionamos, quando houver conflito de competência entre a Justiça Comum Estadual e a Justiça Comum Federal, prevalecerá a competência da Justiça Comum Federal, conforme a Súmula n. 122 do STJ (Brasil, 1994b).

A leitura do inciso III do art. 78 do CPP deve ser feita com ressalvas, na medida em que, havendo o conflito de competência firmado na Constituição da República e a disposição de competência firmada nas demais legislações, prevalece a competência firmada pela Constituição da República.

— 6.5 —
Súmulas do Superior Tribunal de Justiça e do Supremo Tribunal Federal sobre a competência

A temática sobre a questão de competência possui diversas modificações e regulamentações por meio das súmulas editadas pelo STJ e pelo STF. Portanto, apresentaremos a seguir algumas súmulas pertinentes sobre a matéria.

Quadro 6.1 – Súmulas do STJ sobre competência

Súmula 6	Compete à Justiça Comum Estadual processar e julgar delito decorrente de acidente de trânsito envolvendo viatura de Polícia Militar, salvo se autor e vítima forem policiais militares em situação de atividade.
Súmula 38	Compete à Justiça Estadual Comum, na vigência da Constituição de 1988, o processo por contravenção penal, ainda que praticada em detrimento de bens, serviços ou interesse da União ou de suas entidades.
Súmula 42	Compete à Justiça Comum Estadual processar e julgar as causas cíveis em que é parte sociedade de economia mista e os crimes praticados em seu detrimento.
Súmula 47	Compete à Justiça Militar processar e julgar crime cometido por militar contra civil, com emprego de arma pertencente à corporação, mesmo não estando em serviço.

(continua)

(Quadro 6.1 – continuação)

Súmula 48	Compete ao juízo do local da obtenção da vantagem ilícita processar e julgar crime de estelionato cometido mediante falsificação de cheque.
Súmula 53	Compete à Justiça Comum Estadual processar e julgar civil acusado de prática de crime contra instituições militares estaduais.
Súmula 59	Não há conflito de competência se já existe sentença com trânsito em julgado, proferida por um dos juízos conflitantes.
Súmula 62	Compete à Justiça Estadual processar e julgar o crime de falsa anotação na carteira de trabalho e previdência social, atribuído à empresa privada.
Súmula 73	A utilização de papel-moeda grosseiramente falsificado configura, em tese, o crime de estelionato, da competência da Justiça Estadual.
Súmula 78	Compete à Justiça Militar processar e julgar policial de corporação estadual, ainda que o delito tenha sido praticado em outra unidade federativa.
Súmula 90	Compete à Justiça Estadual Militar processar e julgar o policial militar pela prática do crime militar, e a comum pela prática do crime comum simultâneo àquele.
Súmula 104	Compete à Justiça Estadual o processo e julgamento dos crimes de falsificação e uso de documento falso relativo a estabelecimento particular de ensino.
Súmula 107	Compete à Justiça Comum Estadual processar e julgar crime de estelionato praticado mediante falsificação das guias de recolhimento das contribuições previdenciárias, quando não ocorrente lesão à autarquia federal.
Súmula 122	Compete à Justiça Federal o processo e julgamento unificado dos crimes conexos de competência federal e estadual, não se aplicando a regra do art. 78, II, "a", do CPP.

Jurisdição e competência

(Quadro 6.1 – continuação)

Súmula 140	Compete à Justiça Comum Estadual processar e julgar crime em que o indígena figure como autor ou vítima.
Súmula 147	Compete à Justiça Federal processar e julgar os crimes praticados contra funcionário público federal, quando relacionados com o exercício da função.
Súmula 151	A competência para o processo e julgamento por crime de contrabando ou descaminho define-se pela prevenção do juízo federal do lugar da apreensão dos bens.
Súmula 165	Compete à Justiça Federal processar e julgar crime de falso testemunho cometido no processo trabalhista.
Súmula 172	Compete à Justiça Comum processar e julgar militar por crime de abuso de autoridade, ainda que praticado em serviço.
Súmula 192	Compete ao juízo das execuções penais do estado a execução das penas impostas a sentenciados pela Justiça Federal, Militar ou Eleitoral, quando recolhidos a estabelecimentos sujeitos à Administração Estadual.
Súmula 200	O juízo federal competente para processar e julgar acusado de crime de uso de passaporte falso é o do lugar onde o delito se consumou.
Súmula 208	Compete à Justiça Federal processar e julgar prefeito municipal por desvio de verba sujeita à prestação de contas perante órgão federal.
Súmula 209	Compete à Justiça Estadual processar e julgar prefeito por desvio de verba transferida e incorporada ao patrimônio municipal.
Súmula 244	Compete ao foro local da recusa processar e julgar o crime de estelionato mediante cheque sem provisão de fundos.
Súmula 376	Compete à turma recursal processar e julgar o mandado de segurança contra ato de juizado especial.
Súmula 428	Compete ao Tribunal Regional Federal decidir os conflitos de competência entre juizado especial federal e juízo federal da mesma seção judiciária.

(Quadro 6.1 – conclusão)

Súmula 528	Compete ao juiz federal do local da apreensão da droga remetida do exterior pela via postal processar e julgar o crime de tráfico internacional.
Súmula 546	A competência para processar e julgar o crime de uso de documento falso é firmada em razão da entidade ou órgão ao qual foi apresentado o documento público, não importando a qualificação do órgão expedidor.

Fonte: Elaborado com base em Brasil, 2021a.

Quadro 6.2 – Súmulas do STF sobre competência

Súmula 451	A competência especial por prerrogativa de função não se estende ao crime cometido após a cessação definitiva do exercício funcional.
Súmula 498	Compete à Justiça dos Estados, em ambas as instâncias, o processo e o julgamento dos crimes contra a economia popular.
Súmula 521	O foro competente para o processo e julgamento dos crimes de estelionato, sob a modalidade emissão dolosa de cheque sem provisão de fundos, é o do local onde se deu a recusa do pagamento pelo sacado.
Súmula 522	Salvo ocorrência de tráfico para o exterior, quando, então, a competência será da Justiça Federal, compete à Justiça dos Estados o processo e julgamento dos crimes relativos a entorpecentes.
Súmula 555	É competente o tribunal de justiça para julgar conflito de jurisdição entre juiz de direito do estado e a Justiça Militar local.
Súmula 691	Não compete ao Supremo Tribunal Federal conhecer de *habeas corpus* impetrado contra decisão do relator que, em "habeas corpus" requerido a tribunal superior, indefere a liminar.

(continua)

(Quadro 6.2 – conclusão)

Súmula 702	A competência do Tribunal de Justiça para julgar prefeitos restringe-se aos crimes de competência da Justiça Comum Estadual; nos demais casos, a competência originária caberá ao respectivo Tribunal de segundo grau.
Súmula 703	A extinção do mandato do prefeito não impede a instauração de processo pela prática dos crimes previstos no art. 1º do DL 201/1967.
Súmula 704	Não viola as garantias do juiz natural, da ampla defesa e do devido processo legal a atração por continência ou conexão do processo do corréu ao foro por prerrogativa de função de um dos denunciados.
Súmula 706	É relativa a nulidade decorrente da inobservância da competência penal por prevenção.
Súmula 712	É nula a decisão que determina o desaforamento de processo da competência do júri sem audiência da defesa.
Súmula 721	A competência constitucional do tribunal do júri prevalece sobre o foro por prerrogativa de função estabelecido exclusivamente pela Constituição estadual.
Súmula Vinculante 36	Compete à Justiça Federal comum processar e julgar civil denunciado pelos crimes de falsificação e de uso de documento falso quando se tratar de falsificação da Caderneta de Inscrição e Registro (CIR) ou de Carteira de Habilitação de Amador (CHA), ainda que expedidas pela Marinha do Brasil.
Súmula Vinculante 45	A competência constitucional do Tribunal do Júri prevalece sobre o foro por prerrogativa de função estabelecido exclusivamente pela Constituição Estadual.

Fonte: Elaborado com base em Brasil, 2017; 2014b; 2015c.

Capítulo 7

Das questões e dos processos incidentais

Algumas questões e processos incidentes merecem atenção, entre os quais podemos citar os dispostos entre os arts. 92 e 117 do Código de Processo Penal (CPP) – Decreto-Lei n. 3.689, de 3 de outubro de 1941 (Brasil, 1941) –, trazendo vários fenômenos distintos: questões prejudiciais (arts. 92 ao 94, CPP); exceções (arts. 95 ao 111, CPP); incompatibilidade e impedimentos (art. 112, CPP); conflito de jurisdição (arts. 113 ao 117, CPP). Sob essa ótica, a seguir vamos abordar cada um desses processos.

— 7.1 —
Questões prejudiciais

As questões prejudiciais devem ser analisadas e resolvidas antes da decisão prejudicada, ou seja, o resultado das questões prejudiciais "condiciona o conteúdo da decisão prejudicada" (Badaró, 2018, p. 320).

Nessa perspectiva, não cabe ao juiz penal resolver tais questões prejudiciais. É de sua competência apenas verificar em que grau ou nível está a prejudicialidade da questão pendente (a qual pode ser relativas à esfera cível, administrativa ou tributária). Como exemplo, podemos citar o delito de bigamia, em que, se o primeiro casamento for declarado nulo, não se poderá falar no crime de bigamia, devendo, portanto, ser verificado se o primeiro casamento é válido, fugindo da esfera de competência do juiz penal (Badaró, 2018).

Em relação à classificação, ela pode se dar em razão da natureza das questões, as quais são divididas em *homogênea* e *heterogênea*.

Quando as questões (prejudicial e prejudicada) pertencem ao mesmo ramo do direito, serão consideradas prejudiciais homogêneas (Badaró, 2018), ou seja, a questão prejudicial é resolvida por meio do ramo penal, e a prejudicada também. Um dos exemplos que pode ser considerado como questão prejudicial homogênea diz respeito à receptação, na qual exige-se a comprovação da existência do delito anterior (furto ou roubo). Portanto, a decisão sobre a existência do furto/roubo é considerada prejudicial, devendo ser resolvida antes do delito de receptação – considerada prejudicada. Nesse exemplo, a existência do delito antecedente é condicionante para verificar a existência de outro crime.

Por outro lado, quando as questões são de ramos distintos, pertencendo a questão prejudicial a outro ramo do direito, condicionando-se o conteúdo da questão prejudicada no âmbito penal, serão consideradas questões prejudiciais heterogêneas, como foi o exemplo dado sobre o delito de bigamia, que depende da validade do primeiro casamento para, então, ser configurado o delito (Badaró, 2018).

As questões prejudiciais ainda podem ser divididas, a depender de seu efeito, em *prejudiciais obrigatórias* e *prejudiciais facultativas*.

Em relação à questão prejudicial obrigatória, o art. 92, *caput*, do CPP enuncia o seguinte:

> Art. 92. Se a decisão sobre a existência da infração depender da solução de controvérsia, que o juiz repute séria e fundada, sobre o estado civil das pessoas, o curso da ação penal ficará suspenso até que no juízo cível seja a controvérsia dirimida por sentença passada em julgado, sem prejuízo, entretanto, da inquirição das testemunhas e de outras provas de natureza urgente. (Brasil, 1941)

Assim, para a questão ser considerada como prejudicial obrigatória, são necessários três requisitos cumulativos: ser sobre o estado civil das pessoas; ser séria e fundada; e, por fim, deve condicionar a existência ou não de um crime (Badaró, 2018).

A consequência da existência de uma questão prejudicial obrigatória se dará em relação ao efeito no processo, o qual deverá ser suspenso – incluindo o prazo prescricional, conforme art. 116, inciso I, do Código Penal, dado pelo Decreto-Lei n. 2.848, de 7 de dezembro de 1940 (Brasil, 1940) – até que a questão relativa ao estado civil da pessoa seja resolvida por outro ramo do direito.

De acordo com Lopes Jr. (2020, p. 523), durante a suspensão, "poderá o juiz penal proceder a coleta da prova (inquirição de testemunhas, juntada de documentos etc.) e toda a instrução".

As questões prejudiciais sobre o estado civil das pessoas decorrem da lógica empregada no parágrafo único do art. 155, do CPP: "Parágrafo único. Somente quanto ao estado das pessoas serão observadas as restrições estabelecidas na lei civil" (Brasil, 1941).

Por outro lado, o art. 93, *caput*, do CPP dispõe sobre as questões prejudiciais que serão consideradas facultativas, por meio da seguinte redação:

> Art. 93. Se o reconhecimento da existência da infração penal depender de decisão sobre questão diversa da prevista no artigo anterior, da competência do juízo cível, e se neste houver sido proposta ação para resolvê-la, o juiz criminal poderá, desde que essa questão seja de difícil solução e não verse sobre direito cuja prova a lei civil limite, suspender o curso do processo, após a inquirição das testemunhas e realização das outras provas de natureza urgente. (Brasil, 1941)

Da leitura desse dispositivo, verificamos que, diferente da hipótese do estado civil das pessoas, o juiz não estará obrigado a suspender o processo, sendo a suspensão, portanto, uma faculdade, caso assim entenda ser necessário.

Para configurar uma questão prejudicial prevista no art. 93 do CPP, é necessário, cumulativamente, que:

> (1) questão prejudicial diversa do "estado civil das pessoas"; (2) que se trate de questão da qual dependa a existência da infração penal; (3) que já tenha sido proposta a ação para

resolver a questão no juízo cível; (4) que a "questão seja de difícil solução e não verse sobre direito cuja prova a lei civil limite". (Badaró, 2018, p. 325)

Alguns exemplos trazem luz ao que pode ser considerado como uma questão prejudicial, em que se considera prejudicado "quem é o proprietário da coisa, a ser decidida no juízo cível, em relação ao processo por crime de furto (CP, art. 155) titularidade de um direito de autor, em relação ao crime de violação autoral (CP, art. 184)" (Badaró, 2018, p. 326).

Poderá haver a suspensão do processo não somente em relação à existência do crime, mas também quanto à tipificação do crime, em que dependa o julgamento na causa cível para averiguar qual será a tipificação correta.

Cabe destacar que, nessas questões prejudiciais facultativas, a suspensão do processo não é obrigatória, pois "caberá ao juiz, tendo em vista a necessária coerência da decisão judicial e observando esses requisitos, determinar de ofício ou mediante requerimento de qualquer das partes a suspensão ou não do processo penal até que no juízo cível a questão seja resolvida" (Lopes Jr., 2020, p. 524-525).

As questões prejudiciais poderão ser arguidas pelas partes ou reconhecidas de ofício pelo julgador, conforme art. 94 do CPP, sendo que não poderão ser arguidas na fase do inquérito policial, mesmo com a inserção do juiz das garantias, na medida em que não pertence ao rol de sua competência resolver as questões prejudiciais.

Por fim, é importante mencionar que não caberá recurso em face da decisão que indeferir a suspensão do processo, podendo ser impetrado *habeas corpus* como substitutivo recursal em caso de flagrante de ilegalidade. Porém, há previsão expressa no art. 593, inciso XVI, do CPP quanto ao cabimento do recurso em sentido estrito, no caso de decisão que suspenda o processo.

— 7.2 —
Das exceções

As exceções são formas incidentais de se questionar a ausência de algum pressuposto processual ou condição de ação. Elas não integram o processo, devem ser apuradas em autos apartados e, em regra, não suspendem o andamento do processo (cf. art. 111 do CPP).

De acordo com o art. 95 do CPP, há cinco espécies de exceções, sendo elas: suspeição e incompetência de juízo (ambas são dilatórias, isto é, visam à substituição do juiz ou juízo); litispendência; ilegitimidade de parte; coisa julgada (as quais são peremptórias, ou seja, levam à extinção do processo, sem julgamento do mérito).

— 7.2.1 —
Exceção de suspeição

A exceção de suspeição poderá ocorrer quando for possível a contaminação ou indicação de que haverá quebra da imparcialidade diante de algum motivo.

Cabe destaque ao fato de que a exceção de suspeição poderá ser alegada em face de várias autoridades que podem atuar no processo, estando entre elas o juiz e o promotor, bem como a suspeição de peritos, intérpretes e serventuários ou funcionários de justiça. Por outro lado, deve-se analisar se é possível a exceção de suspeição da autoridade policial (delegado de polícia).

Exceção de suspeição do juiz

De acordo com o art. 97 do CPP, poderá ser alegada a suspeição de ofício pelo próprio juiz, devendo este "fazê-lo por escrito, declarando o motivo legal" (Brasil, 1941), e remeter "imediatamente o processo ao seu substituto, intimadas as partes" (Brasil, 1941). Também poderá arguir a suspeição do magistrado qualquer uma das partes – conforme art. 98 do CPP.

As hipóteses das exceções de suspeição em relação ao juiz encontram suas causas no art. 254 do CPP.

O momento a ser alegada a suspeição do juiz pela defesa é na resposta à acusação – art. 96 c/c art. 396-A, parágrafo 1º, ambos do CPP. Caso o conhecimento da suspeição ocorra posteriormente ao oferecimento da resposta, a arguição deverá ser feita no primeiro momento em que haja essa possibilidade.

Já pelo Ministério Público (MP), se a suspeição for conhecida antes da denúncia, deverá ser alegada no momento do oferecimento; já se o conhecimento for posterior ao oferecimento da denúncia, deverá ser realizada no primeiro momento possível.

Também poderá ser alegada a suspeição do juiz na fase do inquérito quando antes atuava em algum requerimento, passando agora a ser feita a suspeição em relação ao juiz das garantias (art. 3º-A, CPP), introduzido pela Lei n. 13.964, de 24 de dezembro de 2019 (Brasil, 2019b).

A forma pela qual será realizada a suspeição do juiz encontra previsão legal no art. 98 do CPP, o qual estabelece que a parte deverá fazê-lo em petição assinada por ela própria ou por procurador com poderes especiais, aduzindo as suas razões acompanhadas de prova documental ou do rol de testemunhas

Sendo aceita a suspeição, "o juiz sustará a marcha do processo, mandará juntar aos autos a petição do recusante com os documentos que a instruam, e por despacho se declarará suspeito, ordenando a remessa dos autos ao substituto", conforme art. 99 do CPP (Brasil, 1941).

Nos casos em que não for aceita a suspeição, de acordo com o art. 100 do CPP, os autos serão autuados em apartado, sendo dada a resposta pelo julgado em até três dias e, querendo, poderá instruir os autos, bem como apresentar testemunhas. Após esse procedimento, os autos serão encaminhados ao juiz ou tribunal competente em até 24 horas.

Quando a suspeição ocorrer nos tribunais – tanto no Supremo Tribunal Federal (STF) quanto nos demais Tribunais de Apelação –, de acordo com o art. 103 do CPP: "[...] o juiz que se julgar suspeito deverá declará-lo nos autos e, se for revisor, passar o feito ao seu substituto na ordem da precedência, ou, se for relator, apresentar os autos em mesa para nova distribuição" (Brasil, 1941).

A consequência do reconhecimento da suspeição está prevista no art. 101 c/c 564, inciso I, ambos do CPP, sendo que serão considerados nulos todos os atos do processo principal.

Exceção de suspeição do representante do Ministério Público

De acordo com o art. 104 do CPP, poderá ser arguida a suspeição do representante do MP quando se evidenciar alguma das causas previstas no art. 258 c/c 254, ambos do CPP.

Em relação ao procedimento a ser adotado, arguida a suspeição, o representante do MP será ouvido, podendo ser produzidas provas dentro de três dias, com posterior decisão pelo julgador, sem a possibilidade de recurso.

Caso seja acolhida a suspeição do representante do MP, predomina o entendimento de que, em regra, não haverá a declaração de nulidade dos atos praticados.

Exceção de suspeição de peritos, intérpretes e serventuários ou funcionários de justiça

Em relação a esse aspecto, cabe-nos apenas enunciar as causas de suspeição de cada um dos membros recém-listados, sendo que o procedimento a ser seguido será o mesmo aplicado nos casos de exceção de suspeição em relação aos membros do MP, conforme dispõe o art. 106 do CPP.

- Causas de suspeição dos peritos: art. 280 c/c 254, ambos do CPP.
- Causas de suspeição dos intérpretes: arts. 281 c/c 281 e 254, todos do CPP.
- Causas de suspeição dos serventuários da justiça: art. 274 c/c 254, ambos do CPP.

Exceção de suspeição da autoridade policial

Não cabe exceção de suspeição em relação à autoridade policial, de acordo com a disposição do art. 107 do CPP. No entanto, caso a autoridade verifique que está sob alguma das causas de suspeição, tem o dever de se abster de atuar no inquérito, conforme o art. 107, parte final, do CPP: "[...] mas deverão elas declarar-se suspeitas, quando ocorrer motivo legal" (Brasil, 1941).

— 7.2.2 —
Impedimento e incompatibilidade

As causas relativas ao impedimento estão previstas nos arts. 252 e 3º-D do CPP. Quando há risco de comprometimento da imparcialidade do julgador, as hipóteses previstas no art. 252 do CPP são as seguintes:

> I – tiver funcionado seu cônjuge ou parente, consangüíneo ou afim, em linha reta ou colateral até o terceiro grau, inclusive, como defensor ou advogado, órgão do Ministério Público, autoridade policial, auxiliar da justiça ou perito;
>
> II – ele próprio houver desempenhado qualquer dessas funções ou servido como testemunha;
>
> III – tiver funcionado como juiz de outra instância, pronunciando-se, de fato ou de direito, sobre a questão;
>
> IV – ele próprio ou seu cônjuge ou parente, consangüíneo ou afim em linha reta ou colateral até o terceiro grau, inclusive, for parte ou diretamente interessado no feito. (Brasil, 1941)

Deve ser adicionada à questão de impedimento o fato de o juiz ter atuado no inquérito ou tomado qualquer decisão no curso do inquérito, conforme art. 3º-D: "O juiz que, na fase de investigação, praticar qualquer ato incluído nas competências dos arts. 4º e 5º deste Código ficará impedido de funcionar no processo" (Brasil, 1941). Tal dispositivo também está suspenso em virtude da decisão liminar proferida pelo Ministro Luiz Fux, do STF.

Quanto à incompatibilidade, cabe mencionar que se trata da hipótese prevista no art. 253 do CPP, ou seja, quando há relação de parentesco do juiz dentro do mesmo órgão colegiado ou, no caso do Tribunal do Júri, com alguém do conselho de sentença.

Quando for verificada a causa de incompatibilidade, o procedimento será o mesmo da exceção de suspeição, conforme dispõe o art. 112 do CPP.

— 7.2.3 —
Exceção de incompetência

A exceção de incompetência é aplicável a todos os casos em que haja a incompetência, sendo que ela é oposta perante o juiz incompetente, para que "ele decline sua competência" (Badaró, 2018, p. 336).

Pode ser arguida por qualquer uma das partes e de ofício pelo juiz, conforme previsão do art. 109 do CPP.

De acordo com o art. 108 do CPP, a forma pela qual a exceção de competência é oposta não exige um formalismo rigoroso, podendo ser realizada por escrito ou verbalmente. Nessa perspectiva, o MP será ouvido, e caso a exceção de incompetência seja aceita, os autos serão encaminhados ao juízo competente, que ratificará os atos anteriores, prosseguindo com o processo. De acordo com o exposto no art. 111 do CPP, a exceção de incompetência não suspende o processo.

Em caso de negativa do reconhecimento de incompetência, o juiz continuará na condução do processo.

A consequência do reconhecimento da incompetência está prevista no art. 567 do CPP, que assim determina: "a incompetência do juízo anula somente os atos decisórios, devendo o processo, quando for declarada a nulidade, ser remetido ao juiz competente" (Brasil, 1941). Esse artigo deve ser lido em conjunto com o disposto no art. 108, parágrafo 1º, segunda parte do CPP: "[...] será remetido ao juízo competente, onde, ratificados os atos anteriores, o processo prosseguirá" (Brasil, 1941).

Caberá recurso em sentido estrito da decisão que concluiu pela incompetência do juízo (cf. art. 581, inciso II, CPP). Quando não há reconhecimento da incompetência, não cabe recurso, podendo a defesa impetrar *habeas corpus* como substitutivo recursal.

Quando houver duas ou mais autoridades judiciárias declarando-se competentes ou incompetentes (conflito de competência), nas hipóteses previstas nos arts. 113 e 114 do CPP, os autos serão enviados ao tribunal para decidir qual é o juízo competente (cf. art. 116, CPP).

Durante o inquérito policial, o MP e a defesa poderão arguir a incompetência. Por sua vez, quando o processo estiver em curso, somente a defesa poderá opor exceção de incompetência, conforme prevê o art. 108, parte final, do CPP, tendo o prazo de dez dias a contar da citação, de acordo com a leitura que se faz dos arts. 108, parte final, e 396-A, parágrafo 1º, do CPP.

Não haverá preclusão da matéria quando a incompetência for absoluta, pois se trata de matéria de ordem pública.

O entendimento majoritário da incompetência territorial é o seguinte: por se tratar de incompetência relativa, "se não for alegada no momento oportuno, ocorrerá a preclusão" (Badaró, 2018, p. 337-338).

— 7.2.4 —
Exceção de litispendência e de coisa julgada

A exceção de litispendência visa impedir que o mesmo acusado responda simultaneamente em dois processos distintos pelos mesmos fatos, ou seja "quando ainda está pendente um primeiro processo, que tem o mesmo objeto do segundo" (Badaró, 2018, p. 340).

Já a exceção da coisa julgada objetiva impedir que o mesmo acusado responda duas vezes pelo mesmo fato, um após o outro. Ela poderá ser formal ou material, sendo que, no caso da coisa julgada formal, ela "atinge qualquer sentença, terminativa ou de mérito" (Badaró, 2018, p. 340-341), enquanto a coisa julgada material "somente ocorre no caso de sentença de mérito, que produz efeitos sobre a relação material" (Badaró, 2018, p. 341).

De fato, tais exceções intentam impedir que o acusado seja punido ou processado pelo mesmo fato duas vezes, em respeito ao princípio *ne bis in idem*. Para verificar se a demanda é a mesma, deve haver "identidade de demandas, no processo penal, quando ambas tiverem o mesmo acusado e for imputado o mesmo fato naturalístico" (Badaró, 2018, p. 340).

Qualquer uma das partes poderá alegar a exceção de litispendência ou de coisa julgada, sendo que a parte deverá arguir a exceção no prazo de defesa (resposta à acusação – art. 396-A, CPP), conforme disposição dos arts. 110 e 108, ambos do CPP.

Não há preclusão, pois se trata de matéria de ordem pública, podendo ser conhecida de ofício pelo juiz.

Não cabe exceção de litispendência ou de coisa julgada no inquérito policial, podendo ser alegada a litispendência ou coisa julgada para o juiz da causa.

Tanto a exceção de litispendência quanto a de coisa julgada seguem o mesmo procedimento da exceção de incompetência, conforme os arts. 110 e 108, ambos do CPP, devendo estar instruídas com cópia da sentença ou acórdão (coisa julgada) ou da denúncia ou queixa do primeiro processo (litispendência).

Em regra, tais exceções não suspendem o processo, de acordo com o disposto no art. 111 do CPP.

Em caso de acolhimento da exceção de litispendência ou de coisa julgada, será extinto o processo sem julgamento do mérito.

Em relação ao recurso cabível do acolhimento da exceção de litispendência ou de coisa julgada, o recurso será em sentido estrito, conforme previsão no art. 581, inciso III, do CPP. Quanto à decisão que não acolhe a exceção de litispendência ou de coisa julgada, não cabe recurso, mas poderá impetrar *habeas corpus*.

Exceção de ilegitimidade de parte

A ilegitimidade de parte poderá ser tanto no polo ativo quanto no polo passivo, podendo ser em razão da ausência de capacidade processual ou em razão da ilegitimidade de parte.

A legitimidade para arguir a exceção de ilegitimidade da parte dependerá da classificação da ação penal, sendo que na ação penal privada serão legítimos o MP e o acusado, enquanto na ação penal pública a legitimidade será somente do acusado.

A exceção de ilegitimidade de parte deverá ser alegada no prazo de defesa (resposta à acusação – art. 396-A, CPP) conforme os arts. 110 e 108, ambos do CPP.

Não há preclusão, pois se trata de matéria de ordem pública, podendo ser conhecida de ofício pelo juiz. Além disso, segue o mesmo procedimento da exceção de incompetência (arts. 110 e 108, CPP).

Ocorrendo exceções de litispendência, coisa julgada ou ilegitimidade de parte, elas devem ser alegadas no mesmo momento, ou seja, em conjunto, conforme a regra estabelecida no art. 110, parágrafo 1º, do CPP. Em regra, tais exceções não suspendem o processo (art. 111, CPP).

O recurso cabível do acolhimento da exceção de ilegitimidade de parte será o recurso em sentido estrito (cf. art. 581, III, CPP). Da decisão que não acolhe a exceção de ilegitimidade de parte, não cabe recurso, porém poderá impetrar *habeas corpus*.

Capítulo 8

Teoria geral da prova e meios de prova

O processo penal é um ato de reconstrução histórica de determinado fato, em que se volta o olhar para o passado a fim de se tomar uma decisão no presente. Essa decisão, por sua vez, surtirá efeitos no futuro.

Tal reconstrução histórica não seria possível sem a análise das provas trazidas pelas partes. Na realidade, trata-se de um grande quebra-cabeças, pois aos poucos a história vai se reconstituindo para a formação do veredicto.

Nessa perspectiva, sendo a decisão do julgador formada mediante as provas colhidas durante o processo, o estudo acerca do que poderia ser considerado prova, meios de prova, tipos de prova e o exame de sua admissibilidade ganha especial relevância.

Conforme apresentamos no capítulo sobre os sistemas processuais penais, a análise sobre o ônus da prova, ou a sua gestão, ganha especial atenção para o estudo do sistema processual como um todo. Assim, se a proposta enunciada no art. 3º-A do Código de Processo Penal (CPP) – Decreto-Lei n. 3.689, de 3 de outubro de 1941 (Brasil, 1941) – é de manter um sistema processual com uma estrutura acusatória, as mudanças em torno da compreensão a respeito da gestão da prova no direito brasileiro devem ser (re)pensadas[1].

---

1 O termo (re)pensar faz referência ao fato de que há muito tempo vem sendo debatida a doutrina acerca da forma de gestão da prova, mas o direito processual brasileiro ainda não tomou a frente para efetivamente tornar o processo penal, de fato, acusatório. Por tal motivo, há necessidade de se repensar o ônus da prova a partir de bases garantistas e de uma estrutura acusatória do processo penal.

Para a compreensão sobre o tema, alguns caminhos são necessários, passando pela reflexão do que pode ser considerado prova, atividade probatória, meio de prova, resultado probatório, fonte de prova e meio de obtenção de prova. Após essas premissas estarem fixadas, será possível entender a classificação das provas, bem como quando serão consideradas ilícitas ou ilegítimas e as consequências da declaração de uma prova ilícita ou ilegítima. Ao final, a questão do ônus probatório no processo penal ganhará especial relevância a partir das bases firmadas, traçando matrizes que podem aproximar o direito processual penal de uma estrutura acusatória.

— 8.1 —
Conceito sobre prova e classificação

As provas no processo penal possuem regramento próprio e apresentam, inclusive, conceitos diferentes dos demais ramos do direito sobre vários aspectos, como a questão do que seria considerado prova, meio de prova, objeto de prova etc.

Além disso, elas são fundamentais para a comprovação do fato delituoso, bem como da autoria delitiva – relembrando que o acusado é protegido pela presunção de inocência, adquirindo o conhecimento sobre a matéria probatória especial relevância.

Assim, faz-se necessário compreendermos as noções gerais sobre a prova, sua classificação e, até mesmo, os tipos de prova, para, posteriormente, verificarmos a validade e a credibilidade de cada uma delas.

— 8.1.1 —
Noções gerais

Conforme mencionado, o processo penal é um paradoxo, em que no presente se toma uma decisão que surtirá efeitos no futuro, em razão da reconstrução de atos cometidos no passado. A esse respeito, Lopes Jr. e Badaró (2009, p. 14-15) definem precisamente esse paradoxo entre tempo e julgamento, nas seguintes palavras:

> Trata-se de um paradoxo temporal ínsito ao ritual judiciário: um juiz julgando no presente (hoje), um homem e seu fato ocorrido num passado distante (anteontem), com base na prova colhida num passado próximo (ontem) e projetando efeitos (pena) para o futuro (amanhã). Assim como o fato jamais será real, pois histórico, o homem que praticou o fato não é o mesmo que está em julgamento e, com certeza, não será o mesmo que cumprirá essa pena e, seu presente no futuro, será um constante reviver o passado.

A tarefa da reconstrução dos fatos para a tomada de decisão não é fácil, uma vez que se deve "proceder à reconstrução histórica dos fatos, de acordo com as regras legais que disciplinam a investigação, a admissão, a produção e a valoração das provas" (Badaró, 2018, p. 385).

Essa reconstrução histórica para se chegar a uma certeza processual passa necessariamente pela análise das provas produzidas, as quais influirão no convencimento do juiz em relação à tomada de decisão. Esse processo exercido pelo juiz é chamado de "atividade recognitiva" (Lopes Jr., 2020, p. 557).

Não é possível chegar à verdade real, pois esta pressupõe o conhecimento do todo, e sendo o processo a reconstrução histórica por meio dos elementos levados ao conhecimento do magistrado, torna-se impossível conhecer a totalidade e, consequentemente, chegar-se à verdade (Carnelutti, 1965).

A premissa do sistema inquisitório era a obtenção da verdade real. Para tanto, métodos para alcançar tal verdade foram adotados – por exemplo, a tortura. Assim, concebendo que a verdade real ou absoluta é o todo e, portanto, inacançável, esse constitui o primeiro passo rumo à estrutura acusatória.

De todo modo, mesmo na estrutura acusatória, não se escapa das questões em torno da verdade, mas de uma verdade formal, com respeito às regras e aos fatos descritos como criminalmente relevantes. Ademais, a verdade está condicionada em si mesma, pelo respeito aos procedimentos e às garantias fundamentais (Ferrajoli, 2018).

Sob essa ótica, de acordo Ferrajoli (2018), a verdade é aproximativa, pois o conhecimento que temos é advindo do que possuímos. Por tal motivo, a verdade formal dentro do processo penal é relativa à ideia de que o conhecimento do processo sempre será aproximativo a partir do que se sabe por meio das provas, e tratando-se de uma reconstrução histórica, a obtenção de todo o conhecimento não se torna possível, pois "cada prova é tomada como um fragmento da história [...] um pedaço da narrativa, interessando pela dimensão linguística e semiótica do processo como uma das tantas ocorrências do debate" (Lopes Jr., 2020, p. 567).

As provas também são responsáveis para tentar diminuir o âmbito de discricionariedade do julgador no caso penal, promovendo "uma íntima relação e interação entre prova e decisão penal, de modo a estabelecer mecanismos de controle em ambas as dimensões e, com isso, reduzir o autoritarismo e o erro judiciário" (Lopes Jr., 2020, p. 561).

Para que o juiz profira uma sentença condenatória, é necessário que haja uma certeza obtida por meio "da adoção de uma ou outra das narrativas" (Lopes Jr., 2020, p. 567) trazidas pelas partes. Essa certeza deve ser mostrada racionalmente de modo que as outras alternativas não sejam aplicáveis ao caso concreto, ou seja, com a intenção de que tenham sido eliminadas quaisquer dúvidas por meio dos elementos probatórios produzidos, restando apenas a alternativa da condenação.

Restando alguma dúvida em relação à reconstrução do fato, a única alternativa será a interpretação mais favorável ao acusado, uma vez que a ele é garantida a presunção de inocência e, consequentemente o *in dubio pro reo*.

— 8.1.2 —
Conceito e significados sobre a prova

O primeiro ponto a ser esclarecido é que a prova possui muitos significados, pois "a palavra é polissêmica e seu estudo transcende ao Direito, envolvendo a Epistemologia, a Semiótica, a Psicologia e outras ciências afins" (Badaró, 2018, p. 389).

Nessa perspectiva, de acordo com Badaró (2003, p. 159): "é de se destacar que o objeto da prova é sempre a alegação de um fato e não o fato em si mesmo". A afirmativa acerca da alegação é correspondente ao que foi mencionado sobre a aproximação da verdade, já que os fatos em si são acontecimentos que existiram na história, porém o objeto da prova é pautado no conhecimento, na percepção, em opiniões e conceitos ou, até mesmo, em juízos de valor sobre o mesmo fato, os quais podem ser vedadeiros ou falsos (Badaró, 2003).

Greco Filho (2019, p. 233) menciona que pode ser considerado como prova "todo elemento que pode levar o conhecimento de um fato a alguém e o convencimento de que existiu ou não existiu", sendo que a finalidade dessa prova é "o convencimento do juiz, que é seu destinatário. No processo, a prova não tem um fim em si mesma ou fim moral ou filósofico; sua finalidade é prática, qual seja, convencer o juiz" (Greco Filho, 2019, p. 234).

Ainda, de acordo com Badaró (2018, p. 389), diante da multiplicidade dos conceitos valorativos acerca do que pode ser considerado prova, eles podem ser divididos em três significados: atividade probatória, meio de prova e resultado probatório.

Por atividade probatória compreendem-se os atos desencadeados pelas partes de modo a trazer ao processo a possibilidade de verificação dos acontecimentos fáticos. Esses atos provocados pelas partes trazem ao processo os meios de prova, ou seja, os instrumentos pelos quais as provas poderão ser obtidas. Cabe destaque ao fato de que os meios de prova são meros instrumentos, e não a prova propriamente dita (Badaró, 2018). Um exemplo claro de meio de prova é a testemunha, que "ouvida no inquérito e que aportou informações úteis será articulada como meio de prova e, com a oitiva em juízo, produz uma prova" (Lopes Jr., 2020, p. 271).

Alguns meios de prova são mencionados no CPP, entre os quais podemos citar: perícias (arts. 158 ao 184); confissão (arts. 197 ao 200); perguntas ao ofendido (art. 201); testemunhas (arts. 202 ao 225); reconhecimento de pessoas ou coisas (arts. 226 ao 228); acareação (arts. 229 e 230); documentos (arts. 231 ao 238); indícios (art. 239); busca e apreensão (arts. 240 ao 250).

Por sua vez, os atos provocados pelas partes, trazendo ao processo os meios de prova, são levados ao conhecimento do julgador. Por isso, o resultado probatório corresponde ao convencimento do magistrado obtido mediante tais elementos.

Quanto ao tema relativo às provas, cabe distinguir também o que são *meios de obtenção de prova* e *fontes de prova*. Os primeiros podem ser compreendidos como instrumentos para a colheita de fontes de prova ou elementos de prova. Mais precisamente, de acordo com Lopes Jr. (2020, p. 586), "os meios de obtenção de provas não são por si fontes de conhecimento, mas servem para adquirir coisas materiais, traços ou declarações dotadas de força probatória".

Um exemplo de meio de obtenção de prova é a delação premiada, pois a palavra do réu-colaborador será considerada como meio de obter uma prova, conforme art. 3º da Lei n. 12.850, de 2 de agosto de 2013 (Brasil, 2013b).

A distinção importante em meio de prova e meio de obtenção de prova é a sua consequência no plano material, na medida em que o meio de obtenção de prova não é apto a servir como fundamento para a formação do convencimento do juiz. A esse respeito, segundo Badaró (2018, p. 391),

> enquanto os meios de prova são aptos a servir, diretamente, ao convencimento do juiz sobre a veracidade ou não de uma afirmação fática (por exemplo, o depoimento de uma testemunha, ou o teor de uma escritura pública), os meios de obtenção de provas (por exemplo, uma busca e apreensão) são instrumento para a colheita de elementos ou fontes de provas, estes sim, aptos a convencer o julgador (por exemplo, um extrato bancário [documento] encontrado em uma busca e apreensão

domiciliar). Ou seja, enquanto o meio de prova se presta ao convencimento direto do julgador, os meios de obtenção de provas somente indiretamente, e dependendo do resultado de sua realização, poderão servir à reconstrução da história dos fatos.

Por outro lado, a fonte de prova poderá ser considerada uma pessoa, um objeto ou um documento, sendo que tais elementos só serão assim contados a partir do momento em que forem objeto no processo. A consequência desse raciocínio é que se a fonte de prova levada ao processo será considerada como meio de prova, esta (fonte de prova) será anterior ao próprio processo, como nos exemplos trazidos por Badaró (2018, p. 390): "alguém que viu um acidente é testemunha do acidente, mas o meio de prova somente ocorrerá se houver um depoimento judicial dessa testemunha". Assim, enquanto não for ouvida, será considerada como fonte de prova.

A credibilidade acerca das fontes de prova é essencial, pois, uma vez corrompida/adulterada, não poderá servir como meio de prova, e sequer serão aptas a formar o convencimento do magistrado.

Por tal motivo, a cadeia de custódia se torna primordial em matéria probatória, uma vez que a fonte de prova será preservada, possibilitando ter credibilidade quando levada ao conhecimento do julgador (meio de prova), além de influir no convencimento e, consequentemente, na sentença a ser proferida. Em razão disso, faz-se necessário o estudo sobre a cadeia de custódia prevista do art. 158-A ao 158-F do CPP. Para evitar repetições, remetemo-nos à leitura do que foi abordado no Capítulo 4, mais precisamente no Subcapítulo 4.5.2, que trata das diligências externas e da cadeia de custódia.

É relevante mencionar que a cadeia de custódia funciona primordialmente para resguardar os elementos colhidos no inquérito, de modo que as partes possam, além de checar as suas fontes, verificar o caminho que tais elementos colhidos percorreram e analisá-los com certa segurança, contanto que não tenham sido adulterados ou, até mesmo, extraviados, possibilitando o exercício do contraditório e da ampla defesa.

— 8.1.3 —
Classificação e tipos de provas

Na seara processual penal, as provas recebem classificações distintas, bem como consequências diversas. Assim, elas podem ser classificadas como: prova nominada; prova inominada; prova típica; prova atípica; prova anômala; prova irritual; prova pré-constituída; prova constituenda; e prova emprestada.

Prova nominada

Em regra, as provas no processo penal serão previstas em lei, possuindo um rol taxativo. Desse modo, provas nominadas são aquelas que expressamente estão previstas no CPP ou em legislação especial. Lopes Jr. (2020, p. 613) traz alguns exemplos acerca do que são provas nominadas: "a prova testemunhal, documental, acareações, reconhecimentos, interceptações telefônicas etc".

Porém, nem todas as provas serão nominadas, ou seja, expressamente previstas em lei, havendo a possibilidade de existirem provas não previstas em lei, conforme apresentaremos a seguir.

Prova inominada

Existem provas a serem levadas ao processo que não possuem previsão expressa em lei. No entanto, isso não significa que elas não serão inadmissíveis no processo. Contudo, a afirmativa de que provas não previstas em lei poderão ser admitidas no processo não implica que qualquer prova possa ser utilizada livremente.

O controle sobre quais provas serão admissíveis será feito mediante "limites constitucionais e processuais da prova, o processo penal" (Lopes Jr., 2020, p. 613).

Portanto, as provas inominadas serão admissíveis desde que não haja previsão legal contrária a sua produção, bem como que não acarretem supressão de direitos e garantias fundamentais.

Prova típica

O conceito de prova nominada não se confunde com o conceito de prova típica, pois no primeiro a questão gira em torno da previsão legal sobre a prova, enquanto o segundo se refere à previsão legal sobre o procedimento a ser adotado a respeito da produção da prova (meios de prova). Um exemplo de prova típica é o reconhecimento de pessoas (meio de prova), cuja regulamentação legal sobre o procedimento a ser adotado encontra previsão no art. 226 do CPP.

Prova atípica

Se, por um lado, a prova típica é aquela cujo procedimento para a produção da prova é previsto expressamente em lei, por outro, a prova atípica é relativa ao procedimento não previsto expressamente em lei (Badaró, 2018).

Para tanto, a regra geral acerca do procedimento da prova atípica é a utilização de outro sistema que se assemelha aos efeitos a serem produzidos – isto é, o procedimento é utilizado de forma subsidiária.

Prova anômala

A prova anômala é uma prova típica, sendo que a sua utilização é destinada para fins diversos daqueles que lhe são próprios, com características de outra prova nominada.

Nessa linha, a prova anômala se revela quando existem meios de prova legalmente previstos para a colheita da prova, mas se utiliza de outra forma. Por exemplo: a substituição da oitiva de uma testemunha de defesa perante o juiz por sua declaração escrita acerca do seu conhecimento sobre os fatos – a forma documental (documento particular) substitui a prova testemunhal (Badaró, 2018).

Prova irritual

A prova irritual é diferente da prova atípica, pois nesta o procedimento para a produção da prova não é expressamente previsto em lei, enquanto na prova irritual há um modo previsto para sua produção, porém procede-se de forma contrária ao que é previsto em lei, constituindo-se como prova ilegítima (Badaró, 2018).

Prova pré-constituída

As provas pré-constituídas são levadas ao processo depois de terem sido produzidas, ou seja, sua produção ocorre fora do processo (extraprocessual). Assim, provas pré-constituídas podem ser produzidas em momento anterior e, posteriormente, serem levadas ao processo, sendo que o contraditório será exercido a partir do momento de seu ingresso dentro do processo. Um exemplo claro de prova pré-constituída são documentos elaborados ou constituídos antes do processo e, posteriormente, ajuntados.

Precisamente, de acordo com Badaró (2018, p. 396), as provas pré-constituídas são aquelas que "dizem respeito a fontes de conhecimento pré-existentes ao processo".

Provas constituendas

As provas constituendas são aquelas que vão sendo produzidas durante o processo, ou seja, sob o crivo do contraditório e da ampla defesa. Comumente, elas são constituídas durante a audiência de instrução e julgamento, com a oitiva da vítima e das testemunhas.

Prova emprestada

A prova emprestada se trata de prova produzida em outro processo e posteriormente trazida ao processo atual para integrar o conjunto probatório. Quando ingressa no processo, ela adquire o mesmo valor que possuía no processo originário.

Para a prova emprestada ser admissível no processo, há necessidade de que tenha sido produzida perante o juiz natural, bem como que o contraditório tenha sido exercitado no processo de origem, em relação à mesma pessoa, devendo ser oportunizado novamente o contraditório à parte depois de sua juntada no processo. Uma cópia integral da prova produzida no processo originário deve ser transladada, sendo vedado o translado de somente parte da prova (Badaró, 2018).

Quanto às provas a serem trazidas para o processo, a doutrina diverge em relação à prova testemunhal produzida em outro processo ser transladada a outro, ou seja, emprestada a outro.

Badaró (2018, p. 402) sustenta a possibilidade de transladar as declarações prestadas pela testemunha no processo originário, ressalvando que "não será admissível juntar apenas o termo em que consta o depoimento, mas não juntar a parte em que houve a contradita e o seu resultado".

Por outro lado, em se tratando da prova testemunha ou técnica, Lopes Jr., (2020) destaca pontos importantes sobre o tema. Primeiramente, se existe um interesse probatório em relação à prova testemunhal ou técnica e se tais interesses são os mesmos nos dois processos, dever-se-ia promover a reunião dos processos pela regra da conexão (art. 76, III, CPP) (Brasil, 1941).

Noutro passo, o autor também esclarece que o contraditório e a ampla defesa restam prejudicados no processo ao qual a prova foi transladada, pois não é permitido que a parte realize a reconstrução fática de que necessita para o processo cuja situação fática é distinta do outro (até porque, se as provas fossem idênticas, os processos deveriam ser reunidos) (Lopes Jr., 2020).

— 8.2 —
Da admissibilidade das provas

Todas as partes poderão requerer, produzir e incluir as provas que entendam ser necessárias para a reconstrução dos fatos, sendo o controle de admissibilidade das provas feito pelo juiz.

Todas as provas serão admissíveis, salvo nos casos em que sejam vetadas pela lei. A regra geral para a admissibilidade das provas encontra previsão legal no art. 400, parágrafo 1º do CPP, que assim dispõe:

> Art. 400. Na audiência de instrução e julgamento, a ser realizada no prazo máximo de 60 (sessenta) dias, proceder-se-á à tomada de declarações do ofendido, à inquirição das testemunhas arroladas pela acusação e pela defesa, nesta ordem, ressalvado o disposto no art. 222 deste Código, bem como aos esclarecimentos dos peritos, às acareações e ao reconhecimento de pessoas e coisas, interrogando-se, em seguida, o acusado.
>
> § 1º As provas serão produzidas numa só audiência, podendo o juiz indeferir as consideradas irrelevantes, impertinentes ou protelatórias. (Brasil, 1941)

Ao que se verifica do parágrafo 1º do artigo citado, poderão ser indeferidas as provas que o magistro julgue serem irrelevantes, impertinentes ou protelatórias, devendo tal indeferimento ser devidamente motivado, conforme o princípio da motivação das decisões.

As provas mencionadas no referido dispositivo são referentes àquelas a serem produzidas em juízo (constituendas), havendo a ressalva em relação as provas pré-constituídas, pois, como não há retardamento no processo ou uma possível dilação indevida do tempo para a produção da prova, estando ela já constituída, a regra é que, nesses casos, o controle não será em torno de sua relevância, mas será realizado um controle jurídico de modo a verificar a legalidade e a licitude da prova pré-constituída (Badaró, 2018).

Por tal motivo, torna-se importante a análise que faremos, a seguir, a respeito da admissibilidade acerca das provas ilícitas e ilegítimas.

— 8.2.1 —
Das provas ilícitas, ilegítimas e as correntes sobre a sua admissibilidade

As provas ilícitas e ilegítimas pertencem ao gênero de provas ilegais, mas com significados e conceitos distintos.

Sobre a questão das provas ilícitas, a Constituição da República de 1988 prevê, no art. 5, inciso LVI, que "são inadmissíveis, no processo, as provas obtidas por meios ilícitos" (Brasil, 1988). No mesmo sentido, o art. 157 do CPP traz a seguinte redação: "São inadmissíveis, devendo ser desentranhadas do processo, as provas ilícitas, assim entendidas as obtidas em violação a normas constitucionais ou legais" (Brasil, 1941).

Cabe destacar a diferença entre *prova ilícita* e *prova ilegítima*: esta é obtida em desconformidade com as normas processuais penais; por sua vez, as provas ilícitas são produzidas violando alguma norma de direito material ou constitucional (Badaró, 2018).

Quando se verifica que a prova é ilegítima ou ilícita, é aplicável a regra prevista no art. 157 do CPP, que assim estabelece:

> Art. 157. São inadmissíveis, devendo ser desentranhadas do processo, as provas ilícitas, assim entendidas as obtidas em violação a normas constitucionais ou legais.
>
> § 1º São também inadmissíveis as provas derivadas das ilícitas, salvo quando não evidenciado o nexo de causalidade entre umas e outras, ou quando as derivadas puderem ser obtidas por uma fonte independente das primeiras.
>
> § 2º Considera-se fonte independente aquela que por si só, seguindo os trâmites típicos e de praxe, próprios da investigação ou instrução criminal, seria capaz de conduzir ao fato objeto da prova.
>
> § 3º Preclusa a decisão de desentranhamento da prova declarada inadmissível, esta será inutilizada por decisão judicial, facultado às partes acompanhar o incidente.
>
> [...]
>
> 5º O juiz que conhecer do conteúdo da prova declarada inadmissível não poderá proferir a sentença ou acórdão. (Brasil, 1941)

Primeiramente, devemos esclarecer que a Lei n. 13.964, de 24 de dezembro de 2019 (Brasil, 2019b), fez um adendo ao parágrafo 5º do art. 157 do CPP[2], que declara como motivo para o impedimento do julgador proferir sentença ou acórdão quando este tomar conhecimento sobre uma prova considerada ilícita ou ilegítima (Brasil, 1941).

Assim, reconhecendo que a prova é inadmissível, tendo contato com seu conteúdo, haverá impedimento para o magistrado julgar o processo. Poder-se-ia questionar a manipulação de competência, já que a parte poderia produzir prova ilícita para retirar algum magistrado do caso. No entanto, a Lei n. 13.869 estabeleceu, no art. 25, que a conduta de "Proceder à obtenção de prova, em procedimento de investigação ou fiscalização, por meio manifestamente ilícito", configura-se crime apenado com "detenção, de 1 (um) a 4 (quatro) anos, e multa" (Brasil, 2019a).

Portanto, a consequência de a prova ser declarada ilícita será a obrigatoriedade de seu desentramento (retirada) do processo, sendo que o juiz que tiver contato com a prova e declará-la inadmissível deverá se considerar impedido de julgar o processo.

Contudo, o parágrafo 1º do art. 157 do CPP ainda estabelece que as provas que derivarem de outra prova ilícita também serão inadmissíveis e, consequentemente, deverão ser desentranhadas

---

2 Na data de 22 de janeiro de 2020, o Ministro do Supremo Tribunal Federal (STF), Luiz Fux, em decisão na Liminar na Medida Cautelar nas Ações Diretas de Inconstitucionalidade (ADIs) n. 6.298, 6.299, 6.300 e 6.305 (Brasil, 2020a; 2020b; 2020c; 2020d), suspendeu a eficácia de alguns dispositivos alterados pela Lei n. 13.964/2019 (Brasil, 2019b), dentre eles o parágrafo 5º do art. 157 do CPP. Assim, enquanto for mantida a decisão liminar, a realidade para a temática permanecerá a anterior à edição da referida legislação.

do processo. A exceção disposta na segunda parte do parágrafo 1º se aplicará quando não for verificado o nexo de causalidade entre as provas ou quando as derivadas puderem ser obtidas por uma fonte independente.

Sobre a questão da obtenção de provas por fonte independente, o parágrafo 2º do art. 157 do Código Penal – Decreto-Lei n. 2.848, de 7 de dezembro de 1940 (Brasil, 1940) – considera tais provas aquelas que por si só, seguindo os trâmites típicos e de praxe, próprios da investigação ou da instrução criminal, seriam capazes de conduzir ao fato objeto da prova.

Cabe destacar que a questão acerca da admissibilidade das provas derivadas das ilícitas apresenta diversas teorias com consequências diferentes, sendo elas:

- **Teoria da fonte independente**: Não há conexão entre a prova ilícita e a outra prova. Nesse caso, o órgão da persecução penal deve demonstrar que obteve legitimamente novos elementos de informação a partir de fonte autônoma de prova não contaminada por vício de ilicitude originária, sendo que tais elementos serão considerados válidos (Lopes Jr., 2020).
- **Teoria da descoberta inevitável**: Descreve que, mesmo havendo ilegalidade na obtenção da prova – por exemplo, a declaração ilegal do acusado obtida através do não aviso sobre o direito ao silêncio –, a descoberta da prova seria inevitável diante das diligências lícitas empregadas (Lopes Jr., 2020)

O problema em relação a tais teorias é a discricionariedade conferida ao julgador, com a ausência de critérios claros e precisos, abrindo margem para se tolerar as provas derivadas ilícitas (Lopes Jr., 2020).

- **Limitação da mancha purgada**: Quando há produção de uma prova mediante meios ilícitos, mas o nexo de causalidade entre as provas primária e secundária é atenuado em virtude do decurso do tempo, de circunstâncias supervenientes na cadeia probatória ou da menor relevância da ilegalidade, bem como da vontade de um dos indivíduos de colaborar com a persecução penal. A consequência é o desaparecimento do nexo de causalidade entre a prova ilícita e a outra prova.
- **Teoria do encontro fortuito de provas**: É empregada diligência com determinado fim, sendo que durante as investigações ou diligências chegou-se ao conhecimento fortuito de provas sobre outros fatos que não eram objeto de investigação. Por exemplo, interceptação das comunicações telefônicas – cf. art. 2º da Lei n. 9.296, de 24 de julho de 1996 (Brasil, 1996). Durante as interceptações telefônicas, descobre-se de modo fortuito o cometimento de uma infração punida com, no máximo, a pena de detenção (há vedação da utilização de interceptação telefônica para fatos investigados que constituem pena de, no máximo, detenção – art. 2º, inciso III, da Lei n. 9.296/1996.

- **Fruto da árvore envenenada**: A teoria do fruto da árvore envenenada pressupõe que todas as provas derivadas da prova ilícita devem ser consideradas ilícitas e desentranhadas do processo, uma vez que restam contaminadas.

Conforme se depreende do art. 157 do CPP, o sistema jurídico brasileiro adota mais de uma teoria acerca da inadmissibilidade das provas derivadas de outras provas que são consideradas ilícitas, podendo-se mencionar que se adota como regra geral a teoria do fruto da árvore envenenada. Todavia, as exceções da inadmissibilidade da prova derivada da ilícita estão baseadas nas seguintes teorias: teoria das fontes independentes; teoria da descoberta inevitável; e teoria do encontro fortuito de provas.

— 8.3 —
Sistemas de valoração da prova

Cabe às partes trazerem as provas ao processo, para que então o julgador tenha conhecimento dos fatos e, posteriormente, tome uma decisão sobre o caso penal. Assim, a partir das provas colhidas durante a instrução, de acordo com Greco Filho (2019, p. 251), "ao juiz cabe atribuir-lhes o valor que merecem, daí decidindo sobre a procedência ou improcedência do pedido".

De acordo com a doutrina[13], há três sistemas sobre a questão da valoração da prova, sendo eles: prova legal ou tarifária; íntima convição; e livre convencimento ou persuasão racional.

— 8.3.1 —
Prova legal ou critério tarifário

Em relação à prova ou ao critério tarifário de valoração da prova, cabe relembrar que, no sistema inquisitório puro, tal método de valoração da prova era empregado pelo julgador para avaliar o caso concreto, sendo que à época a confissão do acusado era considerada a rainha das provas, ocupando o primeiro lugar na graduação de valoração da prova (Lopes Jr., 2020).

Dessa forma, no sistema tarifário ou da prova legal, há a determinação acerca do valor conferido a cada prova, bem como quais provas devem ser produzidas para provar o fato. A determinação da graduação ou hierarquia conferida a cada prova é embasada por lei expressa. Nesse sentido, "cada prova tem seu peso e seu valor, ficando o juiz vinculado dosimetricamente às provas apresentadas, cabendo-lhe, apenas, computar o que foi apresentado" (Greco Filho, 2019, p. 252).

De acordo com Nucci (2020, p. 698), um exemplo desse método de valoração da prova no processo penal brasileiro é o art. 158 do CPP, uma vez que este exige "o exame de corpo de

---

3   Nesse sentido, sobre a adoção de três sistemas para a valoração da prova, comentam Lopes Jr. (2020), Nucci (2020) e Greco Filho (2019).

delito para a formação da materialidade da infração penal, que deixar vestígios, vedando a sua produção através da confissão".

— 8.3.2 —
Sistema da íntima convicção

O sistema da íntima convicção surge como superação do sistema tarifário da prova, pois "estabelece, aqui, um rompimento com os limites estabelecidos pelo sistema anterior, caindo no outro extremo: o julgador está completamente livre para valorar a prova" (Lopes Jr., 2020, p. 607).

Nesse sistema, a característica principal é a ausência do dever de fundamentar ou explicitar as razões pelas quais o magistrado decide (Greco Filho, 2019). Portanto, o magistrado resolve conforme a sua própria consciência, podendo levar em consideração elementos extraprocessuais. O exemplo mais claro desse sistema de valoração da prova no processo penal brasileiro é visto no Tribunal do Júri, pois o conselho de sentença julga conforme sua íntima convicção, não motivando a decisão tomada, conforme disposição do art. 472 do CPP.

— 8.3.3 —
Sistema da persuasão racional

O sistema da persuasão racional utiliza-se do sistema do livre convencimento, porém, diferentemente do sistema anterior, a convicção deverá ser motivada. Assim, o sistema da persuasão racional limita o poder decisório do magistrado às provas contidas dentro do processo, devendo sua decisão estar devidamente motivada, de modo a explicitar as razões da tomada de decisão.

Esse sistema compõe a regra no processo penal brasileiro, uma vez que o dever de fundamentação decorre da garantia prevista no art. 93, inciso IX, da Constituição da República. Sob essa ótica, por meio da livre convicção motivada do julgador, rompe-se com o sistema do critério tarifário, já que o magistrado é livre para a apreciação da prova, contudo, não recai nos riscos do autoritarismo presente no método da íntima convicção, porque os atos decisórios deverão ser fundamentados (Lopes Jr., 2020).

Além do art. 93, inciso IX, da Constituição da República, que estabelece o dever de motivar todas as decisões, tem-se no art. 155 do CPP a seguinte redação:

> O juiz formará sua convicção pela livre apreciação da prova produzida em contraditório judicial, não podendo fundamentar sua decisão exclusivamente nos elementos informativos colhidos na investigação, ressalvadas as provas cautelares, não repetíveis e antecipadas. (Brasil, 1941)

Com a reforma promovida pela Lei n. 13.964/2019, foi inserido o parágrafo 2º no art. 315 do CPP, o qual veio a definir o que poderá ser uma decisão devidamente fundamentada:

§ 2º Não se considera fundamentada qualquer decisão judicial, seja ela interlocutória, sentença ou acórdão, que:

I – limitar-se à indicação, à reprodução ou à paráfrase de ato normativo, sem explicar sua relação com a causa ou a questão decidida;

II – empregar conceitos jurídicos indeterminados, sem explicar o motivo concreto de sua incidência no caso;

III – invocar motivos que se prestariam a justificar qualquer outra decisão;

IV – não enfrentar todos os argumentos deduzidos no processo capazes de, em tese, infirmar a conclusão adotada pelo julgador;

V – limitar-se a invocar precedente ou enunciado de súmula, sem identificar seus fundamentos determinantes nem demonstrar que o caso sob julgamento se ajusta àqueles fundamentos;

VI – deixar de seguir enunciado de súmula, jurisprudência ou precedente invocado pela parte, sem demonstrar a existência de distinção no caso em julgamento ou a superação do entendimento. (Brasil, 1941)

Dessa forma, liberta-se o magistrado das amarras da tabulação valorativa da prova, permitindo-lhe julgar conforme a sua livre apreciação da prova, de acordo com o art. 155 do CPP. No entanto, sua limitação será estabelecida mediante o ato de motivar das decisões, conforme previsão do art. 93, inciso IX, da Constituição da República e do parágrafo 2º do art. 315 do CPP.

— 8.3.4 —
A valoração do inquérito policial

Devemos deixar bem clara a distinção entre os elementos colhidos na investigação preliminar, ou seja, os elementos contidos no inquérito referentes à questão da prova no processo penal.

A segunda parte do art. 155 do CPP disciplina que o juiz não pode "fundamentar sua decisão exclusivamente nos elementos informativos colhidos na investigação, ressalvadas as provas cautelares, não repetíveis e antecipadas" (Brasil, 1941). Ou seja, no ato da sentença, o juiz não poderá firmar sua íntima convicção nos elementos produzidos exclusivamente no inquérito policial.

Outra questão importante que o artigo menciona se refere à terminologia para identificar o que poderá ser considerado como prova e o que não poderá ser assim considerado, mas sim como elemento informativo. Tal diferença entre as nomenclaturas é de extrema relevância, uma vez que, de fato, os elementos colhidos no inquérito não são considerados provas. Eles só irão adquirir esse *status* quando forem produzidos sob o crivo do contraditório e da ampla defesa. Nesse sentido, recorremos a um exemplo trazido por Lopes Jr. (2020, p. 271): "Uma testemunha ouvida no inquérito e que aportou informações úteis será articulada como meio de prova e, com a oitiva em juízo, produz uma prova".

A ressalva que tal dispositivo faz diz respeito a elementos que não podem ser repetidos em juízo, como são os casos das perícias realizadas no âmbito da investigação preliminar, já que não é exigível que se aguarde a instrução em juízo para a sua produção, em virtude de se tornar impossível a sua realização ou que restem inúteis por terem desaparecido, por exemplo, os vestígios do delito a serem periciados. Mas cabe destacar que tais provas (pré-constituidas) devem ser submetidas ao contraditório durante a fase processual.

Destacamos que a testemunha a ser ouvida em juízo, em decorrência de sua impossibilidade de ser ouvida, não pode ser substituída pelo seu depoimento prestado na fase do inquérito policial.

O entendimento predominante é de que os elementos informativos colhidos no inquérito policial, quando corroborados com elementos produzidos na fase judicial, poderão servir como matérias de convicção. Sob essa ótica, Greco Filho (2019, p. 255) aponta ser possível que o elemento informativo, quando corroborado por outros elementos de prova produzidos no processo sob o crivo do contraditório e da ampla defesa, sirva para a condenação.

Por outro lado, Lopes Jr. (2020, p. 274) destaca que os elementos do inquérito e, logo depois, os termos como corroborado ou cotejado com a prova dos autos devem ser lidos do seguinte modo: "não existe prova no processo para sustentar a condenação, de modo que vou me socorrer do que está no inquérito".

De fato, se a regra é que as decisões tomadas pelo julgador sejam baseadas nas provas colhidas durante o processo, "descer" ao inquérito em busca de provas significa que as provas produzidas na fase processual são insuficientes para formar a convicção condenatória. Nesse caso, o acusado deveria ser absolvido, principalmente pelo princípio do *in dubio pro reo*.

Contudo, essa realidade tenderá a mudar, caso seja conferida vigência ao art. 3º-C, parágrafos 3º e 4º, do CPP, que, como visto, está com a eficácia suspensa em virtude da decisão na Liminar na Medida Cautelar nas Ações Diretas de Inconstitucionalidade (ADIs) n. 6.298, 6.299, 6.300 e 6.305 (Brasil, 2020a, 2020b, 2020c, 2020d) que suspendeu a eficácia de alguns dispositivos alterados pela Lei n. 13.964/2019, dentre eles o parágrafo 3º-C do CPP. Assim, enquanto for mantida a decisão liminar, a realidade para a temática permanecerá a anterior à edição da referida legislação.

A redação dos parágrafos recém-mencionados é a seguinte:

> § 3º Os autos que compõem as matérias de competência do juiz das garantias ficarão acautelados na secretaria desse juízo, à disposição do Ministério Público e da defesa, e não serão apensados aos autos do processo enviados ao juiz da instrução e julgamento, ressalvados os documentos relativos às provas irrepetíveis, medidas de obtenção de provas ou de antecipação de provas, que deverão ser remetidos para apensamento em apartado.
>
> § 4º Fica assegurado às partes o amplo acesso aos autos acautelados na secretaria do juízo das garantias. (Brasil, 1941)

Assim, entrando em vigência tal dispositivo, o problema da contaminação do julgador com os elementos informativos do inquérito será evitado, uma vez que os autos serão excluídos do processo, sendo que o juiz que praticou atos no inquérito não poderá julgar o processo. Dessa forma, não restará outra alternativa ao julgador senão a de tomar as decisões somente e efetivamente com base nas provas produzidas em juízo e nas cautelares irrepetíveis ou antecipadas.

Nada mais lógico do que a exclusão do inquérito policial (essencialmente inquisitivo) para um processo que deseja se tornar acusatório, marcado pelo contraditório e pela ampla defesa efetivos.

— 8.4 —
O ônus da prova no processo penal

A expressão *ônus da prova* carrega consigo o significado do dever de prova, ou seja, é o encargo que recai sobre as partes de provar a veracidade das informações por elas formuladas ao longo do processo. Assim, "as partes interessadas em demonstrar ao juiz a veracidade do alegado possuem o dever processual de fazê-lo. Do contrário, haveria uma sanção processual, consistente em perder a causa" (Nucci, 2020, p. 692).

Nessa esteira, o CPP prevê no art. 156 o seguinte:

> Art. 156. A prova da alegação incumbirá a quem a fizer, sendo, porém, facultado ao juiz de ofício:
>
> I – ordenar, mesmo antes de iniciada a ação penal, a produção antecipada de provas consideradas urgentes e relevantes, observando a necessidade, adequação e proporcionalidade da medida;
>
> II – determinar, no curso da instrução, ou antes de proferir sentença, a realização de diligências para dirimir dúvida sobre ponto relevante. (Brasil, 1941)

Atualmente, sobre o ônus da prova, existem duas posições divergentes, uma enunciada como **posição majoritária**, que compreende parte da doutrina e dos entendimentos do tribunais, e outra denominada **posição crítica**.

— 8.4.1 —
Posição majoritária

Iniciando pela posição majoritária, a questão do ônus da prova é tratada conforme a literalidade do art. 156 do CPP, sendo que haveria uma distribuição do ônus da prova entre defesa e acusação, nos seguintes moldes:

- **Ônus da acusação**: Existência do fato típico (tipicidade); autoria e participação; nexo causal; dolo/culpa (não é presumido); demais elementos do crime (causas de aumento ou diminuição de pena, qualificador etc.) (Nucci, 2020).
- **Ônus da defesa**: Causas excludentes de ilicitude; causas excludentes da culpabilidade; causas excludentes da punibilidade; álibi (estava em outro local no momento do crime). Deve suscitar dúvida razoável em relação as causas excludentes (Nucci, 2020).

Para essa corrente, a justificativa para que seja exigido o ônus de a defesa comprovar as causas excludentes de ilicitude, culpabilidade ou punibilidade seriam baseadas no fato de que "é preciso provar a ocorrência da excludente, não sendo atribuição da acusação fazê-lo, como regra, até por que o fato e suas circunstâncias concernem diretamente ao acusado, vale dizer, não foram investigados previamente pelo órgão acusatório" (Nucci, 2020, p. 693).

Ademais, segundo Nucci (2020, p. 694-695), o álibi também é ônus do acusado, bem como a alegação de que o acusado estava em outro local na hora do cometimento do delito, pois "sabe-se ser impossível fazer prova negativa, ou seja, demonstrar que nunca se esteve em um determinado local, razão pela qual é preciso cuidado para não levar o acusado a ter o ônus de provar o irrealizável".

— 8.4.2 —
Posição crítica

Um dos primeiros aportes teóricos críticos a serem levantados sobre a questão do ônus probatório refere-se ao ônus probatório atribuído ao Ministério Público (MP) e à falácia sobre a distribuição do ônus da prova. Nesse ponto, se a teor do artigo 156 do CPP o ônus da prova recai sob aquele que fizer a alegação, levando em consideração que a primeira alegação feita dentro do processo é realizada pelo MP no oferecimento da denúncia, será atribuído ao MP toda a carga da prova, de forma "total e intransferível de provar a existência do delito (inclusive na perspectiva formal, de fato típico, ilícito e culpável)" (Lopes Jr., 2020, p. 593). Assim, não há que se falar em distribuição do ônus probatório, já que, se o MP realiza a primeira alegação, é ônus dele comprovar todo o alegado, incluindo a inexistência das causas de justificação, já que podem excluir a tipicidade, a antijuridicidade ou a culpabilidade, matéria que deve ser provada pelo órgão acusador.

Como sabemos, o conceito de crime é definido como fato típico, antijurídico e culpável. Sendo assim, o órgão que atribui a conduta definida como crime à alguém possui o ônus probatório de demonstrar a presença da tipicidade, da antijuridicidade e da culpabilidade. Ora, se existem hipóteses que podem excluir a tipicidade, a antijuridicidade ou a culpabilidade, a tarefa de demonstração de inexistência dessas hipóteses também recai sobre o órgão da acusação, até porque o acusado, antes de tudo, é protegido pela presunção de inocência.

Nessa mesma linha segue a posição de Lopes Jr., (2020, p. 593), quando menciona:

> Gravíssimo erro é cometido por numerosa doutrina (e rançosa jurisprudência), ao afirmar que à defesa incumbe a prova de uma alegada excludente. Nada mais equivocado, principalmente se compreendido o dito até aqui. A carga do acusador é de provar o alegado; logo, demonstrar que alguém (autoria) praticou um crime (fato típico, ilícito e culpável). Isso significa que incumbe ao acusador provar a presença de todos os elementos que integram a tipicidade, a ilicitude e a culpabilidade e, logicamente, a inexistência das causas de justificação.

Tal raciocínio também é desempenhado por Tavares (2003, p. 166), ao argumentar que "não se pode considerar indiciado o injusto pelo simples fato da realização do tipo, antes que se esgote em favor do sujeito a análise das normas que possam autorizar sua conduta".

Ao que se pode perceber para a posição crítica, a forma de pensar a realização do injusto é diferente da posição majoritária, uma vez que aqui se compreende que, se há afirmação de que o fato é ilícito, invariavelmente o acusador deve demonstrar que não existem causas que possam excluir a ilicitude – por exemplo, nos casos em que o acusado alegue ter agido em legítima defesa.

É importante anotar que não se trata de prova negativa, como aduz a teoria majoritária, mas sim de prova positiva, na medida em que, se o acusado alega ter agido em legítima defesa, ao acusador cabe a prova de que a agressão era justa, que não era atual ou iminente ou que o acusado não utilizou os meios necessários para repelir a injusta agressão.

O mesmo raciocínio é empregado em relação ao argumento de que a acusação estaria impossibilitada de produzir prova de que o acusado não estava em outro lugar no momento do delito (prova negativa), já que, na realidade, trata-se de prova positiva no sentido de que, se a acusação afirma que a autoria é atribuída ao acusado, incumbe à acusação a prova de que, efetivamente, o acusado estava no local do crime, excluindo, portanto, as hipóteses de que ele estaria em outro lugar.

Outro ponto a ser comentado se refere à atuação do juiz de ofício no campo das provas, retomando o primeiro capítulo e a relação do sistema acusatório. Tendo a Lei n. 13.964/2019 declarado expressamente a adoção da estrutura acusatória do processo penal no art. 3º-A (relembrando que tal dispositivo foi suspenso em decisão liminar pelo Ministro Luiz Fux do STF), ter-se-ia afastado o juiz da gestão da prova? É o que pretendemos verificar a seguir.

Conforme mencionado, o art. 156 do CPP estabelece a seguinte redação:

> Art. 156. A prova da alegação incumbirá a quem a fizer, sendo, porém, facultado ao juiz de ofício:
>
> I – ordenar, mesmo antes de iniciada a ação penal, a produção antecipada de provas consideradas urgentes e relevantes, observando a necessidade, adequação e proporcionalidade da medida;

> II – determinar, no curso da instrução, ou antes de proferir sentença, a realização de diligências para dirimir dúvida sobre ponto relevante. (Brasil, 1941)

A análise agora não recai mais sobre o *caput* do artigo citado, e sim sobre os incisos I e II do referido artigo.

Confome comentamos, a adoção do sistema acusatório implica o afastamento do magistrado do campo de batalha entre as partes, aumentando a imparcialidade do julgador na tomada da decisão.

Nesse aspecto, os incisos I e II do artigo citado devem ser lidos com ressalvas, na medida em que, em um sistema acusatório – ou utilizando a estrutura acusatória –, não é permitido ao magistrado gerir uma prova ou, até mesmo, requerer a sua produção, recaindo tal ônus probatório às partes, mais precisamente, ao órgão encarregado da persecução penal, já que o acusado é protegido pela presunção de inocência e pelo princípio do *in dubio pro reo*.

Ora, se há dúvida sobre algum ponto, principalmente sobre um aspecto relevante do caso penal (tipicidade, antijuridicidade, culpabilidade ou autoria), tal dúvida deverá ser interpretada em favor do acusado, não cabendo ao magistrado produzir provas.

Cabe frisar que o acusado é protegido pela presunção de inocência e, em caso de dúvidas, esta deverá ser interpretada em seu favor, em respeito ao princípio do *in dubio pro reo*. Portanto, é incoerente que o julgador de ofício determine a produção de provas para dirimir algum ponto controvertido, uma vez que, se há dúvidas sobre algum fato, elas deverão prevalecer em favor do acusado, com consequente absolvição.

Assim, a tarefa de gestão das provas deverá ser atribuída às partes do processo, afastando-se o julgador de qualquer possibilidade de requerer de ofício a produção de provas, requerer diligências ou qualquer conteúdo envolvendo a matéria probatória, sendo que este deverá permanecer equidistante do campo de batalha processual das partes. O julgador imparcial, em essência acusatória, é um mero receptor de prova.

Nesse mesmo norte, cabe destaque ao fato de que não recai ao acusado nenhum ônus probatório, uma vez que ele é protegido pelo princípio da presunção da inocência, sendo que tal ônus "pesa todo sobre a acusação" (Badaró, 2018, p. 437).

Portanto, após a enunciação da estrutura acusatória do processo penal no art. 3º-A do CPP, a determinação de diligências ou a produção de provas de ofício pelo julgador restaram impossibilitadas, pois a gestão da prova cabe às partes, sendo o julgador receptor da prova, e não um buscador da prova (comum no sistema inquisitório).

Considerações finais

Se na época marcada pelo Estado autoritário, em que predominava no ordenamento jurídico processual penal o sistema inquisitório puro, era impensável a atribuição de pena ao acusado sem a existência de um processo, com o avanço democrático da estrutura de Estado, tornou-se impossível atribuir uma pena ao acusado sem o procedimento para verificar sua culpa. Porém, cabe mencionar que o processo não pode ser mera fachada de um Estado democrático, sendo que, em sua essência, predomina ainda o ranço inquisitório e o autoritarismo na forma de aplicação da lei.

É incontestável que a Constituição da República tenha adotado o modelo acusatório de processo penal quando da previsão de direitos e garantias fundamentais, assegurando a separação da figura do julgador da atribuição da acusação, garantindo a imparcialidade do juiz e assegurando a presunção de inocência e, como consequência, a carga da prova para o órgão da acusação dentro do processo.

Dessa forma, por mais que a decisão do Ministro Luiz Fux, do Supremo Tribunal Federal (STF), mediante decisão liminar na Medida Cautelar nas Ações Diretas de Inconstitucionalidade (ADIs) n. 6.298, 6.299, 6.300 e 6.305 (Brasil, 2020a, 2020b, 2020c, 2020d), tenha suspendido a eficácia de vários dispositivos alterados pela Lei n. 13.964/2019, os quais contribuíam para a adoção da estrutura acusatória do processo penal, não há como se inverter a lógica da hierarquia das normas, pois a Constituição não deve se envergar ao Código de Processo Penal (CPP), e sim o contrário.

Cabe-nos ressaltar que assegurar uma estrutura acusatória no processo penal não implica o raciocínio da impunidade, mas, sim, a punição (caso comprovada a culpa do agente) por meio de métodos que efetivamente assegurem os direitos e as garantias constitucionais, pois, ao contrário, estar-se-ia justificando uma violência arbitrária típica de estados autoritários.

Se a busca da sociedade é pela democratização, nada mais certo que o próprio sistema de verificação de responsabilidade penal, como é o processo penal, siga a mesma lógica em busca de uma democratização, que só será possível com a adoção efetiva do sistema acusatório de processo penal, afastando de vez a confusão entre julgador e acusador, ainda prevalecente nesse modelo brasileiro (neo)inquisitório.

Do mesmo modo, a mudança de sistema processual penal não se faz somente com a inserção de um dispositivo no CPP anunciando a estrutura acusatória do processo penal brasileiro. Pelo contrário, essa alteração somente será possível por meio da mudança da mentalidade que rege o processo penal e os operadores de direito.

Conforme apontamos durante o percurso da presente obra, diversos dispositivos com características inquisitórias ainda continuam vigentes, mesmo declarando-se a vigência dos dispositivos suspensos pelo STF. Portanto, cabe ao operador do direito refazer a leitura do processo penal como um todo, em prol da democratização do processo penal brasileiro.

A enunciação da adoção da estrutura do processo penal acusatório não pode servir de fachada para que se continue a perpetuar as velhas práticas inquisitoriais, em que o juiz, além de julgador, é um buscador de provas ou um aliado do órgão da acusação, uma vez que, para um processo eminentemente dialógico e adversarial (como pressupõe o sistema acusatório), o juiz deve se manter como receptor da prova, e não como buscador.

Resta-nos dizer também o óbvio: se o julgador deve se manter afastado da gestão da prova em prol da imparcialidade, não pode conluir com uma das partes, discutindo quais provas deverão ser requisitadas ou requeridas a serem produzidas no processo para que, assim, seja proferida uma sentença favorável.

Nessa ótica, com a adoção do sistema acusatório do processo penal, o devido processo legal ganha importância ainda maior do que simplesmente seguir o regramento estabelecido pelo CPP; trata-se, sim, de repensar a aplicação das normas a partir de pressupostos acusatórios.

Por fim, vale o recado aos operadores e acadêmicos de direito: devemos resgatar a verdadeira função do direito penal e do processo penal – a de freio ao abuso do poder punitivo estatal, que, como qualquer exercício de poder, necessita de controle. Tal controle só será possível por meio da mudança da mentalidade de todo o sistema processual penal, sendo que, nesse cenário, os operadores e acadêmicos devem servir como uma verdadeira força de resistência para superar a mentalidade inquisitória predominante.

Lista de siglas

ADC – Ação Declaratória de Constitucionalidade
ADI – Ação Direta de Inconstitucionalidade
CPC – Código de Processo Civil
CPI – Comissão Parlamentar de Inquérito
CPP – Código de Processo Penal
EC – Emenda Constitucional
MP – Ministério Público
OAB – Ordem dos Advogados do Brasil
STJ – Superior Tribunal de Justiça

STF – Supremo Tribunal Federal
STM – Superior Tribunal Militar
TJE – Tribunal de Justiça do Estado
TRF – Tribunal Regional Federal
TSE – Tribunal Superior Eleitoral

Referências bibliográficas

BADARÓ, G. H. R. I. **Ônus da prova no processo penal**. São Paulo: Revista dos Tribunais, 2003.

BADARÓ, G. H. R. I. **Processo penal**. 6. ed. São Paulo: Thomson Reuters Brasil, 2018.

BAGGIO, A. C.; LECHENAKOSKI, B. B. A atipicidade da técnica executiva no código de processo civil e o juiz com super-poderes: uma aproximação do sistema processual penal inquisitório? **Revista dos Tribunais**, v. 108, n. 1006, p. 303-332, 2019.

BECCARIA, C. **Dos delitos e das penas**. Tradução de José Cretella Jr. e Agnes Cretella. 2. ed. São Paulo: Revista dos Tribunais, 1999.

BONATO, G. O tempo no processo penal em busca do necessário equilíbrio entre garantias do acusado e a entropia do tempo esquecido. In: LIMA, J. C. de; CASARA, R. R. R. **Temas para uma perspectiva crítica do direito**: homenagem ao professor Geraldo Prado. Rio de Janeiro: Lumen Juris, 2010.

BRASIL. Constituição (1988). **Diário Oficial da União**, Brasília, DF, 5 out. 1988. Disponível em: <http://www.planalto.gov.br/ccivil_03/constituicao/constituicao.htm>. Acesso em: 4 mar. 2021.

BRASIL. Constituição (1988). Emenda Constitucional n. 45, de 30 de dezembro de 2004. **Diário Oficial da União**, Poder Legislativo, Brasília, DF, 31 dez. 2004. Disponível em: <http://www.planalto.gov.br/ccivil_03/constituicao/emendas/emc/emc45.htm>. Acesso em: 4 mar. 2021.

BRASIL. Decreto n. 56.435, de 8 de junho de 1965. **Diário Oficial da União**, Poder Executivo, Brasília, DF, 11 jun. 1965. Disponível em: <http://www.planalto.gov.br/ccivil_03/decreto/antigos/d56435.htm>. Acesso em: 3 mar. 2021.

BRASIL. Decreto n. 61.078, de 26 de julho de 1967. **Diário Oficial da União**, Poder Executivo, Brasília, DF, 28 jul. 1967. Disponível em: <http://www.planalto.gov.br/ccivil_03/decreto/d61078.htm>. Acesso em: 3 mar. 2021.

BRASIL. Decreto-Lei n. 1.001, de 21 de outubro de 1969. **Diário Oficial da União**, Poder Executivo, Brasília, DF, 21 out. 1969a. Disponível em: <http://www.planalto.gov.br/ccivil_03/decreto-lei/del1001.htm>. Acesso em: 11 mar. 2021.

BRASIL. Decreto-Lei n. 1.002, de 21 de outubro de 1969. **Diário Oficial da União**, Poder Executivo, Brasília, DF, 21 out. 1969b. Disponível em: <http://www.planalto.gov.br/ccivil_03/decreto-lei/Del1002.htm>. Acesso em: 11 mar. 2021.

BRASIL. Decreto-Lei n. 2.848, de 7 de dezembro de 1940. **Diário Oficial da União**, Poder Executivo, Brasília, DF, 31 dez. 1940. Disponível em: <http://www.planalto.gov.br/ccivil_03/decreto-lei/del2848.htm>. Acesso em: 4 mar. 2021.

BRASIL. Decreto-Lei n. 3.689, de 3 de outubro de 1941. **Diário Oficial da União**, Poder Executivo, Rio de Janeiro, RJ, 13 out. 1941. Disponível em: <http://www.planalto.gov.br/ccivil_03/decreto-lei/del3689.htm>. Acesso em: 3 mar. 2021.

BRASIL. Lei Complementar n. 75, de 20 de maio de 1993. **Diário Oficial da União**, Poder Legislativo, Brasília, DF, 21 maio 1993a. Disponível em: <http://www.planalto.gov.br/ccivil_03/leis/lcp/Lcp75.htm>. Acesso em: 3 mar. 2021.

BRASIL. Lei n. 1.579, de 18 de março de 1952. **Diário Oficial da União**, Poder Legislativo, Brasília, DF, 21 mar. 1952. Disponível em: <http://www.planalto.gov.br/ccivil_03/Leis/L1579.htm>. Acesso em: 3 mar. 2021.

BRASIL. Lei n. 4.737, de 15 de julho de 1965. **Diário Oficial da União**, Poder Legislativo, Brasília, DF, 19 jul. 1965. Disponível em: <http://www.planalto.gov.br/ccivil_03/leis/l4737compilado.htm>. Acesso em: 3 mar. 2021.

BRASIL. Lei n. 5.010, de 30 de maio de 1966. **Diário Oficial da União**, Poder Legislativo, Brasília, DF, 1º jun. 1966. Disponível em: <http://www.planalto.gov.br/ccivil_03/LEIS/L5010.htm>. Acesso em: 3 mar. 2021.

BRASIL. Lei n. 7.492, de 16 de junho de 1986. **Diário Oficial da União**, Poder Legislativo, Brasília, DF, 18 jun. 1986. Disponível em: <http://www.planalto.gov.br/ccivil_03/leis/l7492.htm>. Acesso em: 3 mar. 2021.

BRASIL. Lei n. 8.072, de 25 de julho de 1990. **Diário Oficial da União**, Poder Legislativo, Brasília, DF, 26 jul. 1990a. Disponível em: <http://www.planalto.gov.br/ccivil_03/leis/l8072.htm>. Acesso em: 3 mar. 2021.

BRASIL. Lei n. 8.137, de 27 de dezembro de 1990. **Diário Oficial da União**, Poder Legislativo, Brasília, DF, 28 dez. 1990b. Disponível em: <http://www.planalto.gov.br/ccivil_03/leis/l8137.htm>. Acesso em: 3 mar. 2021.

BRASIL. Lei n. 8.625, de 12 de fevereiro de 1993. **Diário Oficial da União**, Poder Legislativo, Brasília, DF, 15 fev. 1993b. Disponível em: <http://www.planalto.gov.br/ccivil_03/leis/l8625.htm>. Acesso em: 3 mar. 2021.

BRASIL. Lei n. 8.906, de 4 de julho de 1994. **Diário Oficial da União**, Poder Legislativo, Brasília, DF, 5 jul. 1994a. Disponível em: <http://www.planalto.gov.br/ccivil_03/leis/l8906.htm>. Acesso em: 11 mar. 2021.

BRASIL. Lei n. 9.099, de 26 de setembro de 1995. **Diário Oficial da União**, Poder Legislativo, Brasília, DF, 27 set. 1995a. Disponível em: <http://www.planalto.gov.br/ccivil_03/leis/L9099.htm>. Acesso em: 3 mar. 2021.

BRASIL. Lei n. 9.296, de 24 de julho de 1996. **Diário Oficial da União**, Poder Legislativo, Brasília, DF, 25 jul. 1996. Disponível em: <http://www.planalto.gov.br/ccivil_03/leis/l9296.htm>. Acesso em: 3 mar. 2021.

BRASIL. Lei n. 9.613, de 3 de março de 1998. **Diário Oficial da União**, Poder Legislativo, Brasília, DF, 4 mar. 1998. Disponível em: <http://www.planalto.gov.br/ccivil_03/leis/l9613.htm>. Acesso em: 3 mar. 2021.

BRASIL. Lei n. 10.259, de 12 de julho de 2001. **Diário Oficial da União**, Poder Legislativo, Brasília, DF, 13 jul. 2001. Disponível em: <http://www.planalto.gov.br/ccivil_03/leis/LEIS_2001/L10259.htm>. Acesso em: 3 mar. 2021.

BRASIL. Lei n. 10.406, de 10 de janeiro de 2002. **Diário Oficial da União**, Poder Legislativo, Brasília, DF, 11 jan. 2002. Disponível em: <http://www.planalto.gov.br/ccivil_03/leis/2002/l10406compilada.htm>. Acesso em: 17 mar. 2021.

BRASIL. Lei n. 11.343, de 23 de agosto de 2006. **Diário Oficial da União**, Poder Legislativo, Brasília, DF, 24 ago. 2006. Disponível em: <http://www.planalto.gov.br/ccivil_03/_Ato2004-2006/2006/Lei/L11343.htm>. Acesso em: 3 mar. 2021.

BRASIL. Lei n. 11.719, de 20 de junho de 2008. **Diário Oficial da União**, Poder Legislativo, Brasília, DF, 23 jun. 2008a. Disponível em: <http://www.planalto.gov.br/ccivil_03/_Ato2007-2010/2008/Lei/L11719.htm>. Acesso em: 3 mar. 2021.

BRASIL. Lei n. 12.037, de 1º de outubro de 2009. **Diário Oficial da União**, Poder Legislativo, Brasília, DF, 2 out. 2009a. Disponível em: <http://www.planalto.gov.br/ccivil_03/_ato2007-2010/2009/lei/l12037.htm>. Acesso em: 3 mar. 2021.

BRASIL. Lei n. 12.830, de 20 de junho de 2013. **Diário Oficial da União**, Poder Legislativo, Brasília, DF, 21 jun. 2013a. Disponível em: <http://www.planalto.gov.br/ccivil_03/_ato2011-2014/2013/lei/l12830.htm>. Acesso em: 3 mar. 2021.

BRASIL. Lei n. 12.850, de 2 de agosto de 2013. **Diário Oficial da União**, Poder Legislativo, Brasília, DF, 5 ago. 2013b. Disponível em: <http://www.planalto.gov.br/ccivil_03/_ato2011-2014/2013/lei/l12850.htm>. Acesso em: 3 mar. 2021.

BRASIL. Lei n. 13.105, de 16 de março de 2015. **Diário Oficial da União**, Poder Legislativo, Brasília, DF, 17 mar. 2015a. Disponível em: <http://www.planalto.gov.br/ccivil_03/_ato2015-2018/2015/lei/l13105.htm>. Acesso em: 9 mar. 2021.

BRASIL. Lei n. 13.869, de 5 de setembro de 2019. **Diário Oficial da União**, Poder Legislativo, Brasília, DF, 5 set. 2019a. Disponível em: <http://www.planalto.gov.br/ccivil_03/_ato2019-2022/2019/lei/L13869.htm>. Acesso em: 3 mar. 2021.

BRASIL. Lei n. 13.964, de 24 de dezembro de 2019. **Diário Oficial da União**, Poder Legislativo, Brasília, DF, 24 dez. 2019b. Disponível em: <http://www.planalto.gov.br/ccivil_03/_Ato2019-2022/2019/Lei/L13964.htm>. Acesso em: 3 mar. 2021.

BRASIL. Superior Tribunal de Justiça. Súmula n. 6, de 7 de junho de 1990. **Diário de Justiça**, Brasília, DF, 15 jun. 1990c. Disponível em: <https://www.stj.jus.br/docs_internet/revista/eletronica/stj-revista-sumulas-2005_1_capSumula6.pdf>. Acesso em: 4 mar. 2021.

BRASIL. Superior Tribunal de Justiça. Súmula n. 38, de 19 de março de 1992. **Diário de Justiça**, Brasília, DF, 27 mar. 1992a. Disponível em: <https://www.stj.jus.br/docs_internet/revista/eletronica/stj-revista-sumulas-2006_3_capSumula38.pdf>. Acesso em: 4 mar. 2021.

BRASIL. Superior Tribunal de Justiça. Súmula n. 42, de 14 de maio de 1992. **Diário de Justiça**, Brasília, DF, 20 maio. 1992b. Disponível em: <https://scon.stj.jus.br/SCON/sumulas/doc.jsp?livre=@num=%2742%27>. Acesso em: 4 mar. 2021.

BRASIL. Superior Tribunal de Justiça. Súmula n. 53, de 17 de setembro de 1992. **Diário de Justiça**, Brasília, DF, 24 set. 1992c. Disponível em: <https://www.stj.jus.br/docs_internet/revista/eletronica/stj-revista-sumulas-2006_4_capSumula53.pdf>. Acesso em: 4 mar. 2021.

BRASIL. Superior Tribunal de Justiça. Súmula n. 90, de 21 de outubro de 1993. **Diário de Justiça**, Brasília, DF, 26 out. 1993c. Disponível em: <https://www.stj.jus.br/docs_internet/revista/eletronica/stj-revista-sumulas-2009_6_capSumula90.pdf>. Acesso em: 4 mar. 2021.

BRASIL. Superior Tribunal de Justiça. Súmula n. 122, de 1º de dezembro de 1994. **Diário de Justiça**, Brasília, DF, 7 dez. 1994b. Disponível em: <https://www.stj.jus.br/docs_internet/revista/eletronica/stj-revista-sumulas-2010_8_capSumula122.pdf>. Acesso em: 4 mar. 2021.

BRASIL. Superior Tribunal de Justiça. Súmula n. 147, de 7 de dezembro de 1995. **Diário de Justiça**, Brasília, DF, 18 dez. 1995b. Disponível em: <https://www.stj.jus.br/publicacaoinstitucional/index.php/sumstj/author/proofGalleyFile/5489/5612>. Acesso em: 4 mar. 2021.

BRASIL. Superior Tribunal de Justiça. Súmula Vinculante n. 14. **Diário de Justiça Eletrônico**, 9 fev. 2009b. Disponível em: <http://www.stf.jus.br/portal/jurisprudencia/menuSumario.asp?sumula=1230>. Acesso em: 4 mar. 2021.

BRASIL. Superior Tribunal de Justiça. **Súmulas do Superior Tribunal de Justiça**. Disponível em: <https://scon.stj.jus.br/docs_internet/VerbetesSTJ.pdf>. Acesso em: 27 mar. 2021a.

BRASIL. Supremo Tribunal Federal. **ADC 43/DF**. Rel. Min. Marco Aurélio. Brasília, DF. Disponível em: <https://www.conjur.com.br/dl/leia-voto-ministra-rosa-weber-prisao.pdf>. Acesso em: 4 mar. 2021b.

BRASIL. Supremo Tribunal Federal. **ADC 44/DF**. Rel. Min. Marco Aurélio. Brasília, DF. Disponível em: <https://www.conjur.com.br/dl/adc-44-voto-fachin.pdf>. Acesso em: 4 mar. 2021c.

BRASIL. Supremo Tribunal Federal. **ADC 54/DF**. Rel. Min. Marco Aurélio. Brasília, DF. Disponível em: <https://portal.stf.jus.br/processos/detalhe.asp?incidente=5440576>. Acesso em: 4 mar. 2021d.

BRASIL. Supremo Tribunal Federal. **ADI 6298/DF**, Rel. Min. Luiz Fux. Brasília, DF, 2 mar. 2020a. Disponível em: <http://www.stf.jus.br/arquivo/cms/audienciasPublicas/anexo/Programacaodasaudienciaspublica_ADI6298.pdf>. Acesso em: 4 mar. 2021.

BRASIL. Supremo Tribunal Federal. **ADI 6299/DF**, Rel. Min. Luiz Fux. Brasília, DF, 3 fev. 2020b. Disponível em: <http://www.stf.jus.br/arquivo/cms/audienciasPublicas/anexo/ADI6299.pdf>. Acesso em: 4 mar. 2021.

BRASIL. Supremo Tribunal Federal. **ADI 6300/DF**. Rel. Min. Luiz Fux. Brasília, DF, 10 mar. 2020c. Disponível em: <http://www.stf.jus.br/arquivo/cms/audienciasPublicas/anexo/Programacaodasaudienciaspublica_ADI6300_10_3_20.pdf>. Acesso em: 4 mar. 2021.

BRASIL. Supremo Tribunal Federal. **ADI 6305/DF**. Rel. Min. Luiz Fux. Brasília, DF, 3 fev. 2020d. Disponível em: <http://www.stf.jus.br/arquivo/cms/audienciasPublicas/anexo/ADI6305.pdf>. Acesso em: 4 mar. 2021.

BRASIL. Supremo Tribunal Federal. AP 937/RJ, de 3 de maio de 2018. Rel. Min. Roberto Barroso. **Diário de Justiça Eletrônico**, 10 dez. 2018. Disponível em: <http://www.stf.jus.br/portal/jurisprudencia/menuSumarioTese.asp?tipo=TOP&tese=5803>. Acesso em: 4 mar. 2021.

BRASIL. Supremo Tribunal Federal. **Habeas Corpus n. 84.078-7/MG**. Rel. Min. Eros Grau. Brasília, DF, 5 fev. 2009c. Disponível em: <http://redir.stf.jus.br/paginadorpub/paginador.jsp?docTP=AC&docID=608531>. Acesso em: 4 mar. 2021.

BRASIL. Supremo Tribunal Federal. **Habeas Corpus n. 87.585-8/TO**. Rel. Min. Marco Aurélio. Brasília, DF, 3 dez. 2008b. Disponível em: <http://redir.stf.jus.br/paginadorpub/paginador.jsp?docTP=AC&docID=597891>. Acesso em: 4 mar. 2021.

BRASIL. Supremo Tribunal Federal. **Habeas Corpus n. 115.341/SP**. Rel. Min. Dias Toffoli. Brasília, DF, 14 out. 2014a. Disponível em: <http://redir.stf.jus.br/paginadorpub/paginador.jsp?docTP=TP&docID=7665079>. Acesso em: 4 mar. 2021.

BRASIL. Supremo Tribunal Federal. **Habeas Corpus n. 126.292/SP**. Rel. Min. Teori Zavascki. Brasília, DF, 17 fev. 2016. Disponível em: <http://redir.stf.jus.br/paginadorpub/paginador.jsp?docTP=TP&docID=10964246>. Acesso em: 4 mar. 2021.

BRASIL. Supremo Tribunal Federal. **Quarto Ag.Reg. no Inquérito 4.435/DF**. Rel. Min. Marco Aurélio. Brasília, DF, 14 mar. 2019c. Disponível em: <http://redir.stf.jus.br/paginadorpub/paginador.jsp?docTP=TP&docID=750577279>. Acesso em: 4 mar. 2021.

BRASIL. Supremo Tribunal Federal. **Recurso Extraordinário n. 593.727/MG**. Rel. Min. Cezar Peluso. Brasília, DF, 15 maio 2015b. Disponível em: <http://redir.stf.jus.br/paginadorpub/paginador.jsp?docTP=TP&docID=9336233>. Acesso em: 4 mar. 2021.

BRASIL. Supremo Tribunal Federal. RHC 95.141-0/RJ, de 6 de outubro de 2009. Rel. Min. Ricardo Lewandowski. **Diário de Justiça Eletrônico**, Brasília, DF, 23 out. 2009d. Disponível em: <https://stf.jusbrasil.com.br/jurisprudencia/5407091/recurso-em-habeas-corpus-rhc-95141-rj>. Acesso em: 12 maio 2021.

BRASIL. Supremo Tribunal Federal. **Súmula do STF**. 2017. Disponível em: <http://www.stf.jus.br/arquivo/cms/jurisprudenciaSumula/anexo/Enunciados_Sumulas_STF_1_a_736_Completo.pdf>. Acesso em: 27 mar. 2021.

BRASIL. Supremo Tribunal Federal. Súmula n. 508. **Diário de Justiça Eletrônico**, 12 dez. 1969c. Disponível em: <http://www.stf.jus.br/portal/jurisprudencia/menuSumarioSumulas.asp?sumula=2658>. Acesso em: 4 mar. 2021.

BRASIL. Supremo Tribunal Federal. Súmula n. 522. **Diário de Justiça Eletrônico**, 12 dez. 1969d. Disponível em: <http://www.stf.jus.br/portal/jurisprudencia/menuSumarioSumulas.asp?sumula=2727>. Acesso em: 4 mar. 2021.

BRASIL. Supremo Tribunal Federal. Súmula n. 524. **Diário de Justiça**, 12 dez. 1969e. Disponível em: <http://www.stf.jus.br/portal/jurisprudencia/menuSumarioSumulas.asp?sumula=2731>. Acesso em: 4 mar. 2021.

BRASIL. Supremo Tribunal Federal. Súmula n. 568. **Diário de Justiça Eletrônico**, 5 jan. 1977. Disponível em: <http://www.stf.jus.br/portal/jurisprudencia/menuSumarioSumulas.asp?sumula=4016>. Acesso em: 4 mar. 2021.

BRASIL. Supremo Tribunal Federal. Súmula Vinculante n. 36. **Diário de Justiça Eletrônico**, 24 out. 2014b. Disponível em: <http://www.stf.jus.br/portal/jurisprudencia/menuSumario.asp?sumula=1957>. Acesso em: 27 mar. 2021.

BRASIL. Supremo Tribunal Federal. Súmula Vinculante n. 45. **Diário de Justiça Eletrônico**, 17 abr. 2015c. Disponível em: <http://www.stf.jus.br/portal/jurisprudencia/menuSumario.asp?sumula=2362>. Acesso em: 27 mar. 2021.

CANOTILHO, J. J. G. **Direito constitucional e teoria da constituição**. 7. ed. Coimbra: Almedina, 2003.

CAPEZ, F. **Curso de processo penal**. 19. ed. São Paulo: Saraiva, 2012.

CARNELUTTI, F. **As misérias do processo penal**. Tradução de José Antonio Cardinalli. Campinas: Conan, 1995.

CARNELUTTI, F. Cenerentola. **Rivista di Diritto Processuale**, Pádova, v. I, n. 1, p. 73-78. 1946.

CARNELUTTI, F. Verità, Dubbio e Certezza. **Rivista di Diritto Processuale**, v. XX, p. 5-9, 1965. (Série II).

CIRINO DOS SANTOS, J. **Direito penal**: parte geral. Rio de Janeiro: Lumen Juris, 2006.

CORDERO, F. Linhas de um processo acusatório. In: COUTINHO, J. N. de M.; PAULA, L. C. de; SILVEIRA, M. A. N. da (Org.). **Mentalidade inquisitória e processo penal no Brasil**: estudos sobre a reforma do CPP no Brasil. Curitiba: Observatório da Mentalidade Inquisitória, 2018. v. 4. p. 17-48.

COUTINHO, J. N. de M. **A lide e o conteúdo do processo penal**. Curitiba, Juruá, 1989.

COUTINHO, J. N. de M. A natureza cautelar da decisão de arquivamento do inquérito policial. **Revista de Processo**, v. 18, n. 70, p. 49-58, abr./jun. 1993.

COUTINHO, J. N. de M. Introdução aos princípios gerais do Código de Processo Penal. **Revista da Faculdade de Direito da UFPR**, n. 30, p. 163-198, 1998. Disponível em: <https://revistas.ufpr.br/direito/article/view/1892/1587>. Acesso em: 12 maio 2021.

COUTINHO, J. N. de M. **Observações sobre os sistemas processuais penais**. Curitiba: Observatório da Mentalidade Inquisitória, 2018. (Coleção Escritos do Prof. Jacinto Nelson de Miranda Coutinho, v. 1).

FERRAJOLI, L. **Derecho y razón**: teoría del garantismo penal. Buenos Aires: Editorial Trotta, 2018.

FOUCAULT, M. **Vigiar e punir**: nascimento da prisão. Tradução de Raquel Ramalhete. 16. ed. Petrópolis: Vozes, 1997.

GRECO FILHO, V. **Manual do processo penal**. 12. ed. Florianópolis: Tirant Lo Blanch, 2019.

GRINOVER, A. P.; FERNANDES, A. S.; GOMES FILHO, A. M. **As nulidades no processo penal**. 2. ed. São Paulo: Malheiros, 1992.

KANT, I. **Crítica da razão pura**. 5. ed. Tradução de Manuela Pinto dos Santos e Alexandre Fradique Morujão. Lisboa: Fundação Calouste Gulbenkian, 2001.

KHALED JR., S. H. **A busca da verdade no processo penal**: para além da ambição inquisitorial. 2. ed. Belo Horizonte: Letramento; Casa do Direito, 2016.

LECHENAKOSKI, B. B. **A garantia da razoável duração do processo: uma análise da sua conformação penal na jurisprudência do Supremo Tribunal Federal de 2007 a 2017**. 205 f. Dissertação (Mestrado em Direito) – Centro Universitário Internacional Uninter, Curitiba, 2020. Disponível em: <https://www.uninter.com/mestrado/wp-content/uploads/2020/11/BRYAN-LECHENAKOSKI.pdf>. Acesso em: 3 mar. 2021.

LECHENAKOSKI, B. B.; DISSENHA, R. C. O caso Afeganistão no Tribunal Penal Internacional: como a "síndrome de Nuremberg" contaminou a corte. **Revista Húmus**, v. 10, n. 28, p. 491-519, 2020. Disponível em: <http://www.periodicoseletronicos.ufma.br/index.php/revistahumus/article/view/13323/7818>. Acesso em: 3 mar. 2021.

LOPES JR., A. **Direito processual penal**. 11. ed. São Paulo: Saraiva, 2014.

LOPES JR., A. **Direito processual penal**. 17. ed. São Paulo: Saraiva, 2020.

LOPES JR., A. **Fundamentos do processo penal**: introdução crítica. 5. ed. São Paulo: Saraiva, 2019.

LOPES JR., A; BADARÓ, G. H. R. I. **Direito ao processo penal no prazo razoável**. 2. ed. Rio de Janeiro: Lumen Juris, 2009.

LOPES JR., A.; GLOECKNER, R. J. **Investigação preliminar no processo penal**. 6. ed. São Paulo: Saraiva, 2014.

MONTESQUIEU, C. de S. **O espírito das leis**. 2. ed. Tradução de Cristina Murachco. São Paulo: Martins Fontes, 2000.

MORAIS DA ROSA, A.; SILVEIRA FILHO, S. L. da. **Medidas compensatórias da demora jurisdicional**: a efetivação do direito fundamental à duração razoável do processo penal. Rio de Janeiro: Lumen Juris, 2014.

NUCCI, G. de S. **Curso de direito processual penal**. 17. ed. Rio de Janeiro: Forense, 2020.

NUCCI, G. de S. **Manual de processo penal e execução penal**. 13. ed. Rio de Janeiro: Forense, 2016.

NUCCI, G. de S. **Princípios constitucionais penais e processuais penais**. 4. ed. Rio de Janeiro: Forense, 2015.

NUNES DA SILVEIRA, M. A. **A ação processual penal entre política e Constituição**: outra teoria para o direito processual penal. Rio de Janeiro: Lumen Juris, 2014.

OEA – ORGANIZAÇÃO DOS ESTADOS AMERICANOS. Comissão Interamericana de Direitos Humanos. **Convenção Americana sobre Direitos Humanos**. San José, 1969. Disponível em: <https://www.cidh.oas.org/basicos/portugues/c.convencao_americana.htm>. Acesso em: 4 mar. 2021.

OLIVEIRA, E. P. de. **Curso de processo penal**. 19. ed. São Paulo: Atlas, 2015.

SILVEIRA FILHO, S. L. da. **Introdução ao direito processual penal**. 2. ed. Florianópolis: Empório do Direito, 2015.

STRECK, L. L. **O que é isto**: decido conforme minha consciência? 5. ed. Porto Alegre: Livraria do Advogado, 2015.

TAVARES, J. **Teoria do injusto penal**. 3. ed. Belo Horizonte: Del Rey, 2003.

Sobre o autor

Bryan Bueno Lechenakoski é mestre em Direito pelo Centro Universitário Internacional Uninter; pós-graduado em Direito Contemporâneo, com ênfase em Direito Público, pelo Curso Jurídico; especialista em Direito Penal e Processo Penal pela Academia Brasileira de Direito Constitucional (ABDConst); e graduado em Direito pela Universidade Positivo. É professor de Direito Penal, Criminologia, Processo Penal e Medicina Legal e advogado criminalista.

E-mail: lechenakoski.adv@gmail.com

Impressão: Forma Certa Gráfica Digital
Maio/2023